PERSPECTIVES COMPARATISTES
sous la direction de Véronique Gély et Bernard Franco
120

Lectures élégiaques de Hölderlin et André Chénier au XIXe et au XXe siècles

Ouvrage publié avec le soutien de l'École doctorale
de littératures françaises et comparée, du Centre de recherche
en littérature comparée (CRLC), et du fonds d'intervention
pour la Recherche de la faculté des lettres de Sorbonne Université

Thomas Buffet

Lectures élégiaques de Hölderlin et André Chénier

au XIXe et au XXe siècles

PARIS
CLASSIQUES GARNIER
2022

Thomas Buffet, agrégé d'allemand, s'est spécialisé en littérature comparée. Il a soutenu sa thèse en 2011. Il a publié par ailleurs plusieurs articles sur le classicisme et le romantisme allemands et européens. Il officie actuellement en classes préparatoires au lycée Louis-Le-Grand et enseigne également la littérature comparée à Sorbonne Université.

ISBN 978-2-406-13114-4 (livre broché)
ISBN 978-2-406-13115-1 (livre relié)
ISSN 2103-480X

INTRODUCTION

Les élégies d'André Chénier et de Friedrich Hölderlin, saluées par la critique, ont fait couler beaucoup d'encre. Toutefois, si le germaniste Pierre Bertaux a eu l'idée de rapprocher Hölderlin de Marie-Joseph Chénier, le frère du poète guillotiné, à propos de leur esthétique dramatique[1], personne n'a jugé bon de comparer le poète allemand à André Chénier, à plus forte raison leurs pratiques respectives du genre élégiaque. Dans le cadre de ce volume, nous serons amené à apporter quelque nuance à cette remarque. Cependant, sauf erreur de notre part, il n'en demeure pas moins vrai que ce rapprochement n'a jusqu'ici fait l'objet d'aucune monographie. Ce fut toutefois l'aventure universitaire que nous entreprîmes en nous lançant dans l'écriture d'une thèse de doctorat consacrée précisément au « renouvellement du genre élégiaque » sous la plume de ces deux auteurs. Le présent ouvrage correspond ainsi au second volet de cette thèse déjà largement dévoilée dans le premier volume appelé à être publié dans cette même maison d'édition[2]. Après avoir étudié de près l'originalité de Chénier et de Hölderlin dans l'histoire de l'élégie dès le premier volume, il convient de s'interroger désormais sur la réception de ce renouvellement élégiaque. Ce second volume fut

1 Bertaux, 1983, p. 190-191 : « Plus souple que son malheureux frère, Marie-Joseph Chénier sut survivre aux changements de régime. En 1804, l'année du couronnement de Napoléon, il va faire sa paix avec l'Empereur, déclarant que cette fois "le trône garantit la liberté". En l'honneur du nouveau souverain, il fera jouer une adaptation de l'Œdipe roi de Sophocle, se proposant de porter à la scène tout ce qui nous reste des tragédies de Sophocle que, comme Hölderlin et Hegel, il préfère à tous les autres poètes tragiques de l'Antiquité. Il est curieux de constater que ce sera en cette même année 1804 que Hölderlin publiera lui aussi une traduction de l'Œdipe roi, se proposant lui aussi de traduire tout Sophocle. Une coïncidence ? On a toujours ignoré le fait que Hölderlin se tenait très au courant de ce qui se passait en France. Comme les Parisiens, il puisait lui aussi son inspiration républicaine à la source grecque antique ; comme eux il entendait donner en exemple à ses concitoyens les vertus classiques. On lève là un lièvre de taille, et que l'érudition allemande a jusqu'à présent laissé courir. »

2 Buffet, 2019.

néanmoins largement remanié dans la perspective de la publication. En effet, dans le cadre de notre travail doctoral, après plusieurs hésitations sur les bornes temporelles, nous avons décidé d'étendre notre étude aux publications les plus récentes. Cependant, après réflexion, il nous semble désormais plus judicieux d'interrompre notre travail à la première moitié du XXe siècle, avec notamment pour césure majeure le IIIe Reich et sa nébuleuse. En effet, les problématiques liées à la seconde moitié du XXe siècle diffèrent beaucoup de celles observées aux siècles précédents.

Nous devons toutefois préciser que nous ne nous interdisons pas de faire quelques incursions dans la seconde moitié du XXe siècle si celles-ci permettent un éclairage du passé, en particulier dans le cas des études chéniéristes. En revanche, nous nous concentrerons essentiellement sur les périodes du romantisme, du Parnasse et de l'expressionnisme. Pour honorer le travail que nous avons pu consacrer à la réception de Hölderlin dans la seconde moitié du XXe siècle, nous envisageons alors de publier un troisième volume dédié à la réception croisée, française et allemande, des élégies de Hölderlin par Heidegger et ses émules. Il s'agit certes d'un troisième thème qui mérite un traitement à part du fait de sa spécificité essentiellement philosophique.

Si la réception du renouvellement élégiaque par Chénier et Hölderlin retient notre attention dans le présent volume, deux raisons majeures nous empêchent en vérité de nous limiter à son analyse générique : la réception de leurs élégies a tout d'abord largement dépassé le cadre du simple genre *stricto sensu* : plusieurs auteurs se sont en effet inspirés de leurs élégies pour composer des œuvres relevant d'un tout autre genre. Puis, l'histoire éditoriale de Chénier en particulier explique que certaines pièces poétiques, en raison de leur ton élégiaque, ont été longtemps considérées par la critique comme des élégies authentiques et ont contribué à la gloire des *Élégies* de Chénier, alors qu'elles s'avèrent être davantage des bucoliques. Cette caractéristique concerne notamment « La Jeune Tarentine », publiée en 1801, dans le *Mercure de France*, sous le titre d'« *Élégie* dans le goût ancien ». Limiter notre étude à la réception exclusive des *Élégies* de Chénier reviendrait à lui conférer un caractère artificiel et à pécher par anachronisme, puisque nous nous appuyons sur les travaux fort récents de MM. Buisson et Guitton, lesquels ont œuvré en véritables archéologues pour ranger dans leur premier volume les pièces qui doivent être considérées comme des élégies. Seulement, les critiques universitaires et les auteurs qui, avant cette récente publication, ont contribué à la réception des *Élégies* n'ont pas pu bénéficier de ces recherches et se sont appuyés sur le catalogue des différentes éditions disponibles alors sur le marché. Notons ainsi que Becq de Fouquières, outre « La Jeune Tarentine », classe parmi les *Élégies* les poèmes suivants : « Le Jeune Malade », « Néère », « Clytie », « Chrysé », « Amymone », « Pasiphaé », « La Jeune Locrienne » et « Bel astre de Vénus ». Or ils figurent parmi les *Bucoliques* dans le classement de Gérard Walter, soit dans la collection de la Pléiade. Ces tergiversations éditoriales se justifient par le caractère fragmentaire des œuvres de Chénier, lequel n'a quasiment rien publié de son vivant, et par l'histoire mouvementée de leur parution. Eu égard à ces particularités de la recherche chéniériste, l'« élégiaque » ne peut, dans notre étude, que se substituer au genre de l'élégie, largement débordé par la réception. Par « élégiaque », nous entendons un ton mélancolique, proche de celui relevé dans les élégies, sur lequel l'auteur chante un bonheur passé. Le ton élégiaque peut alors intervenir dans n'importe quel genre, qu'il soit d'essence poétique, narrative ou dramatique. Néanmoins, si cette approche privilégie la tradition thrénétique de l'élégie, nous ne nous interdisons pas de considérer également l'héritage érotique du ton élégiaque : nous connaissons bien désormais l'importance que Chénier lui accorde. Enfin, l'extension de notre étude sur l'élégie à l'élégiaque s'avère également nécessaire pour Hölderlin dans la mesure où ses élégies ont également pu exercer leur rayonnement au-delà de la simple élégie et même de la poésie.

Les études consacrées à Chénier et Hölderlin sont abondantes et notre travail a vocation de s'intégrer dans cette communauté de chercheurs. Afin de dresser un bilan de la recherche dans ce domaine, nous nous voyons contraint de rappeler ce que nous précisions dans l'introduction à notre premier volume, en actualisant toutefois les données. La recherche sur Chénier est aujourd'hui largement dominée par la Société des Amis des Poètes Roucher & André Chénier dont le président Jean-Noël Pascal officie comme professeur de Littérature française du XVIIIe siècle à l'université Toulouse 2 – Le Mirail. En effet, cette société propose régulièrement des journées d'études, auxquelles nous avons eu l'honneur de participer à plusieurs reprises et qui sont publiés dans les *Cahiers Roucher – André Chénier. Études sur la poésie du XVIIIe siècle* depuis 1980. Elle organise tous les deux ans un colloque consacré à Chénier, en alternance avec Roucher. On y propose des études érudites et universitaires qui ont pour thèmes les questions biographiques, poétiques et historiques propres au poète. Représentée par d'éminents universitaires, français comme étrangers, cette société a contribué à nourrir notre savoir sur les poètes et la poésie du XVIIIe siècle, en particulier sur Chénier, en contrant des préjugés tenaces qui ternissent la réputation de ladite poésie. Des enquêtes comparatistes y ont été régulièrement menées par la francisante italienne Renata Carocci, aujourd'hui décédée, et le comparatiste français Jean-Louis Haquette. Cette société se distingue notamment par la présence en son sein des auteurs de la nouvelle édition des Élégies de Chénier, Georges Buisson, professeur émérite à l'Université Michel de Montaigne-Bordeaux 3 et Édouard Guitton, professeur émérite à l'Université Rennes 2 – Haute Bretagne. Publiée en 2005, cette édition, très utile aux chercheurs, modifie et modernise notre approche du poète élégiaque. En effet, en plus d'une biographie très riche et pointue, elle fournit un classement précis des élégies en accord avec le projet original de Chénier et distinct de celui relevé dans les autres éditions[3]. Ce travail monumental demeure le fruit de trente années de recherche : lorsque Chénier a envisagé et rêvé de publier ses poèmes vers 1790, il a lui-même décidé de les classer en trois portefeuilles, selon leur degré d'achèvement, et de les ordonner par genre (idylles, odes, bucoliques ou encore élégies), comme le précise Jean Fabre, dont les publications consacrées à Chénier demeurent une référence précieuse dans ce domaine de recherche, même s'il convient d'en actualiser les propos[4]. Le volume de MM. Buisson et Guitton respecte non seulement la logique et la cohérence de l'écriture poétique, mais il souligne également la quasi-impossibilité de déterminer parmi les manuscrits éparpillés l'ordre que le poète a lui-même choisi de donner à son travail après mûres réflexions. Ponctuellement, l'auteur donne des indications à l'éditeur par une abréviation française, comme « El. », ou grecque « Ελεγ. » ou « Ελ. » pour « Élégie » ou bien il précise un sous-ensemble comme « Ελεγ. ιταλ. »

3 Chénier, 2005.

4 Fabre, 1965, p. 130 : « […] il employa sa retraite de Versailles jusqu'au jour de son arrestation à classer ses œuvres (en trois portefeuilles, semble-t-il, suivant leur degré d'achèvement), à les grouper, et même à les numéroter par genres (idylles, élégies, odes, poèmes, etc.), à assembler, dans toute la mesure du possible, des fragments et des notes parfois réduites à quelques mots, à spécifier au moyen de sigles leur caractère, sinon leur destination. »

pour « élégie italienne ». Toutefois, dans tous les autres cas, l'éditeur ne peut qu'envisager des pistes et établir un choix hypothétique dans son classement. Par ailleurs, si le chercheur trouve la plupart des manuscrits à la Bibliothèque Nationale de France, d'autres relèvent de collections publiques comme privées, et les documents légués à Latouche, pour la première édition de 1819, ont tous disparu. L'expérience éditoriale se révèle ainsi fort aventureuse, comme le précise Jean Fabre à propos de Paul Dimoff qui établit en son temps une édition de Chénier :

> Forcé de naviguer entre deux écueils, fidélité totale ou infidélité systématique au manuscrit, le meilleur éditeur de Chénier n'a pu se garder entièrement de l'un ni de l'autre[5].

De fait, sa thèse, considérée certes comme primordiale par les spécialistes[6], se révèle être aujourd'hui partiellement dépassée, entre autres pour les aspects biographiques, largement remis en cause dans leurs hypothèses par les chercheurs. Or le classement des poèmes présents dans son édition procède justement de ces hypothèses remises en cause depuis.

Réalisée selon les toutes dernières recherches universitaires, la nouvelle édition de Georges Buisson et Édouard Guitton demeure notre principale référence. Le grand atout qu'elle présente consiste à nous ouvrir l'atelier du poète et à nous présenter les différentes évolutions des poèmes, selon leur degré d'achèvement. En outre, les auteurs fournissent en notes des remarques savantes, en s'appuyant sur une recherche biographique très érudite, et ils proposent une chronologie détaillée qui permet d'accompagner le poète dans son travail poétique. L'étude biographique, actualisée par de nombreuses enquêtes nationales comme internationales, invite de surcroît à nuancer largement le commentaire des poèmes relevés. Au moment d'effectuer notre recherche, nous n'avons pu travailler que sur le premier des deux volumes programmés, celui précisément des *Élégies*. Le second volume, dédié en particulier aux *Bucoliques*, qui demeura longtemps en attente de publication, est depuis paru, ce qui nous a permis de produire ponctuellement quelques corrections. Il comprend, outre les *Bucoliques*, les Épîtres et Poétiques, le poème « L'Invention », ainsi qu'une table des *incipit*.

5 *Ibid.*, p. 139.
6 Dimoff, 1936.

La première publication put jouir du soutien apporté par le jury des agrégations littéraires qui porta l'ouvrage au programme du concours, ce qui permit de favoriser et de dynamiser la réflexion consacrée aux *Élégies* du poète, entre autres grâce à la réédition d'anciens travaux[7]. Ces événements représentèrent une grande chance pour notre propre projet de recherche, envisagé dès 2003, bien avant toute cette effervescence providentielle, à l'époque où la recherche des chénieristes s'avérait encore confidentielle. Son renouvellement ne nous interdit toutefois pas d'accorder aux anciens travaux consacrés au poète, à sa réception par les grands auteurs et à sa postérité toute l'attention à laquelle ils ont droit. C'est à l'aune de ces précieuses enquêtes que nous pouvons en effet mesurer tout son rayonnement. Les ouvrages généraux sur sa vie et son œuvre fournissent en effet une étude intéressante de ses élégies, notamment les ouvrages de Paul Dimoff, de Jean Fabre, d'Élisabeth-R. Jackson et de Francis Scarfe[8]. Si les deux premiers auteurs proposent un savoir universitaire consacré à un seul auteur, certes très utile, les deux suivants retiennent notre attention pour leur ouverture comparatiste sur l'étranger et en particulier le monde anglo-saxon.

En outre, toute recherche consacrée à Chénier demeure naturellement l'apanage des dix-huitièmistes. Notre étude concerne le renouvellement des études poétiques du XVIIIe siècle. Qualifiée plutôt de marginale et de décevante, cette poésie fit longtemps l'objet d'un réel dédain. Face à ce qu'ils considèrent comme une injustice, les chercheurs dix-huitièmistes s'évertuent à modifier cette conception dans leurs différentes publications, de la thèse de Sylvain Menant[9] jusqu'à *l'Anthologie de la poésie française du XVIIIe siècle* de Michel Delon[10], en passant par l'anthologie de Catriona Seth[11], les travaux de la Société des Amis des poètes Roucher & André Chénier, et le travail éditorial dédié aux poètes de ce siècle[12].

Les élégies de Hölderlin, pour leur part, furent abondamment étudiées, surtout par l'école de Tübingen, placée sous l'autorité de Friedrich Beißner. Jochen Schmidt, son élève, explora même dans sa thèse l'unique élégie „*Brot und Wein*" (« Le Pain et le vin »)[13]. Les travaux

7 Guitton, 2005.
8 Dimoff, 1936 ; Fabre, 1965 – Jackson, 1993 – Scarfe, 1965.
9 Menant, 1979.
10 Delon, 1997.
11 Seth, 2000.
12 Boucher, 2009 – Seth, 1998.
13 Schmidt, 1968.

dédiés à Hölderlin s'avèrent bien plus nombreux que ceux consacrés à Chénier. En plus des biographies[14] grâce auxquelles le lecteur peut mieux comprendre ses choix esthétiques, d'importants ouvrages allemands et français traitent des rapports de Hölderlin à la France, de ses rapports à la philosophie, ou encore de sa réception en Allemagne – pendant la période expressionniste[15], dans la première moitié du XXe siècle[16], sous le Troisième Reich[17], en RFA et en RDA[18] –, mais aussi en France. Notons en outre l'existence de célèbres études menées par la Société Hölderlin et proposant une synthèse de la recherche dans ce domaine[19]. Elles proposent une aide précieuse au chercheur. Convaincus par une ouverture à l'étranger, les auteurs de ces enquêtes considèrent pleinement la recherche étrangère. Citons ainsi l'ouvrage collectif publié par Johann Kreuzer qui, sur cinquante pages, étudie la réception, germanophone et étrangère. Les différentes réceptions, européennes ou extra-européennes, notamment états-unienne et japonaise, sont traitées sous la forme d'une typologie synthétique très pratique qui livre une réflexion appréciable et des références universitaires fort précieuses. Par ailleurs, les différents genres poétiques de Hölderlin, comme les élégies, font l'objet d'une présentation dans des chapitres particuliers, ce qui permet de bien suivre la démarche poétologique de l'auteur, ainsi que sa progression. Mais cet ouvrage fournit aussi des repères pour se retrouver dans une herméneutique foisonnante. Il présente également dans des chapitres entiers les écrivains qui ont pu influencer le poète, mais aussi ses essais et sa réflexion philosophique.

Paradoxalement, si les écrivains et philosophes français et suisses[20] sont nombreux à s'être enthousiasmés pour Hölderlin, les germanistes français ont peu étudié de près son œuvre si l'on veut bien considérer

14 Alter, 1992 – Bertaux, 1983 – Härtling, 1976. (Il convient toutefois de noter que cette biographie demeure romancée, mais l'auteur a longtemps présidé la Société Hölderlin et son regard sur la vie du poète ne manque pas d'intérêt.)

15 Bartsch, 1974.

16 Bothe, 1992.

17 Albert, 1994.

18 Packalén, 1986.

19 Kreuzer, 2001 – Sohnle &Werner & Schütz, 1991.

20 Albert Béguin, Maurice Blanchot, André du Bouchet, Paul-Armand Challemel-Lacour, Philarète Chasles, René Char, Jean-François Courtine, Michel Deguy, Jean-Pierre Faye, Armel Guerne, Philippe Jaccottet, Philippe Lacoue-Labarthe, Jean-Luc Nancy, Nicole Parfait, Gustave Roud, Jean Tardieu, Jean Wahl.

son importance dans l'histoire de la littérature allemande. Seuls Pierre Bertaux, Geneviève Bianquis, Maurice Delorme, Isabelle Kalinowski, Jean-Pierre Lefebvre, Jacques Le Rider, Gilbert Merlio, Robert Minder, Gérard Raynal-Mony, Gérard Raulet, Ernest Tonnelat et enfin Jean-Marie Valentin ont contribué à la recherche sur le poète souabe.

Pierre Bertaux s'y est beaucoup intéressé dans ses travaux, en particulier dans sa thèse sus-mentionnée. Ses études concernent surtout l'aspect biographique, mais aussi les idées politiques du poète. Il a rédigé un ouvrage directement en allemand sur la réception par Hölderlin de l'héritage révolutionnaire[21], marchant ainsi sur les brisées du jeune chercheur Maurice Delorme qui lui a ouvert la voie dans ce domaine[22]. Il a également beaucoup étudié l'écriture du poète et notamment son inspiration hellénique[23]. Enfin, il a de même exploré la réception française[24].

Geneviève Bianquis, professeur de langue et littérature allemande à l'université de Dijon, a réalisé pour sa part une traduction des poèmes de Hölderlin, la faisant précéder d'une longue et précieuse introduction[25]. Nous avons pris en compte ses traductions et ses commentaires pour éclairer la réception du poète en France. De même, Jean-Pierre Lefebvre demeure l'un des principaux germanistes français à aborder aujourd'hui encore les questions liées à Hölderlin. Professeur émérite de langue et littérature allemande à l'ENS (Ulm), il a ainsi traduit plusieurs poèmes de Hölderlin dans son anthologie bilingue de poésie allemande[26]. Par ailleurs, il a également commenté le poème „*Andenken*" (« Souvenir »)[27]. En outre, il co-préside depuis plusieurs années, en qualité de membre étranger la prestigieuse Société Hölderlin, dont nous sommes également membre. Cette qualité lui donne un accès direct aux dernières recherches réalisées dans notre domaine, mais aussi la possibilité d'attirer l'attention sur les travaux français consacrés à la question.

Isabelle Kalinowski a en particulier approfondi la question de réception française de Hölderlin en explorant les aspects tant littéraires que

21 Bertaux, 1974.
22 Delorme, 1959.
23 Bertaux, 1936.
24 Bertaux, 1972.
25 Bianquis, 1943.
26 Lefebvre, 1993.
27 Lefebvre, 1987.

philosophiques de sa lecture française. En dehors de sa thèse[28], elle a écrit sur certains aspects très riches et originaux de sa réception[29]. Nous nous sommes souvent appuyés sur ses travaux dans le cadre de notre propre étude, située précisément dans les mêmes axes de recherche. Cependant, notre intérêt se cantonne au seul aspect élégiaque du poète allemand. Par ailleurs, notre propre directeur de maîtrise, Gilbert Merlio, auteur d'un ouvrage collectif sur Hölderlin en France, offre une synthèse de la réception française du poète. Cependant son enquête concerne surtout les positions jacobines de ce dernier[30]. Ajoutons que le directeur de recherche d'Isabelle Kalinowski, Gérard Raulet, a lui-même étudié la dimension philosophique du poème „*Andenken*" (« Souvenir »)[31].

Jacques Le Rider[32] et Robert Minder[33] ont publié pour leur part plusieurs textes consacrés au poète. Le premier propose un ouvrage collectif, le second plusieurs réflexions françaises sur Hölderlin visant un public germanophone, et participe ce faisant au renouvelement de la recherche allemande.

Gérard Raynal-Mony retient notre attention surtout pour sa thèse où il compare le poète allemand au philosophe Rousseau[34]. Ce travail, très précieux, permet de comprendre l'aspect philosophique des élégies. La monographie d'Ernest Tonnelat consacrée à la spiritualité des élégies[35] cerne également leur contenu philosophique et mystique. Jean-Marie Valentin étudie enfin en 2009 cette même spiritualité, entre autres autour de l'élégie „*Brot und Wein*" (« Le Pain et le vin ») et a bien sûr retenu notre attention[36].

Mentionnons également Bernhard Böschenstein qui, certes Suisse, publie tant en allemand qu'en français ses nombreux et précieux travaux sur Hölderlin. Germaniste, il recourt souvent à des problématiques comparatistes qui nous ont été très précieuses, notamment pour estimer le legs élégiaque de Hölderlin, dans les littératures germanophones[37]

28 Kalinowski, 1999.
29 Kalinowski, 2002 – Kalinowski, 2004.
30 Merlio & Pelletier, 1997.
31 Raulet, 1997.
32 Le Rider, 1987.
33 Minder, 1968.
34 Raynal-Mony, 1975.
35 Tonnelat, 1950.
36 Valentin, 2009.
37 Böschenstein , 1967-1968 – Böschenstein 1982-1983 – Böschenstein, 1991.

comme francophones[38]. Au début de nos travaux, la Société Hölderlin nous avait recommandé une co-tutelle avec Bernhard Böschenstein, mais comme le choix de Chénier ne lui avait pas convenu, le projet ne put se réaliser. Enfin, plusieurs comparatistes français se sont également penchés sur son cas, notamment Christine Lombez[39] et notre directeur de recherche lui-même, Jean-Yves Masson[40]. Christine Lombez a retenu notre attention pour ses études de la traduction de l'allemand vers le français, notamment celles réalisées par Philippe Jaccottet des poèmes de Hölderlin. Ses problématiques et ses conclusions se sont avérées fort précieuses pour notre enquête sur la réception française du poète allemand. Les écrits de Jean-Yves Masson sur Hölderlin nous ont aussi intéressé pour ses aspects comparatistes en matière de poésie et notamment ses nombreuses réflexions sur la traduction poétique. Ce sont précisément ces questions précises et complexes sur la poésie européenne, en outre fort peu traitées par les comparatistes, notamment français qui nous ont incité à le choisir comme directeur de recherche.

Dans ce second volume, nous entendons concentrer notre réflexion sur les réceptions française et allemande. Nous aurions aimé étudier également l'héritage élégiaque de Chénier et de Hölderlin dans les poésies anglaise, italienne et russe, afin de développer certaines approches déjà effectuées par la recherche[41]. Néanmoins, craignant que cette approche paraisse trop artificielle et arbitraire – notre incompétence dans les autres langues européennes ne saurait justifier la mise à l'écart des autres aires linguistiques[42] –, nous préférons limiter notre propos à la réception de Chénier et de Hölderlin dans l'histoire élégiaque des littératures françaises et germaniques. En revanche, nous entendons, par

38 Böschenstein, 1988-1989.

39 Lombez, 2003 – Lombez, 2004 – Lombez, 2009.

40 Masson, 2004.

41 Nous pensons entre autres à Francis Scarfe qui propose un rapprochement avec John Keats : Scarfe, 1965, p. 145 : "*The Chénier of the elegies was the poet of youth, as vehement and as sensuous as John Keats, and often as wrong-headed.*" (« Le Chénier des élégies était un jeune poète, aussi véhément et sensuel que John Keats et aussi buté. ») Nous renvoyons également nos lecteurs aux études d'Elena Gretchanaia, centrées en particulier sur les *Élégies* de Chénier : Gretchanaia, 1995, et ensuite Gretchanaia, 2001. À l'heure où nous ²préparons la publication de cet ouvrage, nous avons rédigé un article consacré à la comparaison de Hölderlin et de Keats sur le thème d'Hypérion, traité par les deux poètes : Buffet, 2017.

42 Un chercheur n'a-t-il pas commencé à analyser la réception de Chénier en Roumanie ? (Marasescu, 2001.)

la suite, dans le cadre d'études plus restreintes, répondre à l'invitation de Catriona Seth et consacrer nos recherches ultérieures à la réception de Chénier – et de Hölderlin – en Europe en élargissant notre réflexion à d'autres aires linguistiques et culturelles[43]. Pour l'heure, notre approche franco-germanique doit nous amener à croiser les réceptions et considérer notamment celle de Chénier dans les pays germanophones, et inversement celle de Hölderlin dans les pays francophones, et privilégier ainsi un regard en miroir, si caractéristique des études de transferts culturels.

Notre étude de ces réceptions se trouve ainsi aux confins de plusieurs théories méthodologiques, puisant dans chacune ce qui peut servir notre réflexion, nonobstant les polémiques susceptibles d'opposer les écoles les unes aux autres.

Il revient ainsi tout d'abord à la notion d'intertextualité d'occuper une place centrale dans notre approche méthodologique. Très précieuse pour les études d'influence et de réception, celle-ci est développée et définie par Julia Kristeva comme le « croisement d'énoncés pris à d'autres textes[44] ». Par ailleurs, il est arrivé que, dans le cadre de l'intertextualité, nous considérions certaines allusions à des textes qui ont pu nourrir tel ou tel autre auteur, notion simple à laquelle Gérard Genette donne toute son importance au moment de théoriser l'intertextualité au sein de son concept de « transtextualité[45] ».

En outre, notre étude ne saurait ignorer l'apport de l'école de Constance, en particulier de Hans-Robert Jauss[46], ce qui suppose le refus de suivre la tendance marxiste de prendre en compte essentiellement l'innovation sociale de la littérature. Nous avons ainsi pu recourir à ses outils conceptuels, que ce soit la catégorie d'« horizon d'attente » (*Erwartungshorizont*), conçue comme la confrontation des premiers lecteurs d'un ouvrage à leur tradition esthétique, morale, et ou sociale ou encore la notion de « fusion des horizons d'attente » inspirée de Hans-Georg Gadamer, soit la fusion de « celui de l'auteur qui lui a donné

43 Seth, 2005, p. 45 : « Une étude complète de la fortune littéraire de Chénier à l'étranger reste à faire même si des travaux ont été ébauchés pour la Russie et la Roumanie. »

44 Kristeva, 1969.

45 Genette, 1982, p. 7 : « Tout ce qui met un texte en relation, manifeste ou secrète, avec un autre texte. »

46 Notre démarche n'exige pas vraiment que nous travaillions sur les subtilités que distinguent H. R. Jauss de W. Iser. Aussi nous sommes-nous contentés de l'appareil conceptuel du premier.

forme et sens et celui du public qui interprète et réinterprète sans cesse cette forme et ce sens en fonction de l'actualité[47] ». Nous sommes alors sensible à l'intérêt porté par Jauss à la fusion synchronique des horizons qu'il convient de considérer en parallèle de la fusion diachronique des horizons théorisée par Gadamer[48]. Enfin, notre démarche suppose également une approche des transferts culturels, notamment pour nos études traductologiques. Ancien élève de Michael Werner, grand spécialiste du transfert culturel, sous la direction duquel nous avons pu rédiger un premier DEA, consacré dans une approche « civilisationniste » au sentiment national forgé par les Églises luthériennes de RDA, cette notion nous était en effet déjà familière. Nous partageons par exemple le point de vue de Michel Espagne, théoricien de la question, lorsqu'il insiste sur la nécessité de travailler sur les méthodes et les choix de traduction pour mettre en exergue un transfert culturel particulier :

> il ne s'agit pas seulement d'étudier les traductions du point de vue d'un inventaire statistique, à la manière dont Liselotte Bihl a recensé les traductions de littérature allemande en langue française, mais de rechercher, notamment pour des époques reculées, quels étaient les critères de choix et les méthodes employées. Bref on manque de monographies consacrées à des personnalités de traducteurs majeurs[49].

En ce qui concerne notre approche des traductions, comme pour notre participation à l'écriture de *l'Histoire des traductions en langue française* XVIIe *et* XVIIIe *siècles* (HTLF)[50], nous travaillons avec les outils de la philologie traditionnelle pour comparer la version originale avec le texte rendu dans la langue-cible. Dans cette perspective, nous avons pu être amené à considérer, outre les traductions, les choix personnels et l'histoire des traducteurs de Hölderlin en particulier.

47 Jauss, 1978. H.G. Gadamer écrit ainsi : „*Der Horizont der Gegenwart bildet sich also gar nicht ohne die Vergangenheit. Es gibt so wenig einen Gegenwartshorizont für sich, wie es historizche Horizonte gibt, die man zu gewinnen hätte. Vielmehr ist Verstehen immer der Vorgang der Verschmelzung solcher vermeintlich für sich seiender Horizonte.*" [« L'horizon du présent ne se constitue donc absolument pas sans le passé. Il n'existe pas plus d'horizon du présent en soi que d'horizons historiques que l'on pourrait glaner. Comprendre consiste toujours davantage à fusionner des horizons du type de ceux que l'on suppose exister en soi. »] (Gadamer, 1965, p. 289.)

48 Jauss, 1978, p. 285 : « À la fusion diachronique des horizons, que Hans-Georg Gadamer a introduite dans l'herméneutique historique, nous ajoutons donc ainsi une fusion synchronique. »

49 Espagne, 2009, p. 169.

50 Chevrel & Cointre, & Tran-Gervat, 2014.

Par ailleurs, toujours dans une approche des transferts culturels, propres à étudier la réception de nos auteurs, nous avons ponctuellement étudié ce que M. Espagne appelle « les vecteurs de déplacement et les glissements sémantiques liés aux déplacements dans l'espace et le temps[51] », notamment pour illustrer les différents horizons d'attente des deux poètes de part et d'autre du Rhin.

En définitive, en ce qui concerne plus concrètement l'approche méthodologique de notre corpus poétique, au-delà des différences et des similitudes qui marquent les deux poètes élégiaques, selon la méthode préconisée par H.R. Jauss, nous avons finalement cherché une cohérence qui caractériserait ces deux réceptions, considérées alors tant d'un point de vue diachronique que synchronique. Nous avons considéré la réception des élégies de Chénier en France, puis en Allemagne, ainsi que la réception des élégies de Hölderlin en Allemagne, comme dans l'espace francophone (France et Suisse). Cette réception croisée a supposé une comparaison. L'intérêt de notre analyse réside dans la perception transnationale de l'esthétique élégiaque et du legs des deux poètes, observée d'un siècle à l'autre. Nous nous sommes ainsi intéressé à leur rayonnement au-delà de leurs frontières, à la flexibilité de leurs innovations élégiaques dans une langue étrangère en les confrontant aux différents horizons d'attente, français d'une part et allemand d'autre part. Puis, nous avons étudié la réception de leur réception de l'héritage antique à travers les siècles, de la fin du XVIIIe siècle à aujourd'hui, c'est-à-dire la « fusion des horizons d'attente » de part et d'autre du Rhin. Cette notion de fusion que nous nuancerons en tant que telle nous amènera en particulier à mener une réflexion sur la différence qui existe entre les horizons d'attente classiques et romantiques – pas toujours aisés à distinguer –, mais aussi parnassiens et expressionnistes. En outre, la fascination exercée par l'Antiquité, et en particulier la Grèce antique, sur nos deux poètes nous a obligé à placer au cœur même de notre réflexion un concept majeur qui a également retenu notre attention dans notre premier ouvrage : l'hellénisme. Inspiration majeure de Chénier et Hölderlin, l'hellénisme pose dans ce premier livre une question paradoxale située à l'origine même de l'œuvre élégiaque des deux poètes : en quoi l'inspiration antique permettrait-elle de renouveler l'écriture élégiaque ? Et cette interrogation paradoxale doit continuer à diriger

51 Espagne, 2009, p. 168.

notre réflexion : en quoi l'hellénisme élégiaque de Chénier et Hölderlin contribue-t-il à renouveler l'inspiration poétique de la postérité ? Nous envisageons alors de mesurer l'ampleur, les limites et la portée de leur hellénisme, soit l'aboutissement et le dépassement de ce paradigme.

Travailler sur un corpus suppose par ailleurs de considérer les réalités éditoriales qui le caractérisent. Sur ce point, il nous faut là aussi rappeler ce que nous avions précisé dans le premier volume issu de notre travail de thèse, tout en actualisant les données. Nous avons déjà largement présenté l'édition de MM. Buisson et Guitton. Nous n'y reviendrons pas. Nous nous sommes souvent appuyé sur son apport et le renouvellement de l'approche chéniériste qu'elle permit. Cependant, les écrivains, les universitaires et autres lecteurs de Chénier ont auparavant découvert ce dernier dans les différentes éditions antérieures à la publication de MM. Buisson et Guitton. Notre travail suppose alors un effort de comparaison au niveau des éditions. Nous avons ainsi croisé les éditions, en consultant celles de Latouche (1819, 1833, 1839), de Becq de Fouquières (1862), de Gabriel de Chénier (1874), de Paul Dimoff (1908-1911) et celles de Gérard Walter (1940, 1958), outre la fameuse édition de MM. Buisson et Guitton.

Chaque édition se distingue par sa propre histoire. Pour élaborer la sienne, Becq de Fouquières ne pouvait s'appuyer que sur celles de Latouche et quelques manuscrits conservés par des collectionneurs. Son édition propose non seulement une biographie, mais aussi une bibliographie, un lexique, un index, et enfin un appareil critique très précis qui donne des repères au sein de l'intertextualité littéraire du poète. Elle reste un outil très précieux. L'édition de Gabriel de Chénier quant à elle contient plus de 3700 vers nouveaux. Cependant, le classement et l'annotation se distinguent souvent par le souci de contredire Latouche et Becq de Fouquières, ce qui ne constitue pas vraiment un critère scientifique. L'édition de Paul Dimoff ne demeure pas inintéressante, mais elle dépend, comme sa thèse, de certaines données biographiques depuis contestées. Enfin, l'édition de la Pléiade publiée par Gérard Walter se révèle être commode et foisonnante, mais elle s'avère incomplète, en particulier au niveau des fragments. La bibliographie en revanche, fort bien renseignée, aide considérablement le chercheur. Nous avons eu souvent recours à cette édition parce qu'elle propose des textes en prose, des essais et des poèmes qui ne figurent ni dans l'édition de Becq de Fouquières, ni dans le premier volume de MM. Buisson et Guitton.

En ce qui concerne Hölderlin, les élégies demeurent moins difficiles à déterminer puisque toutes les éditions publient les mêmes poèmes, parfois reconnus comme élégies par le poète lui-même, mais que l'on peut surtout identifier comme tels grâce au distique élégiaque. Il existe de nombreuses éditions de Hölderlin, mais elles témoignent d'une plus grande cohérence. La grande difficulté pour le chercheur décidé à étudier ses élégies consiste à comparer les différentes versions rédigées par le poète lui-même. Toutes les éditions ne se valent pas et il convient de les comparer.

Si Norbert von Hellingrath chercha à publier une édition complète des œuvres de Hölderlin (1913), son soudain décès, survenu le 14 décembre 1916 à Verdun, mit un terme à son travail. La vie lui laisssa le temps de publier le texte définitif des élégies „*Heimkunft*" (« Retour »), „*Brot und Wein*" (« Le Pain et le vin »), et „*Stutgard*" (« Stuttgart »). Toutefois, les chercheurs regrettent que le disciple de Stefan George ait privilégié dans ses nombreux commentaires une conception prophétique du poète et ait procédé à des choix arbitraires[52]. L'édition de Franz Zinkernagel s'oppose pour sa part à celle de Hellingrath. Ses cinq volumes publiés chez *Insel Verlag* proposent très peu de commentaires et mettent en valeur le texte de Hölderlin.

La première édition commentée des œuvres complètes du poète (1943-1985) ne fut publiée par Friedrich Beißner. Il s'agit de la prestigieuse *Große Stuttgarter Ausgabe* (*StA.*). Très onéreuse, elle parut aussi sous la forme réduite de la *Kleine Stuttgarter Ausgabe.* L'édition *Insel Verlag* fournit un florilège de poèmes de la *Stuttgarter Ausgabe*, commentés avec beaucoup de précision par l'élève de Friedrich Beißner, Jochen Schmidt. On put déplorer que l'édition de Stuttgart ne contienne pas de fac-similés des

52 Emery E. George, dans Kreuzer, 2001, p. 385 : „*Erstens ging es Hellingrath hinsichtlich Hölderlin, wie wohl bekannt, um eine Art prophetischen Seherblick, er kolportiert, wenn auch leise, einen Hölderlin-Mythos. [...] Für Hellingrath ist die Scheidung von Text und Lesarten willkürlich. Das erklärt auch die leicht wahrnehmbare Tatsache, daß sich sein kritischer Apparat als ausgesprochen lückenhaft darbietet. [...] In diesem Sinne verdient Hellingrath als Hölderlins minimalistischer Herausgeber angesehen zu werden.*" (« Tout d'abord, ce qui importait à Hellingrath au sujet de Hölderlin, comme tout le monde le sait, c'était une sorte de regard prophétique, il colporte, quoique avec discrétion, un mythe de Hölderlin. [...] Pour Hellingrath, la séparation entre le texte et les lectures qui en sont faites est arbitraire. Cela explique également les lacunes caractéristiques de son appareil critique que l'on remarque assez aisément. [...] En ce sens, Hellingrath mérite d'être considéré comme l'éditeur minimaliste de Hölderlin. »)

manuscrits, et ne justifie jamais ses choix, mais qu'elle sépare le texte retenu de ses différentes et parfois nombreuses variations. Jochen Schmidt a également fait paraître une édition en trois volumes de Hölderlin (1992-1999), celle quasi complète du *Deutscher Klassiker Verlag*. Comme pour *Insel Verlag*, il s'approprie les partis pris de l'édition de Stuttgart et produit des commentaires érudits, très détaillés et précieux pour qui veut analyser les textes. Cette édition s'avère en outre aisée à manipuler.

L'édition de Francfort (*Frankfurter-Hölderlin-Ausgabe*) vise en particulier à combler les lacunes de celle de Stuttgart. Parue en 1975 sous la direction de Dietrich Eberhard Sattler, elle livre tous les manuscrits sous forme de fac-similés. À l'inverse de l'édition de Stuttgart, elle recherche la transparence. Cependant, elle ne demeure pas sans reproche. Ses efforts de transparence ne l'ont pas affranchie des choix arbitraires ou justifiés par la seule ambition de s'inscrire en faux contre l'édition de Stuttgart[53]. Par ailleurs, cette édition choqua par sa grande provocation, ayant paru sous le label *Roter Stern* (« Étoile Rouge »), dans le contexte de la Guerre Froide et du terrorisme de la RAF (*Rote Armee Fraktion* : « Fraction de l'Armée Rouge », c'est-à-dire la version allemande des brigades rouges)[54]. En outre, Dietrich Eberhard Sattler se reconnaît clairement autodidacte. Malgré tout, nous nous sommes volontiers référé à cette édition pour sa mise en valeur des différentes étapes des manuscrits. Il s'agit toutefois de considérer cette évolution avec prudence. En effet, Dietrich Eberhard Sattler ne présente pas le manuscrit londonien de „*Stutgard*" (« Stuttgart ») qui était en possession de Stefan Zweig. De surcroît, il fournit une version de „*Brot und Wein*" (« Le Pain et le

53 *Ibid.*, page 389 : „*Sattlers Spekulieren und Interpretieren [...] wirkt [...] zuweilen willkürlich.*" (« Les spéculations et les interprétations de Sattler [...] semblent [...] parfois arbitraires. »)

54 S. Metzger écrit ainsi dans Kreuzer, 2001., p. 7 : „*Die Frankfurter Hölderlin-Ausgabe war bei ihrem ersten Erscheinen 1975 eine ungeheure Provokation. Eine Hölderlin-Ausgabe, herausgegeben von dem gelernten Werbegraphiker Dietrich Eberhard Sattler, verlegt vom ehemaligen SDS-Vorsitzenden Wolff unter dem Label "Roter Stern", mußte im politischen Reizklima im Deutschland der 70er Jahre zwischen kaltem Krieg und Radikalenerlaß, Ölkrise und RAF-Terror unter Ideologieverdacht stehen.*" (« L'édition francfortoise de Hölderlin fut dès sa première parution en 1975 une énorme provocation. Une édition de Hölderlin, publiée par Dietrich Eberhard Sattler, de formation dessinateur publicitaire, éditée par Wolff, l'ancien président de l'Union Socialiste des Étudiants Allemands, sous le label de l'"Étoile Rouge", ne pouvait pas ne pas paraître suspecte sur le plan idéologique dans le climat politique tendu de l'Allemagne des années 70, entre la Guerre Froide et le décret excluant en RFA de la fonction publique toute personne ayant des idées extrémistes, le choc pétrolier et la terreur de la RAF. »)

vin ») qu'il a manifestement lui-même adaptée et qu'aucun spécialiste ne reconnaît. Enfin, signalons l'existence dans la même tradition de l'édition munichoise élaborée par Michael Knaupp. Élève de Dietrich Eberhard Sattler, Michael Knaupp a contribué à l'élaboration de son édition francfortoise. Dans les trois volumes de sa propre édition munichoise (1992-1999), il cherche avant tout à restituer un texte très fidèle aux manuscrits. Cette recherche de la fidélité l'amène à publier différentes versions des poèmes. Malheureusement, il ne rend guère compte de ses choix et semble parfois ne pas suffisamment se distinguer de l'édition élaborée par Dietrich Eberhard Sattler[55].

Pour conclure cet état des lieux dans le domaine de l'édition, il convient d'évoquer l'édition de Dietrich Uffhausen, le deuxième éditeur après Dietrich Eberhard Sattler à souligner une cohérence interne à l'œuvre de Hölderlin. Si Beißner préfère au classement chronologique un classement par genre, Dietrich Uffhausen privilégie l'évolution chronologique de l'écriture et précise en interligne les différentes variations d'un poème. Cette édition date de 1989.

Pour notre part, nous avons pris connaissance de chacune d'entre elles, bien qu'elles ne nous aient pas toutes beaucoup servi et que nous ne les citions pas toutes avec la même fréquence. Pour des raisons pratiques, nous avons opté pour celle de Jochen Schmidt (*Deutscher Klassiker Verlag*).

Quant aux traductions, nous nous appuyons abondamment sur celles publiées dans le volume de la Pléiade par en 1967 sous la direction de Philippe Jaccottet[56]. Cette anthologie présente l'avantage de proposer une grande diversité de traductions et de mêler plusieurs générations et traditions de traducteurs. En plus du courant helvétique représenté par

---

55 Emery E. George, dans J. Kreuzer, 2001, p. 393 : „[...] *kolportiert Knaupp, sich wieder unkritisch an Sattler anlehnend, die Behauptung, Beißner setze die Niederschrift von Der Einzige [...] auf Herbst 1801. Wer auf Beißners Notiz hier [...] einen sorgfältigen und unparteilichen Blick wirft, wird sehen, daß Beißner nur den allerersten, jetzt verschollenen Entwurf von Der Einzige vom Herbst 1801 datiert. [...] Jetzt kann man nahelegen, dieser erste (vermutete) Entwurf könnte auch im Spätsommer oder im frühen Herbst 1802, allerdings vor der Reise nach Regensburg niedergeschrieben worden sein.*" (« Knaupp [...], en s'appuyant à nouveau sans esprit critique sur Sattler, colporte l'affirmation selon laquelle Beißner daterait la composition de *L'Unique* [...] de l'automne 1801. [...] Quiconque pose ici un regard précis et impartial [...] sur les notes de Beißner, verra que Beißner ne date de l'automne 1801 que la toute première ébauche de "L'Unique", désormais disparue. [...] Maintenant, on peut suggérer que cette première ébauche (supposée) ait été composée également vers la fin de l'été ou au début de l'automne 1802, toutefois avant le départ pour Regensburg. »)

56 Hölderlin, 1967.

Gustave Roud et Philippe Jaccottet, elle fait la part belle à la mouvance heideggerienne incarnée par Michel Deguy et François Fédier. Mais le volume contient également une traduction de Jean Tardieu qui œuvre pleinement à la réception française des élégies de Hölderlin. Nous nous sommes concentré sur les traductions des élégies. Toutefois l'anthologie fournit aussi des traductions signées par d'autres auteurs, notamment celles de Denise Naville qui a traduit non seulement la correspondance du poète, mais aussi plusieurs de ses essais. Nous nous référons régulièrement à ses traductions qui précisent le contexte intellectuel de l'écriture élégiaque. Eu égard aux précieuses traductions qu'elle contient, nous avons également pris en compte la volumineuse édition bilingue de François Garrigue (2005) qui se réfère elle-même à l'édition de Michael Knaupp et qui présente également l'avantage de mettre en valeur les différentes évolutions des poèmes.

Armé de cette réflexion méthodologique, conceptuelle et éditoriale, nous pouvons envisager d'orienter notre enquête selon trois interrogations majeures qui mettent en valeur notamment une progression chronologique des lectures élégiaques. Il s'agit en effet de s'interroger sur la perception qu'ont eue les lecteurs francophones et germanophones des élégies de Chénier et de Hölderlin : quelle réaction ces poèmes ont-ils provoquée, quel goût ont-ils laissé ? Les ont-ils d'emblée appréciés ou, pour utiliser l'appareil conceptuel de H. R. Jauss, l'écart esthétique compris entre l'horizon d'attente préexistant et l'œuvre nouvelle a-t-il engendré un changement d'horizon ? Puis, il nous faudra nous demander comment l'écriture élégiaque des deux poètes a inspiré la postérité romantique, voire, dans le cas de Chénier, la postérité parnassienne de part et d'autre du Rhin. Pour explorer le rayonnement à terme de cette écriture, nous nous concentrerons sur les deux traditions structurelles qui prévalent dans le registre élégiaque : la tradition érotique d'une part et la veine thrénétique d'autre part. Enfin, après moult réflexions, nous avons décidé de consacrer notre troisième et dernière enquête sur la suite donnée au premier XXe siècle à la réception allemande du Hölderlin élégiaque, et en particulier de son hellénisme élégiaque, sensiblement différente de celle observée à l'ère romantique. Cette approche nous amène à recentrer notre analyse comparatiste sur une étude plus nationale. Cependant, notre logique diachronique nous a imposé ce choix qui nous permet de maintenir une certaine cohérence dans notre progression.

PREMIÈRE PARTIE

LA PERCEPTION DES *ÉLÉGIES* D'ANDRÉ CHÉNIER ET DE FRIEDRICH HÖLDERLIN DE PART ET D'AUTRE DU RHIN

INTRODUCTION À LA PREMIÈRE PARTIE

Tous deux poètes élégiaques, Chénier et Hölderlin devraient faire l'objet d'une première lecture plutôt similaire. Issus de deux cultures européennes assez proches qui reposent sur un héritage littéraire antique commun, ils sollicitent logiquement un horizon d'attente identique. Toutefois, ce raisonnement demeure limité car il ne considère pas les spécificités culturelles, propres à leur aire d'origine respective. La notion d'horizon d'attente joue un rôle majeur dans la compréhension de cette première approche.

UN BILAN INÉGAL ET CONTRADICTOIRE, DÛ À UNE APPROCHE BIOGRAPHIQUE DES DEUX ŒUVRES

La première perception des *Élégies* de Chénier et de Hölderlin diffère dans la mesure où les poèmes de Hölderlin enthousiasment vraiment leurs lecteurs romantiques, tandis que ceux de Chénier suscitent une réaction fort contrastée, et même contradictoire. Considérons dans un premier temps le cas de Hölderlin dont la première perception s'avère moins équivoque que celle du poète français. Les élégies de Hölderlin ont une réception quasi immédiate auprès des Romantiques. Au XIXe siècle, Hölderlin est avant tout perçu comme un poète élégiaque au caractère prophétique. Il n'est pas étonnant de constater qu'au début, Hölderlin interpelle les Romantiques davantage par son destin que par son œuvre. Katharina Kaspers explique en effet l'intérêt dont lui témoignent les Romantiques pour sa folie qui constitue à leurs yeux un moyen efficace d'échapper à la froide raison et de puiser à la source de l'inspiration[1]. Friedrich de la Motte-Fouqué écrit ainsi le 9 septembre 1812 à Ludwig Uhland, à propos de Hölderlin : „*Ein wahnsinniger Dichter erscheint mir ganz besonders furchtbar, und rührend, und geheiligt*[2]." De cet intérêt suscité par la folie du poète naît alors la fameuse expression *der arme Hölderlin* (« le pauvre Hölderlin ») que les Romantiques emploient volontiers pour désigner le poète et que Katharina Kaspers rappelle dans le titre de son article. Cette particularité amène les Romantiques

1 Kaspers, 1973, p. 180 : „*Das Interesse an Hölderlin ist schließlich nicht zuletzt ein solches der Romantiker am Wahnsinn. Dieser wird als Quelle einer Erkenntnis anerkannt, die der Vernunft verschlossen bleibt und gerade deshalb so geeignet scheint, die Grenzen des aufklärerischen Begriffs der Ratio um die Wahrnehmung des Irrationalen zu erweitern.*" (« L'intérêt qu'on voue à Hölderlin n'est finalement pas comparable à celui que les Romantiques portent à la folie. Cette dernière est reconnue comme la source d'une connaissance demeurée inaccessible à la raison et qui, de ce fait, semble à même d'étendre les limites du concept ratio, élaboré parles Lumières, à la perception de l'irrationnel. »)

2 Hölderlin, 1943-1985, p. 425 : « Un poète fou me semble tout particulièrement effroyable, et émouvant, et sanctifié. »

à considérer le poète souabe comme un prophète. Achim von Arnim voit en lui un « mystique », un « visionnaire du désert[3] ». Or cette première réception trouve au fond son origine dans le roman *Hypérion* et les élégies. En effet, lorsqu'il déplore ne pas déjà disposer d'une édition complète de Hölderlin, c'est l'élégiaque qu'Arnim loue :

> *Die Werke Hölderlins, des größten deutschen Elegikers, von denen der „Hyperion" vergriffen, die einzelnen Gedichte in Zeitschriften zerstreut [...] Vollständig müßten sie gegeben werden, weil er nie ein leeres Wort geschrieben, gleich Sterne, mit welchem ihm ein gleiches Geschick traf : daß ihr irdisches Auge die Fülle des angeschauten Lichtes nicht ordnen, ihr liebevolles Gemüth die Kränkungen des Lebens nicht überwinden konnte, so ward den Menschen ihr Geist entzogen, während ihr Leib noch unter ihnen fort lebte*[4].
>
> « Les œuvres de Hölderlin, *du plus grand élégiaque allemand*, parmi lesquelles l'*Hypérion* est épuisé, les poèmes isolés, dispersés dans des revues [...] Il faudrait les restituer dans leur intégralité car il n'a jamais écrit un traitre mot à la légère, à l'instar de Sterne dont il connut un sort similaire : c'est parce que leur regard terrestre ne parvenait pas à ordonner la plénitude de la lumière contemplée, parce que leur âme aimable ne réussissait pas à dépasser les vexations de la vie que ces hommes ont vu *leur esprit se retirer d'eux*, tandis que leur corps continuait à vivre sous eux. »

De ces notes d'Achim von Arnim, il appert que le talent élégiaque de Hölderlin, tant loué, est bel et bien mis en relation ici avec la folie du poète. Notons au passage la comparaison de sa langue à celle de Sterne. De même, lorsque son épouse, Bettina von Arnim évoque Hölderlin dans une lettre adressée à Karoline Günterode dans son roman éponyme *Die Günterode* (*Caroline de Günderode*), elle n'hésite pas à avouer son attirance pour sa folie décriée pourtant par son entourage :

> *Der Franz sagte : „Du bist nicht recht gescheut, was willst du bei einem Wahnsinnigen ? Willst du auch ein Narr werden ?" [...] ach, ich möchte wohl hin, mir kommt dieser Wahnsinn so mild und so groß vor*[5].
>
> « Franz dit : "Voilà qui n'est pas très avisé de ta part, qu'attends-tu d'un fou ? Veux-tu perdre la raison à ton tour ?" [...] hélas, j'aimerais certes basculer, cette folie me semble pleine de douceur et de grandeur. »

---

3 *„Mystiker", „Seher in der Wüste"* : « Mystique », « Devin du désert » (Hölderlin, 1943-1985, p. 436-437).

4 *Hölderlin*, 1943-1985, p. 359. C'est nous qui soulignons.

5 Arnim, 1925, p. 186-187.

Quelques lignes plus loin, elle signale ce que Sinclair lui a dit pour l'inciter à rencontrer Hölderlin. Celui-ci aurait présenté le poète comme le plus grand élégiaque et sa folie comme une enveloppe spirituelle qui empêcherait quiconque d'accéder au sanctuaire de son âme élégiaque :

> *Der St. Clair sagte mir, „ja, wenn Sie das könnten, er würde gesund werden, denn es ist doch gewiß, daß er der größte elegische Dichter ist ; und ists nicht traurig, daß nicht ein solcher behandelt werde und geschützt als ein heiliges Pfand Gottes von der Nation, sagte er, aber es fehlt der Geist, der Begriff, keiner ahnt ihn und weiß, was für ein Heiligtum in dem Mann steckt*[6].
>
> « St. Clair m'a assuré : "Si vous pouviez le faire, oui, certes, il retrouverait la santé ; car ce qu'il y a de certain, c'est qu'il est le plus grand poète des Élégies – et n'est-ce pas une tristesse qu'un homme pareil ne soit traité et protégé par la nation comme un gage sacré de Dieu ? Mais il manque l'esprit, la compréhension ; personne ne devine, personne ne connaît le sanctuaire que cet homme abrite"[7]. »

Pour sa part, l'élégiaque Chénier, dont la réception romantique, grâce à l'édition Latouche de 1819, s'avère tout aussi immédiate que pour Hölderlin, jouit également auprès de ses premiers lecteurs d'une véritable aura héritée de son destin tragique. Toutefois, les premiers critiques se contredisent rapidement. L'impression générale qui en ressort demeure un bilan fort contrasté. Dans tous les cas, que ce soit en bien ou en mal, Chénier ne laisse pas ses lecteurs indifférents. L'un des premiers écrivains à réagir avec un réel enthousiasme aux *Élégies* de Chénier se nomme Victor Hugo. Les Chéniéristes se rappellent encore sa fameuse remarque :

> Mais c'est surtout dans l'élégie qu'éclate le talent d'André de Chénier. C'est là qu'il est original, c'est là qu'il laisse tous ses rivaux en arrière ; peut-être l'habitude de l'antiquité nous égare, *peut-être avons-nous lu avec trop de complaisance les premiers essais d'un poète malheureux.* Cependant nous osons croire, et nous ne craignons pas de le dire, que malgré tous ces défauts, André Chénier sera regardé parmi nous comme le père et le modèle de la véritable élégie[8].

Hugo émet bel et bien ici l'hypothèse d'une lecture favorable influencée par le destin tragique du poète, ce qui peut en effet évoquer la perception dont jouit Hölderlin auprès des Romantiques.

---

6 *Ibid.*, p. 187. C'est nous qui soulignons.

7 Trad. d'A. Guerne : Guerne, 2004, p. 89-90.

8 Hugo, 1819, p. 15-23, cité dans Seth, 2005, p. 126. C'est nous qui soulignons.

De même, Sainte-Beuve parle à propos de son œuvre de l'« Élégie royale dans toute sa gloire[9] ». Latouche[10], Pierre-Antoine Lebrun[11] et Jean-Baptiste Amar-Durivier[12], quant à eux, n'hésitent pas à rapprocher le Chénier élégiaque de Tibulle, le grand modèle de l'élégie au XVIIIe siècle. Cette comparaison se veut être un véritable hommage dédié au poète qui désirait tant s'approprier la naïveté des Anciens, comprise comme l'authenticité et la sincérité du style. Les critiques ne s'accordent toutefois pas sur la question de savoir si Chénier imite ou adopte spontanément la grandeur du poète antique. Ce désaccord marque les premières réactions à ses *Élégies*.

A contrario, si Chénier apparaît comme l'émule de Tibulle, sans doute en raison de son inspiration libertine, maints critiques se choquent de cette veine érotique. Ils y voient un outrage à la pudeur, comprenant les *Élégies* comme une confidence personnelle. Nous avons déjà analysé dans notre premier volume les ruses du poète pour échapper à ce reproche. Mais il faut croire que ces ruses liées à l'intertextualité littéraire demeurent trop subtiles pour les lecteurs de l'époque. Alfred de Vigny dénonce précisément cette mécompréhension dans une lettre adressée à Camilla Maunoir, le 21 octobre 1841 :

> Eh bien, ce pauvre André Chénier vous a donc un peu scandalisée ? Savez-vous ce qu'il faut faire ? Relisez-le et cela se passera. Vous vous apercevrez que André est un traducteur presque perpétuel, ici Catulle, là Ovide, là Tibulle, ailleurs Anacréon, Virgile plus loin ; c'est un corsaire véritable et tous ses péchés ne sont pas siens, ils ont dix-huit cents ans de date, vous pouvez l'absoudre. – ce qui est charmant de lui, c'est sa grâce dans l'arrangement de ses biens dérobés[13].

Si Vigny doit attirer l'attention de cette dame sur l'intertextualité littéraire des *Élégies*, les critiques apprécient différemment ces emprunts

---

9 *Ibid.*, p. 212 (Citation du *Constitutionnel*, lundi 19 mai 1851).

10 *Ibid.*, p. 64 : « ses Élégies semblent des inspirations où Tibulle a jeté sa flamme, où La Fontaine a mêlé sa grâce. » (Chénier, 1819, p. V-XXIII.)

11 *Ibid.*, p. 68 : « La gloire de Théocrite et de Tibulle paraît être plus à sa portée. Il s'est du moins livré plus particulièrement à l'imitation de ces deux modèles, et il y a dans le recueil qu'on publie aujourd'hui quelques idylles et quelques élégies tout à fait dignes de l'un et de l'autre. » (Citation de *La Renommée*, n° 83, 6 septembre 1819, p. 327.)

12 *Ibid.*, p. 81 : « on sent, en le lisant, combien et dans quel esprit il avait lu Tibulle, Ovide et Properce. Il ne traîne point sur leurs traces ; il ne paraît pas même les imiter ; et c'est sans effort, que leurs sentiments ou leur pensée poétique se rencontrent sous sa plume. »

13 *Ibid.*, p. 195.

aux élégiaques latins : Hugo reconnaît certes leur trivialité, mais il invite le lecteur à s'en détacher pour prêter davantage attention à leurs véritables beautés[14]. Becq de Fouquières[15] et Saint-Marc Girardin[16] leur reprochent un manque de sincérité. Alfred F., qui, pour sa part, préfère à Chénier ses contemporains élégiaques, parle d'une absence de simplicité, fustigeant à son tour leur allure artificielle[17]. Népomucène Lemercier dénonce, quant à lui, outre un caractère factice et maladroit, l'impudeur de ses choix poétiques :

> Quand son style fléchit, devient obscur, froid ou gêné, le reproche qu'il mérite ne tombe que sur des imitations imparfaites de Tibulle, de Properce ou d'Ovide, ornements d'emprunts qu'il mêle très mal à propos à ses richesses propres. [...] Je lui reprocherai surtout dans l'élégie la peinture érotique des jouissances corporelles, et celle des plaisirs de ses rivaux. [...] les ivresses des sens profanent la pudeur de la plaintive élégie, et l'empêchent de déployer ce qu'elle a de plus touchant et de plus tendre. Chacun éprouve, même à la lecture des plus beaux modèles latins et français, l'effet déplaisant de l'oubli des réserves décentes [...] Properce, chez les Romains, et plus que lui le poète Le Brun, chez les Français, le souillèrent de ce vice que sut éviter le goût délicat de Parny[18].

Enfin, il ne faudrait pas oublier la condamnation *a priori* sans appel de Henri Potez, réalisée à partir d'une compilation de critiques :

> Nisard : « je préfère dans les *Élégies* ce qui vient de la Muse à ce qui vient de la maîtresse ». – Becq de Fouquières : « Il aime l'art plus que Camille ... Si quelque jeune amant ouvre le livre d'André, il ne trouvera pas dans

14 *Ibid.*, p. 129 : « [...] là des images gracieuses ; ici, des détails rendus avec la plus énergique trivialité. [...] en général, en lisant Chénier, substituez, aux termes qui vous choquent, leurs synonymes latins, il sera rare que vous ne rencontriez pas de beaux vers. »

15 *Ibid.*, p. 257 : « L'ombre toujours présente de Tibulle ou de Properce nous empêche de croire en la sincérité de l'amant, et témoigne que ces belles compositions, échevelées avec art, sont dues pour la plupart à un jeu poétique et parfois licencieux de l'esprit plus qu'à un entraînement du cœur. »

16 *Ibid.*, p. 199 : « Les rêveries, dans André Chénier, sont littéraires, au lieu d'être personnelles. Ces fantômes aimés qu'il voit errer autour de lui, ces mânes aux yeux charmants sont les héroïnes des romans qu'il a lus, et non les héroïnes de ses aventures ou de ses rêves. Le moi bruyant et mécontent n'a pas encore fait invasion dans la poésie ».

17 *Ibid.*, p. 104 : « Les élégies de Chénier n'ont cependant ni la délicatesse et le charme, ni l'élégance et la simplicité des Élégies de Parny, ni le tour et le mouvement de celles de Bertin. [...] Dans Chénier, au contraire, les amants trouvent peu de sentiment, peu de passion et toujours moins leur langage que celui des poètes. »

18 *Ibid.*, p. 95.

> Camille d'élégie qui réponde directement à un besoin de son cœur... L'art y domine l'amour. » Et enfin M. Émile Faguet : « L'impression générale ... est au moins tiède. C'est un ambigu assez curieux, assez adroit aussi, mais quelquefois assez étrange, de l'ardeur sensuelle des Latins ... et des grâces un peu mignardes du XVIIIe siècle[19].

En somme, les principaux reproches adressés aux *Élégies* de Chénier sont un attentat à la pudeur, et enfin, au contraire, un manque de sincérité et d'originalité. Devons-nous conclure à l'échec d'André Chénier qui, malgré un jeu sur l'ambiguïté, a tout mis en œuvre pour échapper précisément à ces reproches ?

En réalité, la recherche universitaire revient par la suite, au XXe siècle, sur ce reproche d'impudicité, voyant dans la confidence la supériorité des *Élégies* sur l'œuvre élégiaque de ses contemporains. Ainsi, il faut attendre la thèse de P. Dimoff, publiée en 1936 pour lire :

> Bertin, Parny et Le Brun avaient presque uniquement consacré leurs élégies à chanter l'amour, ses plaisirs et ses peines. André Chénier, lui, voulait, nous le savons, fixer dans les siennes le souvenir, non seulement de ses joies et de ses souffrances amoureuses, mais encore de ses émotions les plus variées, et faire de son recueil un véritable journal de ses états d'âme successifs et contradictoires[20].

Jean Fabre confirme cette dimension intimiste en insistant sur les

> deux exigences contradictoires, mais en réalité complémentaires, hors desquelles, selon Chénier, il n'existe point d'élégie : une sincérité totale, une continuelle référence à ses modèles. La poésie personnelle ne se reconnaît de dignité que si elle accepte de se soumettre aux lois de l'imitation[21].

J. Fabre nous livre ici l'élément qui a déjà attiré l'attention de Dimoff sur l'écriture intimiste des *Élégies* : il s'agitdu principe classique de la *mimesis*, présenté par Dimoff comme la loi de la naïveté, si chère à Chénier :

> Pour le fond, André Chénier avait visiblement la ferme intention de viser à être, dans ses *Élégies*, toujours naïf, c'est-à-dire vrai avec force et précision, quelque sujet qu'il traitât [...] Grâce à cette méthode, ses *Élégies* seraient devenues comme un journal de ses états d'âme, qu'il lui aurait suffi de feuilleter pour retrouver la fraîcheur de ses impressions passées[22].

---

19 *Ibid.*, p. 278.
20 Dimoff, 1936, p. 406.
21 Fabre, 1965, p. 240.
22 Dimoff, 1936, p. 383-384.

Enfin, dans son édition de 2005, G. Buisson conclut sa présentation des *Élégies* par un retour sur les confidences de Chénier, tout en nuançant malgré tout leur authenticité :

> Ainsi les *Élégies* reflètent le mouvement de la vie ; du moins dans ses grandes lignes, car la chronologie en reste assez floue et le témoignage parfois sujet à caution – notamment dans le livre III (le Voyage), où le rêve et la fiction prédominent manifestement. Sans doute le discours est-il « toujours vrai » [...] mais d'une vérité psychologique et poétique plutôt qu'historique : ces poésies, plus que toute autre œuvre autobiographique, mêlent vie réelle et vie rêvée[23].

L'autre raison qui explique l'intérêt porté par la recherche à l'écriture intimiste des *Élégies* réside dans les travaux biographiques réalisés par les Chéniéristes, depuis Dimoff jusqu'à la Société des Amis des poètes Roucher et André Chénier (SAPRAC), en passant par J. Fabre. Nous nous référons ainsi aux analyses de R. Carocci, de C. Seth, et de G. Buisson, lequel apparaît précisément comme le fer de lance de ces études biographiques. D'ailleurs ce dernier réviseles conclusions biographiques de Dimoff dont la thèse lui semble aujourd'hui dépassée :

> Thèse fondamentale sur le sujet, quoique vieillie, notamment dans sa partie biographique, dont certaines hypothèses (sur lesquelles reposait le classement de pièces importantes dans l'édition Dimoff) ont été ruinées depuis par des découvertes documentaires[24].

Les différences de perception, de part et d'autre du Rhin, des deux œuvres élégiaques suggère une différence importante dans les horizons d'attente qu'il convient d'explorer. Pour ce faire, il conviendrait de s'interroger sur la réaction des lecteurs germanophones et de la comparer à celle des lecteurs français afin de mieux cerner l'horizon d'attente des Germanophones dans le domaine de la poésie élégiaque.

---

23 Buisson, 2005, p. 186.
24 *Ibid.*, p. 94.

LA LECTURE DES *ÉLÉGIES* DE CHÉNIER EN ALLEMAGNE, UNE APPROCHE ENTHOUSIASTE, MAIS LIMITÉE

Afin de modérer l'impression d'échec ressentie en France au XIXe siècle, nous pouvons comparer la perception française de l'auteur avec sa perception allemande. Cette dernière s'avère paradoxale : plus enthousiasmée que la France, l'Allemagne se montre en revanche moins prolixe à son sujet. La lecture tardive et universitaire du poète constitue la raison majeure de cet enthousiasme. Quels sont les grands noms retenus par la recherche chéniériste outre-Rhin ? Un article plutôt récent évoque la chaîne que constituent les études allemandes consacrées à Chénier. Il s'agit d'une contribution de Winfried Engler[1]. Ce critique rappelle ainsi les travaux de Richard Hülsen, de K. A. Martin Hartmann, d'Ewald Koppetsch, de Fritz Lewy et de Hans Ludwig Scheel[2]. Il existe certes d'autres publications sur Chénier. Cependant, ces études, régulièrement citées, ont marqué la recherche depuis la première réception du poète.

En ce qui concerne les universitaires allemands, c'est précisément la dimension érotique et sensuelle des *Élégies* qui leur a plu, contrairement aux auteurs et critiques français choqués par leur manque de pudeur. Elle les a charmés dans la mesure où elle s'inscrit dans une gamme variée de tons que salue notamment R. Hülsen : „*Seine Liebeslieder [...] durchlaufen die ganze Scala von schalkhafter Naivetät bis zu derber Sinnlichkeit*[3]." R. Hülsen n'hésite pas à parler de „*heiße, sinnliche Leidenschaft*[4]" (« passion torride et sensuelle »). L'adjectif *derb* (grossier) dénonce malgré tout une impudeur qui ne saurait être tolérée sans

1 Engler, 1963, p. 256-268.

2 Hülsen, 1885, p. 1-26 – Hartmann, 1894, p. 1-58 – Koppetsch, 1908 – Lewy, 1913 – Scheel, 1958, p. 199-213.

3 Hülsen, 1885, p. 5 : « Ses chants d'amour balaient toute une gamme qui va de la naïveté coquine à la sensualité grossière. »

4 *Ibid.*, p. 7.

cette variation de tons. En effet, cet érotisme peut laisser place à des descriptions et des sentiments plus pudiques, comme il le souligne à propos des élégies dédiées à Marie Cosway, mais aussi et surtout de celles que Fanny a inspirées :

> *Während die vier Gedichte, welche unzweifelhaft an Marie Cosway gerichtet sind, [...] einen achtungsvollen, bewundernden Ton anschlagen, spricht aus denen, welche an D'r... gerichtet sind [...] ein viel wärmeres Gefühl, ja zum Teil heiße, sinnliche Leidenschaft. Eine solche ist undenkbar bei dem Anbeter Fanny's und dem keuschen, unbescholtenen Leben Marie Cosway's*[5].
>
> « Alors que les quatre poèmes indubitablement adressés à Marie Cosway [...] ont un ton respectueux et admiratif, il se dégage de ceux adressés à D'r un sentiment plus chaleureux, voire une passion partiellement torride et sensuelle. Une telle passion est impensable pour l'adorateur de Fanny et au regard de la vie chaste et intègre de Marie Cosway. »

De même, un critique récent, U. Töns, écrit dans sa thèse :

> *Es kommt freilich in den Liebeselegien nicht nur eine, um jeden Preis leidenschaftliche Sinnlichkeit zum Ausdruck, sondern Chénier hat die Freiheit, den Ton zu variieren und sein eigenes Tun selbstironisch und humorvoll zu betrachten*[6].
>
> « Les élégies d'amour n'expriment certes pas seulement une sensualité à tout prix passionnée, mais Chénier a la liberté de *varier le ton* et de contempler sa propre œuvreavec humour et auto-dérision. »

Au fond, les critiques allemands recherchent une réelle authenticité dans les *Élégies* de Chénier qui trancherait avec le caractère artificiel et maniéré de l'érotisme raffiné tel que l'on peut l'observer au siècle de Sade. C'est du moins ce que suggère U. Töns :

> *In den Liebeselegien drückt sich eine Eigenschaft (der* « caractère orageux » *der Leidenschaft) aus [...] Es geht Chénier vor allem darum, die versteckte, raffinierte Erotik, die die Dichtung des 18. Jahrhunderts beherrscht, durch eine starke, unverhüllte Leidenschaft abzulösen*[7].
>
> « Les élégies d'amour ont une particularité (le "caractère orageux" de la passion) [...] Il importe à Chénier surtout de remplacer l'érotisme dissimulé, raffiné qui domine la poésie du XVIIIe siècle par une passion intense et franche. »

---

5 *Ibid.*
6 Töns, 1970, p. 156. C'est nous qui soulignons.
7 *Ibid.*

Cette remarque sur le « caractère orageux » de la passion laisse envisager au fond la sensibilité toute germanique de sa réception allemande. Elle évoque en effet les élans fougueux du *Sturm und Drang* que le romaniste Alfred Noyer-Weidner signale sans hésiter au sujet toutefois des ambitions sociales du poète, suggérées par la fameuse expression : « S'élever jusqu'au faîte ou ramper dans la fange » : „*Selbst wenn man das rhetorische Pathos abzieht, bleibt doch noch der aufrichtige "Sturm und Drang", der Chénier hier beseelt*[8]." Ce caractère orageux, propre à évoquer la jeunesse de Goethe, serait ainsi à l'origine d'une réception favorable de Chénier auprès des universitaires allemands. Remarquons que les critiques français peuvent également relever cette proximité de Chénier avec le mouvement allemand. C'est notamment le cas de Jean Fabre, dès la première édition du livre qu'il lui consacre, soit dès 1955 : « Il ne serait pas difficile de trouver des analogies, sinon des points de rencontre, entre certaines de ses aspirations et celles du *Sturm und Drang*[9]. » À propos de son immense curiosité intellectuelle et de sa grécomanie, Stephan Born signale en 1877, dans une communication prononcée à Bâle :

> *Spiegelt sich in dieser ersten Betrachtung seines Wesens schon eine Verwandtschaft mit den Bestrebungen unserer besten Männer des vorigen Jahrhunderts ab, so werden wir selbst in äußerlichen Lebensumständen unwillkürlich an Goethe's Jugendjahre gemahnt*[10].
>
> « Si en considérant ainsi dans un premier temps sa personnalité nous y distingons d'ores et déjà une parenté avec les desseins de nos meilleurs gens issus du siècle précédent, nous penserons *automatiquement à la jeunesse de Goethe*, même dans ce que nous voyons de sa manière de vivre. »

L'adverbe *unwillkürlich* (« automatiquement ») auquel recourt S. Born confirme bien l'idée que la comparaison relève de l'inconscient collectif allemand. Ceci explique aussi pourquoi W. Engler évoque Maurras pour rapprocher Chénier du grand Goethe : « Un tel poète eût pu agir, enseigner et régner, il aurait été notre Goethe, et même quelque chose de plus et de mieux[11]. » Enfin, le romaniste Franz Rauhut ne rechigne

8 Noyer-Weidner, 1967, p. 217. C'est nous qui soulignons : « Si l'on veut bien faire abstraction du pathos rhétorique, on ne perd pas de vue la sincérité du "*Sturm und Drang*" qui anime ici Chénier. »

9 Fabre, 1965, p. 65.

10 Born, 1978, p. 8. C'est nous qui soulignons.

11 Engler, 1963, p. 256.

pas à employer les notions de « préromantisme » et de « génie créateur » au moment d'étudier l'écriture poétique de Chénier, ce qui l'incite à son tour à reconnaître dans son œuvre une analogie avec le *Sturm und Drang* :

> « Sur des pensers nouveaux faisons des vers antiques. » *Die Theorie enthält aber auch ein präromantisches Element : der Dichter hat ein* « besoin de créer », *das „Genie" schafft in* « transferts brûlants », *der Dichter ist* « bouillant » *durch* « ce dieu dont il est plein », *er ist* « Celui qu'un vrai démon presse, enflamme, domine. » *Das ist der* « enthousiasme », *zufolge Diderot der Zustand des dichterischen Schaffens*[12].

> « "Sur des pensers nouveaux faisons des vers antiques." La théorie toutefois contient également un élément préromantique : le poète a un "besoin de créer", le "génie" crée dans des "transferts brûlants", le poète est "bouillant" par "ce dieu dont il est plein", il est "Celui qu'un vrai démon presse, enflamme, domine". C'est "l'enthousiasme", soit, d'après Diderot, l'état de la création poétique. »

La référence à Diderot ne nous aura pas échappé. Toutefois son commentaire renvoie en effet à l'esthétique du mouvement allemand.

Lorsque les romanistes allemands transposent sur Chénier les caractéristiques du *Sturm und Drang* et relèvent notamment ses élans passionnels, à la différence des premiers critiques français, ils apprécient la sincérité de ses épanchements élégiaques. Ils commentent alors surtout la portée autobiographique des *Élégies*. R. Hülsen souligne l'engagement personnel de l'élégiaque et mentionne spécifiquement son ton chaleureux : *„Seine Liebeslieder [...] lassen aus dem warmen Ton auf persönliche Erlebnisse schließen, zu denen die Vergnügungen der Hauptstadt leicht Gelegenheit boten*[13]." Cette analyse suppose la grille de lecture biographique que le romaniste allemand, aiguillé par Becq de Fouquières, applique à Chénier : *„Zu den Hauptvorzügen der "kritischen Ausgabe" von 1872 gehört neben der trefflichen Biographie der Kommentar*[14]." Plus tard, il confirme ce ton chaleureux pour valoriser les *Élégies* par rapport aux défauts de la poésie du XVIIIe siècle : une poésie philosophique impersonnelle, une poésie pastorale doucereuse ou même des épigrammes très maniérés :

---

12 Rauhut, 1977, p. 79.

13 Hülsen, 1885, p. 5 : « Ses chants d'amour, de par leur ton chaleureux, [...] permettent de conclure à des aventures personnelles facilitées par les divertissements de la capitale. »

14 *Ibid.*, p. 22. C'est nous qui soulignons : « Parmi les principaux atouts de l'"édition critique" de 1872 figure, outre la précieuse *Biographie*, le commentaire. »

> *Die ungesuchte Natürlichkeit und Einfachheit dieser zarten Idyllien, die Anmut und Gefühlswärme der Elegieen standen im geraden Gegensatz zu der trockenen Verstandespoesie, der süßlichen Schäferdichtung, dem manierierten Ton der Epigramme des 18. Jahrh*[15].
>
> « Le naturel spontané et la simplicité de ces tendres idylles, la grâce et la chaleur des élégies s'opposaient parfaitement à la froide poésie rationnelle, à la douceâtre écriture pastorale, au ton maniéré des épigrammes du XVIIIe siècle. »

De ce fait, il corrobore l'analyse des Romantiques[16]. Hans Ludwig Scheel dénonce aussi la poésie douceâtre et frivole de cette poésie pour valoriser notamment les *Élégies* :

> *In der allgemeinen Rückkehr zur Antike zu Ende des 18. Jahrhunderts ist diese Dichtung etwas Besonderes durch ihr Bemühen um philologische Genauigkeit einerseits, und andererseits durch die hier erstmals in der Lyrik konsequent vorherrschende Inspiration an den Idealen Rousseaus, die Überwindung des Süßlich-Sentimentalen und Frivolen und die Durchdringung von Liebe, Melancholie und Schmerz mit ursprünglichem Gefühl*[17].
>
> « À la fin du XVIIIe siècle où, en général, on retourne à l'Antiquité, cette poésie se distingue par sa recherche de la précision philologique tout d'abord, puis par son inspiration des idéaux rousseauistes pour la première fois tant représentés dans le lyrisme, *par le dépassement de la veine sentimentale, douceâtre et frivole, ainsi que par l'omniprésence de l'amour, la mélancolie et la douleur exprimés avec une sensibilité authentique.* »

De même, Gertrud Otto, un siècle plus tard, en 1973, salue tout particulièrement le ton personnel des *Élégies* qu'elle relève, notamment dans l'élégie consacrée « À Versailles » :

> *Hier bei Chénier wird deutlich, wie die Darstellung gattungsmäßig vorgeschriebener, fingierter Affekte vor der Darstellung von Affekten zurücktritt, die von der Wirklichkeit inspiriert sind. Nicht eine durch die Gattung vorgegebene Thematik wird abgebildet, sondern subjektive Erfahrung wird dargestellt. […] Dieser konsequente, expressive Ausdruck subjektiver Gefühle wirkt sich auf die traditionelle Mimesis einer « belle nature » negativ aus mit dem Bestreben, subjektiv erlebte Wahrheit authentisch auszudrücken, es eröffnet sich hier in der Lyrik die Möglichkeit, das idealisch und*

---

15 *Ibid.*, p. 13.

16 *Ibid.* : *„Für die romantische Schule, welche sich in den zwanziger Jahren gründete, wirkten die Poesien André's wie eine Offenbarung."* (« Pour l'école romantique, fondée dans les années 20, les poésies d'André eurent l'effet d'une révélation. »)

17 Scheel, 1958, p. 201. C'est nous qui soulignons.

– scheinbar – objektiv Vorgegebene kritisch auf seine aktuelle Realität hin zu befragen und diesen Vorgang als subjektive Erfahrung darzustellen[18].

« Ici, sous la plume de Chénier, on voit bien comment la représentation d'affects feints et prescrits par le genre s'efface devant la représentation d'affects inspirés par la réalité. Ce n'est pas une thématique inspirée par le genre qui est illustrée. Ce qui est représenté, c'est une expérience subjective. [...] Cette expression conséquente et significative de sentiments subjectifs a des effets négatifs sur la mimésis traditionnelle d'une *belle nature* et vise l'expression authentique d'une vérité subjectivement vécue. S'offre alors au lyrisme la possibilité d'interroger avec un esprit critique les contenus idéaux et – *a priori* – objectifs au regard de leur réalité actuelle et de représenter cette démarche comme une expérience subjective. »

G. Otto distingue ici la tradition mimétique, perçue comme artificielle, des sentiments authentiques, exprimés dans les *Élégies.*

Enfin, Winfried Engler confirme ce jugement porté sur les *Élégies*, les rapprochant de la poésie composée par V. Hugo, jugée plus rhétorique. Il compare ce faisant le poème « Sur la mort d'un enfant », rangé par Becq de Fouquières parmi les *Élégies*, et les poèmes de V. Hugo composés sur la mort de sa fille :

Dabei fällt zuerst auf, daß Chénier weit weniger rhetorisch dichtet als Hugo. Während er im Tode des Kindes die unbegreifliche Vernichtung eines « innocente victime » (V1) sieht, dessen Leben ein „Frühling" war (V2), eine aurea aetas, die widersinnig aufgehoben wird, klagt Hugo weniger um seine Tochter als um seine Vereinsamung, in der ihm die tröstende Gestalt vonnöten wäre. [...] Obgleich Chénier in seiner Elegie weltanschauliche Probleme darstellt und Hugo über persönliches Leid klagt, klingt das Lied des ersten persönlich, verhalten, die Verse des anderen wie die Worte eines Rhetors. Chénier wird so immer schwieriger zu situieren : er ist der Dichter des 18. Jahrhunderts, und andere Züge an seiner Gestalt weisen weit über den französischen romantisme hinaus[19].

« Toutefois, on peut d'emblée remarquer que Chénier a une plume bien moins rhétorique que Hugo. Tandis qu'il voit dans la mort de l'enfant la destruction incompréhensible d'une "innocente victime" (V1), dont la vie ne fut qu'un "printemps", une *aurea aetas* interrompue de façon absurde, Hugo regrette moins sa fille que son isolement au sein duquel cette figure consolatrice eût été nécessaire. [...] Même si Chénier présente dans son élégie des problèmes existentiels et si Hugo pleure sur sa propre peine, le chant du premier a une tonalité personnelle, contenue, les vers du second évoquent les paroles d'un

18 Otto, 1973, p. 216-217.
19 Engler, 1963, p. 264.

rhéteur. De ce fait, Chénier est de plus en plus difficile à situer : il est le poète du XVIIIe siècle, et d'autres traits de sa personne dépassent allègrement le *romantisme* français. »

W. Engler estime plus personnel le ton pris par Chénier dans cette élégie, en comparaison de V. Hugo, même s'il confère à ce décès une portée plus universelle tout en se sentant moins concerné que V. Hugo lui-même. Cette analyse l'incite à réfléchir à l'appartenance de Chénier au romantisme français.

Notons toutefois que tous les critiques allemands ne tombent pas d'accord sur le caractère personnel des *Élégies*. Deux universitaires contemporains nuancent ce jugement. U. Töns affirme le contraire de G. Otto, estimant le pouvoir de la parole plus important aux yeux de Chénier que la part personnelle de sa poésie :

> *Auf dem Gebiet des Stils vertraut er der Wirkung der vorgegebenen Mittel eines poetischen Ausdrucksmittels, das er freilich vertieft und mit großer Meisterschaft handhabt. Damit nähert er sich in diesem Punkte der modernen Dichtung, die der Kraft des poetischen Wortes mehr vertraut als den persönlichen Emotionen des Dichters, wenn sich freilich auch die Art dieser* « vocables magiques » *verändert hat*[20].
>
> « Dans le domaine du style, il se fie à l'effet des moyens d'expression poétique qu'on lui a imposés, qu'il approfondit certes et qu'il manipule avec une grande dextérité. Ce faisant, il se rapproche sur ce point de la poésie moderne qui se fie davantage à la puissance de la parole poétique qu'aux émotions personnelles du poète, même si cette sorte de "vocables magiques" s'est certes modifiée. »

Au fond, l'œuvre de Chénier ne reposerait pas tant sur la rhétorique, comme celle d'Hugo selon G. Otto, mais plutôt sur le pouvoir de la parole poétique. À ce titre, il le juge proche de la poésie moderne. Le grand romaniste Victor Klemperer se montre également très perplexe quant au style personnel de Chénier. Il écrit : „*Seine Elegien sind genau so persönlich und genau so unpersönlich wie seine Bukoliken und seine didaktische Poesie*[21]." Il semble craindre de prendre parti, estimant la question fort controversée. À propos des *Élégies*, il précise :

> *Die Elegien stammen fast durchweg aus Chéniers geselligster Zeit [...] Da ist das Bekenntnis zur Liebe [...] Und da ist eine Überfülle der lebendigsten Szenen und*

20 Töns, 1970, page 174.

21 Klemperer, 1966, page 297 : « Ses Élégies sont tout aussi personnelles et tout aussi impersonnelles que ses *Bucoliques* et sa poésie didactique. »

> *Stimmungen der Beglücktheit, der Melancholie, der Bitterkeit, der Koketterie, der Laune, der Treulosigkeit, der Hingabe, der Eifersucht, des leidenschaftlichen und enttäuschten Wartens [...] Dies klingt erlebt wie die Elegien Parnys und Bertins [...] die Parteigänger des „persönlichen" Chénier sagen : wie die Verse Mussets. Die anderen behaupten, auch in den Elegien bleibe Chénier der objektive Artist, und auch sie haben für ihre Ansicht guten Grund*[22].
>
> « Les Élégies proviennent presque toutes de la période où Chénier s'est montré le plus sociable [...] C'est là qu'il se réclame de l'amour [...] Et c'est là que l'on trouve en abondance les scènes les plus animées et des atmosphères de bonheur, de mélancolie, d'amertume, de coquetterie, de caprice, d'infidélité, de dévouement, de jalousie, et d'attente passionnée et déçue [...] Voilà qui semble aussi animé que les *Élégies* de Parny et de Bertin. [...] les partisans du Chénier "personnel" disent : à l'instar des vers de Musset. Les autres prétendent que même dans les Élégies, Chénier demeure l'artiste objectif et eux aussi ont de bonnes raisons de penser cela. »

En revanche, au moment où il compare les *Élégies* de Chénier aux *Élégies romaines* de Goethe, celles-là lui semblent plus chaleureuses que celles-ci. À propos d'une élégie dédiée à Camille, il écrit : „*Hier ist sicherlich mehr Herzenswärme zu spüren als in Goethes Distischen*[23]." Les positions d'U. Töns et de V. Klemperer demeurent en définitive fort nuancées, voire marginales, la plupart des critiques allemands découvrant dans les *Élégies* un engagement personnel et passionné qui évoque le *Sturm und Drang*.

En rapport avec cet engagement personnel, les universitaires allemands goûtent tout particulièrement la profondeur des émotions exprimées dans les *Élégies*. R. Hülsen déclare : „*Seine Liebeslieder sind vielleicht noch inniger und zarter als die Idyllien*[24]." De même, un siècle plus tard, U. Töns n'hésite pas à les rapprocher des tragédies raciniennes au nom de cette profondeur : „*Häufig begegnet auch in den Liebeselegien eine tiefe, ernste Bewegung, die dem Ton racinischer Tragödien gleicht*[25]." Tous manifestent clairement une préférence pour les élégies dédiées à Fanny qu'ils jugent extrêmement profondes. Au XIXe siècle, ils n'hésitent pas à employer des

---

22 *Ibid.*, p. 296.

23 *Ibid.*, p. 297 : « On peut certainement percevoir ici plus de chaleur humaine que dans les distiques de Goethe. »

24 Hülsen, 1885, p. 5 : « Ses chants d'amour sont peut-être encore plus intenses et plus tendres que les *Idylles*. »

25 Töns, 1970, p. 158 : « On rencontre fréquemment, même dans les élégies d'amour, un mouvement profond et grave qui évoque le ton des tragédies raciniennes. »

superlatifs pour louer leur pureté. S. Born désigne les élégies consacrés à Fanny comme „*die reinsten, keuschesten, die er der Liebe gesungen*[26]." Toutefois, c'est sans doute C. A. M. Hartmann qui se montre le plus élogieux à leur endroit :

> *Schon die dichterische Sprache steht hier auf einer anderen höheren Stufe : sie macht sich mehr und mehr frei von konventionellem Schmuck, sie ist in hohem Grade natürlich, sie ist die echte Sprache des Herzens und zwar eines tief und zart empfindenden Herzens, auf dem ein leiser Duft von Melancholie ruht, gleichsam ein Abglanz der ernsten Lebenserfahrungen, der tragischen Ereignisse, die den Dichter gereift haben im Leiden und Kämpfen, und die edle Prägung seines Geists immer reiner hervortreten lassen. Hier spricht eine durch keusche Liebe geweihte und verklärte Seele, die frei von Schlacken ihren Flug nimmt. So lange es eine französische Sprache gibt, werden die Fanny-Oden zu dem Schönsten und Höchsten gerechnet werden, das die Liebeslyrik kennt*[27].
>
> « La langue poétique se trouve elle-même ici à un niveau supérieur : elle s'affranchit de plus en plus des fioritures conventionnelles, elle atteint un haut degré d'authenticité, elle est le langage naturel du cœur et en particulier d'un cœur à la sensibilité grave et tendre sur lequel repose un léger parfum de mélancolie, en quelque sorte un reflet des expériences graves de la vie, des événements tragiques qui ont mûri le poète dans la souffrance et la lutte et qui font ressortir la noblesse de son esprit avec une pureté sans cesse renouvelée. C'est là que s'exprime, consacrée et transfigurée par un chaste amour, une âme qui, purifiée, prend son envol. Tant qu'il existera une langue française, les odes à Fanny compteront parmi ce que la poésie d'amour connaît de plus beau et de plus élevé. »

Il semble difficile de se montrer plus admiratif. Le lecteur peut cependant remarquer que Hartmann classe les poèmes dédiés à Fanny parmi les *Odes*, à la différence de Louis Moland à l'édition duquel il se réfère et qui classe ces poèmes parmi les *Élégies*[28]. Cependant, ayant pris conscience de cette confusion, il précise, comme pour corriger : „*Becq de Fouquières hat sie in das dritte Buch der Elegien aufgenommen, dem er den Gesammttitel Fanny gegeben hat*[29]." V. Klemperer donne également sa préférence aux

26 Born, 1978, p. 30 : « les plus pures et les plus chastes qu'il ait consacrées à l'amour. »

27 Hartmann, 1894, p. 19.

28 *Ibid.*, page 2 : „Die Citate sind gegeben nach Louis Moland : *Œuvres poétiques* de André Chénier, 2 vol., Paris, Garnier Frères 1878-1879." (« Les citations procèdent de Louis Moland : *Œuvres poétiques* d'André Chénier, 2 vol., Paris, Garnier Frères 1878-1879. »)

29 *Ibid.*, p. 19 : « Becq de Fouquières les a intégrés au troisième livre des *Élégies* auquel il a donné le titre général "Fanny". »

Élégies de Fanny : „*Schon die Versailler Strophen an Fanny sind inniger als die meisten Elegien*[30]." Notons toutefois qu'il se montre lui aussi gêné par le problème du classement éditorial et qu'il préfère demeurer très circonspect quant à leur appellation. Néanmoins, s'il les désigne par l'expression pratique des « strophes versaillaises à Fanny », il les rapproche ici naturellement des autres *Élégies* auxquelles il les compare.

Au fond, cette préférence communément partagée pour les élégies à Fanny s'explique par leur profonde maturité. Les critiques allemands mesurent cette maturité à l'aune de différents critères. Tout d'abord, ils rappellent qu'il s'agit des élégies les plus tardives. V. Klemperer le suggère clairement en ajoutant à sa remarque sur leur profondeur :

> *La Jeune Captive ist sein innigstes Gedicht. [...] Der ungemeine Unterschied zwischen seinen feinsten bukolischen Gedichten und dieser Ode, etwa zwischen ihr und der zunächst verwandten Jeune Tarentine, liegt darin, daß er vordem von Schönheit dichtet, und jetzt von der schmerzlichen Sehnsucht nach versagter Schönheit*[31].
>
> « [...] "La Jeune Captive" est son plus intense poème [...] La différence subtile qui existe entre ses poèmes bucoliques les plus fins et cette ode, par exemple entre elle et la "Jeune Tarentine" à laquelle on l'avait tout d'abord apparentée, c'est qu'il traite dans le premier poème de beauté et dans celui-là même du désir douloureux d'une beauté interdite. »

En ajoutant ce jugement sur « La Jeune Captive » au commentaire des élégies à Fanny, il intègre celles-ci à une évolution dont celle-là constitue l'aboutissement. Les élégies à Fanny seraient, selon cette logique, plus intenses et profondes que les premières élégies. Lorsque, ensuite, il compare « La Jeune Captive » à « La Jeune Tarentine », poème au contenu thématique très proche et souvent classé parmi les premières élégies, il confronte en quelque sorte les élégies de jeunesse à cette ode de maturité.

Le regard que porte Hartmann sur la profondeur des élégies tardives trahit à nouveau une lecture allemande de Chénier. À propos respectivement de deux fragments élégiaques – « Trop longtemps le plaisir, égarant mes beaux jours... » et « Déesse à l'œil timide, au front noble et serein... » –, il écrit :

30 Klemperer, 1966, p. 298 : « Les strophes versaillaises à Fanny sont elles-mêmes plus intenses que la plupart des *Élégies.* »

31 *Ibid.*, p. 298-299.

> *Dieses Fragment bezeichnet gleichsam eine Art Grenzscheide in Chéniers Lyrik : die erotische Dichtung gehört für ihn nunmehr der Vergangenheit an, der Sturm der Jugend ist vorbei, ein höheres Ideal erfüllt ihn [...] Es würde eine falsche Idealisierung sein, wenn man diesen Zug [den erotischen Zug] aus seinem Wesen entfernen wollte. Aber sicher ist auch andererseits dies, daß seine edel angelegte Natur sich vom Sturme jugendlicherLeidenschaft nicht zu Boden werfen liess, daß er sich bis zum Ende ein für das sittlich Hohe und Reine begeisterunsgfähiges Herz gemacht hat*[32].
>
> « Ce fragment constitue pour ainsi dire une sorte de charnière dans le lyrisme de Chénier : la poésie érotique appartient, à ses yeux, désormais au passé, la *fougue juvénile* est passée, il est habité par un idéal supérieur [...] Il serait erroné de vouloir l'idéaliser en le rendant étranger à cette donnée [la donnée érotique]. Mais d'autre part, ce qui est certain également, c'est que sa noble nature ne se laissa pas terrasser par la *fougue de sa passion juvénile*, c'est qu'il s'est forgé jusqu'au bout un cœur à même de s'enthousiasmer pour ce qui est pur et élevé moralement. »

Si le penchant érotique est apprécié par les universitaires allemands dans la mesure où il s'inscrit dans une gamme de tons variés, il n'en reste pas moins, en particulier pour Hartmann, une tare. Il le stigmatise comme un « élan juvénile », employant à cet effet une expression („*der Sturm der Jugend, der Sturm jugendlicher Leidenschaft*“ : « l'élan de la jeunesse, l'élan de la passion juvénile ») qui n'est pas sans évoquer le *Sturm und Drang* et l'impétuosité qui le caractérise. L'élan fougueux de la jeunesse, apprécié par ailleurs comme l'expression d'une passion authentique, ferait cependant place à une inspiration plus éthérée dans ses élégies tardives.

Il existe enfin une autre analyse de cette profondeur qui suppose une distinction entre les élégies de Versailles et celles des débuts : elle s'expliquerait par la tendance de Chénier à dépasser son inspiration purement individuelle pour mener une réflexion nationale. S. Born remarque ainsi à propos des élégies à Fanny : „*Aber auch in diese Lieder mischt sich zuletzt die Trauer um das Loos des Vaterlandes und Erbitterung gegen die Herrscher des Augenblicks*[33].“ La supériorité de ces élégies consisterait alors en la rencontre du particulier et du général. Au fond, W. Engler finit par le rejoindre sur ce point, un siècle plus tard, lorsqu'il juge finalement Chénier dans « Sur la mort d'un enfant » plus personnel et en même temps plus universel que le poète Hugo qui pleure sa fille.

32 Hartmann, 1894, p. 48. C'est nous qui soulignons.

33 Born, 1978, p. 30 : « Mais même dans ces chants, il se mêle finalement une grande tristesse quant au sort de la patrie et de l'amertume à l'encontre des souverains du moment. »

En résumé, les universitaires allemands apprécient les *Élégies* de Chénier pour leur authenticité et leur profondeur couronnées par le dépassement d'une simple dimension personnelle. Certes, les auteurs cités sont pour beaucoup issus de la seconde moitié du XXe siècle. Cependant, plusieurs d'entre eux ont rédigé leur travail vers la fin du XIXe siècle, souvent avant la terrible critique que H. Potez fait des *Élégies* en 1898. S. Born s'exprime en 1877, R. Hülsen publie son étude en 1885, et Hartmann en 1894. Nous pouvons en conclure que, si leurs publications malgré tout tardives supposent un certain recul dont ne disposaient pas les premiers critiques français, leur réception enthousiaste doit avoir une autre explication. Notre étude a déjà largement insisté sur la tendance des critiques allemands à rapprocher Chénier de Goethe, le grand maître de la littérature allemande, et en particulier du genre élégiaque d'outre-Rhin. Goethe constitue en effet pour la poésie élégiaque une référence implicite et évidente pour tout Allemand. Or Goethe a en quelque sorte initié les lecteurs allemands à l'érotisme élégiaque par ses fameuses *Élégies romaines.* Dans le premier volume que nous avons consacré au renouvellement élégiaque par les deux poètes, nous avons insisté sur le scandale suscité par les *Élégies romaines*, précisément lues comme des confidences impudiques et indécentes. Composées en 1790 et publiées en 1795, elles scandalisent notamment Alxinger qui écrit le 25 mars 1797 à Böttiger :

> *Wenn [...] Hr von Goethe mit seiner italienischen Mätresse vor dem ganzen Deutschland in den Horen ... wer wird das billigen ? Das Aergerliche und Anstössige liegt nicht in der Sache, sondern in der Individualität ; darin liegt es, daß hier nicht der Dichter, sondern der geheime Rath, die bestimmte Person, redet und uns keine Dichtung, sondern eine wahre Geschichte scheint auftischen zu wollen. Wenn sich ein junger feuriger Mann ein Mädchen hält, wer wird es ihm verargen ? Wir beyde gewiß nicht. Wenn er aber auf offenem Markte die Freuden erzählt, die er eben in ihrer Umarmung genossen hat, werden wir es verzeihlich erträglich finden ? Doch so ein Mensch schadet sich nur selbst*[34].

> « [...] Si M. de Goethe, dans les *Horen*, se compromet avec son amante italienne devant toute l'Allemagne... qui l'approuvera ? Ce qui contrarie et choque, ce n'est pas l'anecdote, mais le caractère individuel, le fait que ce ne soit pas le poète qui parle ici, mais le conseiller secret, cette personne en particulier et qu'il ne semble pas vouloir nous servir une poésie, mais une histoire vraie. Si un fringant jeune homme retient une jeune fille, qui lui en tiendra rigueur ?

34 Alxinger, 1899, p. 93-94.

> Certainement pas l'un de nous deux. Mais s'il raconte à tout le monde les plaisirs qu'il a connus précisément dans ses bras, le jugerons-nous pardonnable ? Toutefois pareil homme ne se nuit qu'à lui-même. »

Alxinger reproche à Goethe, non certes pas d'avoir une maîtresse, mais bien de se vanter de ses frasques érotiques. L'auteur de cette lettre et toute l'Allemagne dont il représente ici la sensibilité se montrent choqués par une telle impudeur. Dans ce passage, Alxinger rappelle la fonction publique de Goethe : *„Hr von Goethe [...] der geheime Rath"* (« M. de Goethe [...] le conseiller secret »), en évoquant, par sa particule, son anoblissement, mais aussi son titre de « conseiller secret » du grand duc Charles-Auguste. Le scandale a déjà eu lieu en Allemagne. Il ne saurait ainsi se répéter un siècle plus tard, même par le prisme d'une littérature étrangère. Les lecteurs ont été en quelque sorte « éduqués » à l'érotisme par Goethe. Les critiques allemands de Chénier étendent en outre leur comparaison au jeune Goethe et au mouvement du *Sturm und Drang* pour mieux comprendre et analyser les élans juvéniles des premières élégies. Mais qui sont au fond les auteurs de ces critiques ? Il s'agit de romanistes allemands, convaincus du trésor de la poésie française. Ils les ont écrites après la guerre de 1871, puis après les deux grandes guerres qui ont opposé entre autres les Allemands aux Français. Leur but consiste en réalité à intéresser les lecteurs allemands à un auteur français, ce qui n'est certes pas aisé à la fin du XIXe siècle. La comparaison avec l'icône nationale ne peut alors que capter l'attention des lecteurs allemands qui retrouvent ainsi leurs repères culturels. Cependant, leur approche de Chénier demeure limitée, comparée à d'autres auteurs français, pour des raisons historiques que nous avons exposées dans un article consacré à la réception de Chénier en Allemagne, des raisons qui incitent d'autant plus les critiques allemands à réaliser une lecture favorable de son œuvre que la disparition de certains manuscrits est largement imputée à la guerre franco-prussienne. Néanmoins ces conclusions dépassent allègrement le cadre de notre réflexion présente[35].

Cette analyse comparée des horizons d'attente suggère que les lecteurs français n'étaient pas disposés à découvrir une écriture élégiaque à

35 Buffet, 2010, p. 227-253. Outre les difficultés éditoriales, nous évoquons dans cet article un certain malaise des universitaires allemands face à la disparition sans doute définitive des manuscrits de Chénier pendant la guerre de 1870-1871. En effet, les troupes prussiennes sont fortement soupçonnées dans cette affaire, même s'il n'existe aucune preuve tangible de ce qui s'est passé.

contenu érotique. Il semblerait que la réalité soit plus subtile. Héritiers de M. Despréaux, chantre du naturel et de la sincérité des poètes, les critiques du XVIIIe siècle continuent à prôner un style naïf, propre à émouvoir, soit une réelle confidence. Michault réclame ainsi la plus grande sincérité, ou en d'autres termes la subjectivité la plus authentique :

> Plus la plainte sera naturelle & plus elle touchera [...] Il faut qu'il [le Poëte] se laisse conduire par la nature, & qu'il renonce aux beautez de l'art [...] Il doit paroître tout ocupé de ses peines, & les raconter nûment [...][36].

De même, l'abbé Souchay précise :

> On s'imagine communément que, pour faire des Elégies, il suffit d'être passionné, & que l'amour seul en inspire de plus belles, [...] la passion toute seule ne produira jamais rien qui soit achevé [...] la passion, à la vérité, doit fournir les sentiments ; mais c'est à l'art de les mettre en œuvre, & d'y ajouter les graces de l'expression [...] l'art luy devient nécessaire pour mettre dans ses pensées un certain désordre si nécessaire à la nature[37].

Quel est alors l'équilibre prôné entre un style naïf et les confidences érotiques que peut susciter le genre élégiaque lorsqu'il répond à la tradition romaine ? En vérité, il reste certain que, si les élégiaques et les théoriciens français ne s'offusquent pas des marques subjectives dans les élégies, ils réfutent et stigmatisent l'impudicité. Le champion de la pudeur demeure assurément Michault :

> On y veut de la délicatesse dans les plaisirs : les images trop libres de la débauche plaisent toujours moins qu'elles ne rebutent. Mr. Despreaux l'a décidé ainsi[38].

Plus loin, il précise :

> On y célèbre quelquefois les faveurs qu'on a reçûes d'une maîtresse, mais nous voulons en cela beaucoup de retenuë. Notre délicatesse ne souffre rien de trop libre, soit dans les sentiments, soit dans les termes[39].

Confronté à ce jugement, nous pouvons nous demander comment Michault perçoit les élégiaques latins, si impudiques. Sa critique peut

---

36 Michault, 1734, p. 71.
37 Souchay, 1738, p. 344.
38 Michault, 1734, p. 55.
39 *Ibid.*, p. 126.

faire supposer une évolution du genre élégiaque : perfectibles, les Romains ont pu faire évoluer leur goût élégiaque :

> Si je ne me trompe l'Élégie grecque a peche quelquefois par trop de tristesse, & la Latine par un *enjouëment trop libre* [...] Celles de Properce seroient peut-être les plus belles qu'on eut si elles n'etoient pas trop fleuries, & quelquefois aussi trop obscures[40].

Et d'ailleurs, il précise :

> [...] la bienséance a [...] arrêté de nos jours la licence dont nos anciens Poëtes ont abusé souvent jusqu'à blesser la pudeur. [...] Nous prenons si fort à la rigueur ces sortes de libertez, qu'on ne les tolere qu'à peine. Tous les jours le goût s'épure, on châtie severement le langage amoureux, on en banit les sales équivoques[41].

L'abbé Souchay souscrit aux réflexions de Michault :

> Ces sortes d'images, au reste, doivent être employées avec retenuë, il s'agit moins icy de peindre des objets gracieux, que d'exprimer des sentiments tendres & délicats [...] Rien n'est encore plus insipide, ni d'un mauvais goust que les louanges qu'ils donnent à leurs maîtresses[42].

Concrètement, l'intérêt d'observer une certaine pudeur semble assez récent. En effet, le libertinage du XVIIIe siècle peut s'opposer à la pudeur de ces théoriciens, d'ailleurs souvent dévots. Henri Potez fustige ainsi dans les élégies qui ont précédé celles de Chénier un style fort trivial, entre autres sous la plume de Lebrun, jugé « à la fois libidineux et lugubre, affecté et grossier[43] ». Ces références dénotent une certaine pudeur sans doute plus affirmée dans l'horizon d'attente français que dans celui de leurs homologues allemands. Ce décalage doit bel et bien être attribué au scandale historique provoqué par Goethe en publiant ses *Élégies romaines*, jugées si impudiques. Le goût littéraire, comme artistique, se façonne en effet à partir de cet « écart esthétique », que Hans-Robert Jauss définit comme

> la distance entre l'horizon d'attente préexistant et l'œuvre nouvelle dont la réception peut entraîner un changement d'horizon en allant à l'encontre

40 *Ibid.*, p. 97.
41 *Ibid.*, p. 126-127.
42 Souchay, 1738, p. 350.
43 Potez, 1970, p. 220.

> d'expériences familières ou en faisant que d'autres expériences, exprimées pour la première fois, accèdent à la conscience[44].

Et cet « écart esthétique » se manifeste notamment par des scandales mémorables.

44 Jauss, 1978, p. 58.

LES ÉLÉGIES DE HÖLDERLIN, DES POÈMES LUS COMME DES TEXTES PROPHÉTIQUES

Enfin, il convient de revenir sur un autre aspect de la perception du Hölderlin élégiaque qui, en revanche, ne concerne pas du tout Chénier : il s'agit d'une lecture quasi prophétique de ses élégies, issue de l'émotion suscitée par son destin tragique. Curieusement, un courant français néo-romantique, tardif, corrobore cette tendance à mettre en valeur la folie de Hölderlin comme un garant de sa sagacité toute élégiaque. Ainsi, Armel Guerne introduit dans son recueil consacré aux Romantiques allemands précisément la traduction de ce passage dédié par Bettina von Arnim au poète :

> St. Clair m'a assuré : « Si vous pouviez le faire, oui, certes, il retrouverait la santé ; car ce qu'il y a de certain, c'est qu'il est le plus grand poète des Élégies – et n'est-ce pas une tristesse qu'un homme pareil ne soit tenu, considéré et traité par la nation comme un gage sacré de Dieu ? Mais l'esprit, la compréhension manquent ; personne ne devine, personne ne connaît le sanctuaire que cet homme abrite ici[1] ».

Remarquons d'ailleurs qu'Armel Guerne insiste sur cette folie en insérant dans son recueil deux textes biographiques rédigés par des contemporains du poète et consacrés en particulier à sa folie. Il s'agit de la *Vie, poésie et folie de Friedrich Hölderlin*[2] de Wilhelm Waiblinger et de la contribution de Gustav Schwab consacrée à « La Mort[3] », puis aux « Dernières années de Hölderlin[4] ».

Jean Tardieu figure également comme l'héritier de ce même courant néo-romantique, notamment lorsqu'il propose une réflexion sur

1 Guerne, 2004, p. 89-90.
2 *Ibid.*, p. 101-133.
3 *Ibid.*, p. 133-134.
4 *Ibid.*, p. 135-146.

le rythme poétique de Hölderlin, en particulier celui de l'élégie „*Der Archipelagus*" (« L'Archipel »)[5]. Le travail sur le rythme marque en profondeur l'écriture du poète J. Tardieu. Dans *On vient chercher monsieur Jean*, il loue la réflexion d'Agrippa d'Aubigné sur les accents toniques[6]. Or, à l'instar d'I. Kalinowski, nous sommes sans doute endroit de penser que Tardieu prête attention à un article de Bernard Groethuysen[7]. Ce dernier, en s'appuyant sur le passage précédemment cité du roman de Bettina von Arnim, établit précisément un lien entre la folie du poète et ce qu'il appelle les « lois métriques[8] ». Dix ans s'écoulent et Tardieu rédige à son tour un article intitulé « Sur la traduction d'un rythme » où il insiste sur l'importance à accorder au rythme dans l'élégie „*Der Archipelagus*" (« L'Archipel ») :

> « L'archipel » de Hölderlin [...] exprime et figure l'identité entre la voix divine qui ravit un poète dans les plus lumineuses régions d'un monde intemporel, et l'inspiration profonde d'un de ces brefs moments du temps où parut se réaliser le plus complètement sur la terre l'union du divin et de l'humain : l'Athènes de Périclès. [...]

5 Dans notre premier volume, nous avons intégré parmi les élégies ce poème souvent classé à part dans les différentes éditions du poète, même s'il ne compte que des hexamètres. Nous avons suivi en cela Friedrich Beißner : F. Beißner, 1961, p. 180 : „*Dennoch stammt das Gedicht aus elegischem Geschlecht : es ist ursprünglich elegisch empfunden und bewahrt auch in der Ausführung noch auf weite Strecken elegische Haltung.*" (« Toutefois, ce poème relève du genre élégiaque : il trouve son origine dans une sensibilité élégiaque et conserve dans son développement même une allure élégiaque, observable sur de longs passages. »)

6 Tardieu, 1990, p. 126 : « [Les] poètes de la Pléiade [...] s'étaient trompés de route, car ils prétendaient imiter en français la prosodie gréco-latine, ce qui était impossible puisque la *durée* des syllabes qui en constituait l'indispensable base n'était plus perceptible en françaiset ne l'aurait été qu'en substituant à cette notion *temporelle* celle de l'intensité des *accents toniques*. Seul, par l'intuition de son puissant génie, Agrippa d'Aubigné avait réussi [...] au cours d'une série de traductions des *Psaumes* dont l'exceptionnelle et subversive beauté annonce, par la richesse de son "orchestration" sonore, les versets de Claudel et de Perse. »

7 Kalinowski, 1999, p. 270 : « C'est probablement la présentation que Bernard Groethuysen avait donné de "La Folie de Hölderlin" dans *Commerce* en 1925 qui attira l'attention de Jean Tardieu sur le lien entre la perte de la raison et la découverte des "lois métriques de l'esprit." »

8 Groethuysen, 1925, p. 193-194 : « Les lois de l'esprit sont métriques. C'est ce qui se dégage de la parole. Elle lance son filet sur l'esprit : et pris dans ce filet, il prononce le divin [...] La poésie est bien autre chose que la recherche insipide et vaine de la rime. Aucun esprit de quelque profondeur ne saurait s'y complaire. C'est seulement quand la pensée se voit dans l'impossibilité de s'exprimer autrement que par le rythme, quand le rythme est devenu son seul et unique mode d'expression, c'est seulement alors qu'il y a poésie. »

> « L'archipel », en effet, est écrit en vers hexamètres, forgés sur le modèle des hexamètres grecs. Hölderlin, de bonne foi, sans la moindre intention de parodie, retrouve la « longue ligne » des anciens ; il reprend du fond de son être et comble d'une inspiration enfin vraiment païenne ce rythme que Klopstock avait su acclimater dans la langue allemande en faisant coïncider exactement et harmonieusement la loi de la quantité ou durée des syllabes[9].

Dans ce passage, Tardieu balance entre une inspiration divine, mystérieuse et énigmatique qui évoquerait quelque enthousiasme platonicien ou bien quelque ravissement mystique proche du délire, et un travail technique, véritable coup de maître. Une telle analyse relèvedirectement de la réception romantique de Hölderlin qui voit dans la folie du poète une inspiration irrationnelle et divine. Néanmoins, tout admiratif qu'il est, Tardieu expose dans ce même article la manière dont il a tenté de reproduire le rythme de ce poème :

> Tel quel, situé presque uniformément sur la dernière syllabe [...] l'accent tonique français est cependant nettement perceptible. Sa particularité, sa nuance est d'être représenté surtout, à la différence de l'accent allemand, par un léger accroissement dequantité et de n'admettre qu'à un degré moindre l'accroissement d'intensité : on traîne la voix plutôt qu'on ne la renforce.
>
> Cette relation entre l'intensité et la quantité peut permettre de construire un vers français en prenant pour appui non pas un nombre déterminé de syllabes supposées d'égale durée et d'égale valeur, mais une *mesure* véritable qui aurait pour temps fort l'accent, c'est-à-dire une syllabe qui dure et qui, en même temps, est plus fortement prononcée[10].

À titre d'exemple, Tardieu cite les vers liminaires de sa traduction :

> Ton ri*vage* a-t-il *vu* le re*tour* des oi*seaux* voy*ageurs* ? Et la *voile*
> De nou*veau* cherche-t-*elle* à s'en*fuir* sur tes *bords* ? Les *souffles* souhai*tés*
> Font-ils fré*mir* ton *flot* longtemps *calme* ? Et vois-*tu* se chau*ffer* au so*leil*
> Le *dos* des dau*phins* atti*rés* hors des *fonds* par la *neuve* lu*mière* ?
> Est-ce l'*heure* où fleu*rit* l'Io*nie*, Est-il *temps* ? Ah ! quand *vient* la sai*son*
> Où le *cœur* des vi*vants* rajeu*nit*, où l'a*mour* retrou*vé* les ré*veille*
> Et les *baigne* à sa *source* pre*mière* et rap*pelle* et pro*met* l'âge *d'or*,
> *Père* Archi*pel* ! me voi*ci* près de *toi* sa*luant* ton re*pos*[11] !

9 Tardieu : Courtine, 1989, p. 124-125.

10 *Ibid.*, p. 125-127.

11 *Ibid.*, p. 127. C'est nous qui soulignons.

Tardieu s'affranchit allègrement du décompte des syllabes puisque les vers contiennent bien plus de six syllabes. En revanche, il s'en dégage six temps ou six accentuations naturelles à la langue française et propres à évoquer un hexamètre. Nous avons mis en caractères gras les syllabes qui nous paraissent accentuées. Les mots monosyllabiques ou ponctués par un « e » muet sont intégralement accentués. Certes, comme en poésie allemande, cette répartition peut être discutée, en particulier lorsqu'il y a une éventuelle diérèse, comme dans les mots « lu*mière* » et « pre*mière* ». Toutefois, cette répartition nous a paru s'imposer naturellement. De la réflexion sur la folie de Hölderlin au rythme poétique auquel celle-ci a donné naissance, Tardieu parvient à cette traduction originale de l'élégie „*Der Archipelagus*" (« L'Archipel »). Sans doute pouvons-nous voir avec I. Kalinowski[12] un lien entre cette réflexion métrique et la comédie *Un Mot pour un autre* de Tardieu où le linguiste Froeppel qui postule l'irréductibilité des langages individuels finit par perdre la raison[13]. Le rapport entre la réflexion sur la langue et la perte de la raison se vérifie là aussi. En tout cas, cet exercice de traduction nous fournit ici un bel exemple de transfert culturel de Hölderlin en France. La traduction de „*Der Archipelagus*" (« L'Archipel ») établit bien une corrélation entre le fond (une inspiration quasi divine et folle, enthousiasmée au sens platonicien du terme) et la forme qui aboutit à l'intégration du système métrique allemand à la culture française.

Un autre poète français, marqué également à certains égards par l'héritage romantique, se montre sensible aussi à la mystique des élégies de Hölderlin, en particulier à celle de „*Brot und Wein*" (« Le Pain et le vin »), ainsi qu'à celle de „*Der Archipelagus*" (« L'Archipel »). Il s'agit de Pierre Emmanuel. Sa propre inspiration chrétienne explique clairement l'intérêt qu'il voue à la mystique élégiaque de Hölderlin. Hölderlin,

---

12 Kalinowski, 1999, p. 269 : « En 1951, Tardieu publia *Un mot pour un autre*, sorte de comédie dont le héros, le Professeur Froeppel, titulaire de la "chaire des infrastructures du Collège de l'île-de-France" perdait la raison après avoir défendu la thèse d'une irréductibilité des langages individuels. »

13 Tardieu, 1951, p. 24-25 : « [...] puisque Babel règne définitivement, puisque l'on est descendu de la Langue originelle aux langages nationaux, puis des langages nationaux aux patois régionaux, aux dialectes, aux langues familiales, techniques, scientifiques, artistiques, etc... pourquoi s'arrêter en si bon chemin ? Pourquoi ne pas décréter la révolution anarchiste du langage ? Tout langage convenu entre les hommes est une duperie [...] Construisons la LANGUE MOI ! »

comme le souligne l'essai qu'il consacre au « Christ de Hölderlin » dans *Le Poète fou*. Comme Tardieu, P. Emmanuel y concentre son attention sur la réflexion consacrée par Hölderlin au langage :

> Qu'un seul veuille sauver le monde, est à la fois nécessaire et comique infiniment. Aussi bien le Christ de Hölderlin, *le Syrien,* né des profondeurs de la mythique Asie, et qui « descend comme un porteur de torche parmi les ombres », n'arrive-t-il point à résoudre cette foncière ambiguïté. Il sauve le monde idéalement, par le seul prestige du Verbe, en achevant après une longue attente, l'œuvre commencée par les dieux[14].

Le lecteur de Hölderlin reconnaît la figure christique présentée dans *„Brot und Wein"* (« Le Pain et le vin ») comme le « Syrien », dont la puissance réside selon le poète français dans le Verbe. Certes, l'analyse se comprend dans un sens chrétien. Néanmoins, la réflexion linguistique du poète n'en est pas pour autant absente, comme le suggère la dédicace du recueil *Le Poète fou* : « À la mémoire éternelle d'un très beau martyr du langage : Friedrich Hölderlin[15]. » Là encore, comme dans la tradition romantique et néo-romantique, la folie de Hölderlin se trouve intimement liée au langage du poète qu'il n'hésite pas à élever à son tour à la grandeur prophétique du martyr.

Enfin, du côté allemand, Clemens Brentano, le frère de Bettina von Arnim, voit également en Hölderlin un prophète ou un prédicateur dont il perçoit à son tour la voix, précisément dans la première strophe de l'élégie *„Brot und Wein"* (« Le Pain et le vin »), publiée sous le titre « La Nuit » (*„Die Nacht"*) par Seckendorf dans le *Musenalmanach auf das Jahr 1807*. Son admiration pour *„Brot und Wein"* (« Le Pain et le vin ») marque en profondeur l'histoire de la littérature allemande. Dans une lettre adressée depuis Berlin à Luise Hensel en décembre 1816, il attire son attention sur le vers 13 (*„Jetzt auch kommet ein Wehn und regt die Gipfel des Hains auf*[16]") où il pressent l'annonce du salut :

> *Ist der dreizehnte Vers nicht der Vorläufer des Heils, die Stimme des Predigers in der Wüste, der dem Herrn seinen Weg bereitet und seine Stege richtig macht ? Und tritt mit dem vierzehnten Vers nicht der Herr auf : „Sieh, er kommt mit den Wolken und*

14 Emmanuel, 1948, p. 35-36.

15 *Ibid.*, p. 36.

16 Hölderlin, t. I, 1992-1999, p. 286 : « Oh ! Voici naître et frémir la brise aux feuilles extrêmes du bocage, », trad. de G. Roud (Hölderlin, 1967, p. 808).

> *es werden ihn sehen alle Augen.“ Im sechzehnten Vers aber steht : „Und das Licht scheint in die Finsterniß, und die Finsternisse haben's nicht begriffen*“[17].
>
> « Le vers treize *n'annonce-t-il pas le salut, la voix du prophète qui, prêchant dans le désert, annonce l'arrivée du Seigneur et aplanit le chemin ?* Et le Seigneur n'entre-t-il pas en scène au vers quatorze ? : “Regardez, il arrive dans la nuée, et chacun le verra de ses propres yeux”. Mais au vers seize, il est écrit : “Et la lumière brille dans les ténèbres et les ténèbres n'en ont pas pris conscience”. »

Nous retrouvons ici l'image mystique du prophète qui prêche dans le désert. Ici, C. Brentano se réfère très explicitement aux élégies. Cette lecture amène alors les Romantiques à admirer également Hölderlin pour l'affliction et la grande tristesse qu'ils perçoivent à travers ses élégies. C'est en particulier le cas de Brentano, qui, dans une lettre adressée le 21 janvier 1810, écrit à Philipp Otto Runge avoir perçu « une affliction aux vues altières » dans la première strophe de „*Brot und Wein*“ (« Le Pain et le vin ») :

> *[...] aber ich muß sagen, welche Art der Gottes-verehrung mich am innigsten erschüttert hat, was mich nicht sowohl als Mensch gerührt hat überhaubt sondern vielmehr als Individuum und hier fällt mir [...] Hölderlein, z. B. seine Elegie an die Nacht, seine Herbstfeier, sein Rhein, Pathmos und andre, welche in den zwei Musen-Almanachen Seckendorfs v. 1807 und 1808 vergessen und unerkannt stehen, nirgend einmahlist vielleicht hohe [...] Trauer so herrlich ausgesprochen worden, manchmal wird er dunkel und versinket in den bittern Brunnen seines Herzens ; [...], wenn Sie die Bücher finden können, so lesen Sie diese Lieder doch, besonders ist die Nacht klar und sternhell, und einsam, und ein rück-und vorwärts tönnende Glocke aller Erinnerung ; ich halte sie für eines der gelungensten Gedichte*[18].
>
> « Mais je dois dire quelle sorte d'adoration pieuse m'a le plus profondément bouleversé, non pas tant ce qui m'a ému en tant qu'être humain, mais plus précisément comme individu, et je pense alors à [...] Hölderlin, par exemple *son élégie à la nuit*, sa fête de l'automne, son Rhin, Patmos et d'autres, oubliés et négligés dans les deux Almanachs des Muses de Seckendorf de 1807 et 1808, on n'a peut-être nulle part ailleurs exprimé aussi bien une *profonde [...] affliction*, parfois, il s'assombrit et sombre dans le bouillon amer de son cœur. [...] Si vous pouvez trouver ces livres, lisez donc ces chants, la nuit est particulièrement claire et étoilée et isolée, une cloche de tous les souvenir qui sonne en avant et en arrière, je la considère comme l'un des poèmes les plus réussis. »

Notons par ailleurs que si Brentano cite dans cette lettre Hölderlin parmi les différents auteurs qui l'ont le plus ému, il ne renvoie pas son

---

17 *Hölderlin*, 1943-1985, p. 434. C'est nous qui soulignons.
18 Brentano, t. 32, 1996, p. 204. C'est nous qui soulignons.

correspondant uniquement à „*Brot und Wein*" (« Le Pain et le vin »), mais aussi à d'autres poèmes, dont l'élégie „*Herbstfeier*", soit „*Stutgard*" (« Stuttgart »). Toutefois, c'est à cette première strophe de „*Brot und Wein*" (« Le Pain et le vin ») qu'il consacre tout un développement à propos de la pureté de la nuit qui y est célébrée, et il n'hésite pas à considérer ce poème comme l'un des plus réussis. En effet, Brentano s'enthousiasme littéralement pour ce poème de Hölderlin qui allait rester en sa mémoire sa vie durant, ainsi que marquer une majeure partie de son œuvre. Dans une autre lettre, adressée cette fois-ci à Luise Hensel, il développe et explicite la lecture mystique qu'il en fait :

> *Wo ist denn die Erbarmung und die Erlösung ? fragt sie vielleicht, und ich sage : sie lese es als ein Ebenbild aller Geschichte, und sie wird auch Erbarmung und Erlösung darin finden. Sind die ersten sechs Verse nicht das weltliche Treiben ins Reale bis zur Ermüdung, die folgenden sechs nicht die Sehnsucht der Zeit und das Gefühl der Verlorenheit. Tritt im siebenten Vers nicht der Rückblick zur verlorenen Unschuld ein, und sprechen die immer quillenden Brunnen nicht von dem ewigen Quell der Verheißung, an dem die Gerechten sich laben ? Mahnt diese die Glocke nicht durch die den Klang verhüllende Welt zu harren und zu beten, und rufet der Wächter nicht die Erfüllung der Zeit aus*[19] ?
>
> « Où se trouvent au juste la grâce et le salut, demandera-t-elle peut-être, et je lui dirai de le lire comme le reflet parfait de toute l'histoire et elle y trouvera également la grâce et le salut. Les six premiers vers ne disent-ils pas comment le monde dérive vers le réel jusqu'à l'épuisement, les six vers suivants n'expriment-ils pas la nostalgie du temps et le sentiment d'une déréliction ? Le vers sept ne jette-t-il pas un regard rétrospectif sur l'innocence perdue et les fontaines qui ne tarissent jamais ne parlent-elles pas de l'éternelle source de la promesse dont se délectent les justes ? La cloche n'exhorte-t-elle pas ceux-ci à prier et à persister avec espérance dans le monde qui recouvre son tintement, et le gardien ne proclame-t-il pas la plénitude du temps ? »

N'ayant sous ses yeux qu'un texte tronqué, il ne prend pas conscience de toute la dévotion mythologique et syncrétique qui caractérise l'élégie. C'est la raison pour laquelle il interprète le poème dans un sens exclusivement chrétien. La miséricorde, la rédemption, la dimension sotériologique et la promesse faite aux Justes y sont clairement évoquées, ainsi que le mythe de l'innocence perdue. Notons par ailleurs le style biblique véhiculé par les termes „*die immer quillenden Brunnen, der ewige Quell der Verheißung, die Gerechten, sich laben, harren*" (« les fontaines qui ne tarissent jamais,

19 *Hölderlin*, 1943-1985, p. 434.

la source éternelle de la promesse, les justes, se délectent, persister dans l'espoir. »). Enfin, la cloche et la prière achèvent d'ancrer le texte dans un univers chrétien. Afin d'expliquer sa fascination pour ce poème, Walther Rehm insiste sur la culpabilité pécheresse de Brentano et son souci de refuser l'aide de l'art compris comme une vaine et diabolique idolâtrie opposée à Dieu[20]. Il cite ainsi une lettre adressée par le poète à Wilhelm Grimm, datée du 15 février 1815 :

> *Jedes, auch das gelungendste Kunstwerk, dessen Gegenstand nicht der ewige Gott und seine Wirkung ist, scheint mir ein geschnitztes Bild, das man nicht machen soll, damit es nicht angebetet werde*[21].
>
> « Tout œuvre d'art, même la plus réussie, qui n'a pas pour objet le Dieu éternel et ses actions est, me semble-t-il, une sculpture que l'on ne doit pas faire pour éviter qu'elle ne soit adorée. »

À l'inverse, W. Rehm souligne l'adhésion mystique de Brentano à ce poème par l'importance accordée à la quiétude et à la sérénité („*Stille*") qui, après une dure et bruyante journée de labeur, peuvent apaiser le sujet en son for intérieur et y favoriser l'écoute du divin[22]. Le critique

20 Rehm, 1947, p. 127-178, (L'article se trouve également dans Rehm, 1957, p. 40-88), p. 152-153 : „*Sie [die Strophe "Die Nacht"] rührte ihn so sehr, gerade weil sie, als göttliche Trauer, sich von seiner eigenen, irdischen unterschied : [...] Brentano vermag [...] die Dichtungen Hölderlins und vor allem das Nachtgedicht in den späteren Raum seines Lebens hinüberzunehmen, als er sich der Kirche und der "Gotteshilfe" (G.S. IV.396) wieder erschließ*t und aller *"Selbsthilfe", auch der Kunst, der Dichtkunst als Götzendienst und Teufelswerk und Versuchung vergeblich abschwören möchte.*" (« Elle [la strophe "La Nuit"] lui procurait une émotion très profonde, précisément parce que la divine affliction qu'elle exprime se distinguait de sa propre affliction terrestre : [...] Brentano parvient à intégrer [...] les poésies de Hölderlin, et surtout le poème dédié à la nuit, à la partie ultérieure de sa vie, au moment où il se rallie à l'Église et à l'"aide divine" (G.S. IV. 396) et où il aimerait, en vain, renier tout "effort personnel", ainsi que l'art et le lyrisme comme une forme d'idolâtrie, une œuvre diabolique et une tentation. »)

21 Brentano, 2000, p. 143.

22 Rehm, 1947, p. 154 : „*Aber hier, in diesem Gedicht, ["Die Nacht"], war doch – das fühlte Brentano – Gott und sein Werk, hier war das "ursprünglich Schöne", hier durfte er sich hingeben und lieben, ohne Gefahr zu laufen, ein Sklave des Zaubers zu werden [...] Hier durfte er, ohne eifern zu müssen, Dichtung zugleich auch als geistliche Dichtung neu verstehen und begründet sehen [...] Auch in ihm [dem Nachtgedicht] war es doch so, daß der Blick über die Aufmerksamkeit vom Täglichen, Vergänglichen zum Ewigen, Unvergänglichen gelenkt wurde, aus dem Lärm des Tages in die Stille des Abends und der Nacht, in die Stille des Innern, des Herzens, in das das Göttliche einziehen kann.*" (« Mais, ce même poème ["La Nuit"] avait – Brentano le sentait bien – Dieu et son œuvre pour objets, il contenait la "beauté originelle", il pouvait s'y adonner et l'adorer sans risquer de s'assujettir à sa magie [...] Là, il pouvait, sans nécessairement

suppute à ce titre que le poète eût particulièrement goûté avant ses successeurs le vers où Hölderlin pose la question de la place des poètes dans la société[23]. Toutefois, il convient de rappeler que Brentano ne peut en prendre connaissance, n'ayant lu que la première strophe.

Si les élégies de Chénier et de Hölderlin témoignent, sur la question de la pudeur, d'un écart esthétique, dépassé historiquement dans l'ère germanophone, mais encore actuel au XIXe siècle en France, la perception du Hölderlin élégiaque par ses lecteurs germanophones et francophones comme d'un auteur mystique à même de délivrer un message prophétique témoigne finalement d'une fusion diachronique des horizons d'attente de la nébuleuse romantique.

---

s'enflammer, réinterpréter et justifier la poésie comme une poésie qui serait également religieuse [...] Dans ce même poème [celui de la nuit], il se trouve que l'attention se détournait du quotidien, de l'évanescence pour se porter vers l'éternel, l'immuable, qu'elle se détournait du bruit quotidien pour se porter vers la paix du soir et de la nuit, vers la paix intérieure, la paix du cœur, dans laquelle le divin peut s'immiscer. »)

23 *Ibid.*, p. 159 : „*Der Dichter, als Dichter in dürftiger Zeit, zeigte, wie ein Mittler den Weg, der zum Herrn, zu Gott führte.*“ (« Le poète, comme poète en temps de détresse, montra, tel un médiateur, le chemin qui menait au Seigneur, à Dieu. »)

DEUXIÈME PARTIE

INSPIRATION ÉLÉGIAQUE DES ROMANTIQUES ET DES PARNASSIENS

INTERTEXTUALITÉ ÉROTIQUE ET THRÉNÉTIQUE ET HELLÉNISME DES DEUX ŒUVRES ÉLÉGIAQUES

L'ASPECT THRÉNÉTIQUE

LES AUTEURS INSPIRÉS PAR LES *ÉLÉGIES* DE CHÉNIER

LES AUTEURS FRANÇAIS INSPIRÉS PAR LES *ÉLÉGIES* DE CHÉNIER

En réalité, comme l'indique ce bilan contrasté, les *Élégies* de Chénier n'ont pas laissé leurs lecteurs indifférents. C'est là du moins l'un de leurs principaux mérites. Nous avons déjà signalé que les Romantiques et les Parnassiens s'étaient montrés sensibles surtout à ses *Élégies.* Cependant, il convient désormais de déterminer précisément les auteurs concernés par cet héritage et de comprendre comment ils perçoivent ce dernier. Au sein du romantisme, Lamartine, Vigny, Musset, Millevoye et Hugo se distinguent comme les émules de Chénier. Parmi les Parnassiens, nous citerons Leconte de Lisle, Hérédia et enfin France. Cette énumération d'auteurs inspirés par Chénier nécessite toutefois un commentaire nuancé et circonspect.

À propos de Vigny, plusieurs spécialistes ont proposé des analyses approfondies de l'héritage que lui a laissé Chénier[1]. Cependant, il semblerait nécessaire de nuancer l'importance à accorder à cette réception. Pierre-Maurice Masson insiste bien sur la filiation entre Chénier et Vigny. Il ajoute d'ailleurs que Vigny

> ne chercha point à renier la filiation, si catégoriquement affirmée par Sainte-Beuve, entre Chénier et lui. Il continuait d'ailleurs à le relire et à l'annoter. On le voit signaler à Sainte-Beuve une réminiscence de Térence dans l'élégie adressée à Camille[2].

---

1 Citons en particulier Masson, 1909, p. 1-48 – Citoleux, 1921, p. 126-139 – Summers, 1976 – Jarry, 1998 – Jarry, 1995, p. 194-200.

2 Masson, 1909, p. 3.

Si cette remarque tend à confirmer les propos du célèbre critique, l'analyse que ce dernier en fait permet de mieux comprendre la filiation entre les deux auteurs. Il souligne d'abord les points communs :

> Le début d'Alfred de Vigny en littérature date de 1822 ; son premier recueil poétique parut sans nom d'auteur. Il payait, par son poème d'Héléna, son tribut d'enthousiasme à la cause des Grecs ; en même temps par les pièces de *La Dryade*, de *Symétha*, il jouait de la flûte sur le mode d'André Chénier, ressuscité depuis quelques années et mis en lumière. La vraie date authentique de ces poèmes néo-grecs de M. de Vigny est celle de leur publication, et il n'y a pas lieu, pour l'historien littéraire qui tient à être exact, de recourir aux dates extérieures et un peu arbitraires, que le poète a cru devoir leur assigner dès 1829 et ensuite dans ses œuvres complètes, a jugé bon de les vieillir après coup de quelques années[3].

Puis, il en tire les conséquences :

> Pourquoi ces minutieuses précautions rétroactives ? Pour échapper sans doute au reproche (si c'en est un) d'imitation et de ressemblance prochaine, pour qu'on ne dise pas qu'il s'est inspiré directement d'André Chénier, dont les poésies avaient été données par M. de Latouche en 1819. Tout cela c'est de la coquetterie encore. Piquante contradiction ! D'une part on se rajeunit de deux ans, et de l'autre on vieillit ses poésies de quatre ou cinq[4].

Cette analyse revêt au fond un caractère crucial pour Véra A. Summers. En effet, la critique universitaire de Vigny a fini par revenir à cette citation de Sainte-Beuve pour mieux cerner la réception de Chénier par Vigny : si, influencée par C. Kramer[5], elle envisage également une connaissance précoce des manuscrits de Chénier par Vigny[6], André Jarry, critique contemporain, préfère toutefois renoncer aux vaines spéculations sur cette éventuelle connaissance pour soutenir seulement la thèse de Sainte-Beuve selon laquelle Vigny aurait antidaté ses poèmes[7].

---

3 Sainte-Beuve, 1863-1870, p. 403.

4 *Ibid.*, p. 405.

5 Kramer, 1925, p. 103 : « Il n'y a [...] aucun inconvénient de supposer que Vigny ait lu les manuscrits de Chénier en 1815. »

6 Summers, 1976, p. 10 : « Mais les poèmes de Chénier qui ont eu le plus d'influence sur lui ont déjà paru dans l'une ou l'autre des revues du temps, et il est très probable que Vigny les connaissait avant cette date ; il est même vraisemblable qu'il a eu en main les manuscrits de Chénier. C'est sous cette influence qu'il s'est tourné vers la Grèce comme sujet de poésie. »

7 Jarry, 1995, p. 194-195 : « Il ne fait aucun doute que Vigny a antidaté, après coup, nombre des poèmes parus en 1822. [...] Ici encore la malveillance de Sainte-Beuve avait vu juste

Dans une note de bas de page, il précise que C. Kramer « ne fonde sa démonstration que sur des critères internes – peu probants[8]. » Toutefois, même si *a priori*, nous sommes plutôt séduits par la réflexion d'André Jarry, elle ne saurait achever de nous convaincre, reposant elle-même sur une démonstration fort réduite[9]. Quoi qu'il en soit, si nous voulons bien nous abstraire de cette petite querelle universitaire, nous constatons que la filiation demeure avérée.

Cependant, nous ne devons pas ignorer les dernières remarques d'André Jarry qui tendent à nuancer cette filiation[10]. Selon lui, Vigny se serait davantage inspiré de la « destinée » de Chénier que de son œuvre : sa vie lui aurait ainsi permis de produire de belles pages dans son *Stello*[11]. P. M. Masson signale dès 1909 l'importance accordée par Vigny à la « destinée » de Chénier[12], mais A. Jarry est sans doute le premier à lui accorder la primauté en matière d'inspiration.

Contrairement à la tradition, nous émettrons un avis bien plus nuancé quant à la réception de Chénier par Lamartine. Si Hugo salue en Chénier « le plus romantique des classiques » et en Lamartine « le plus classique des romantiques », Leconte de Lisle n'hésite pas à souligner

---

[...] Mais cette "coquetterie d'auteur" avait pour but de dissimuler une dette, non seulement envers Chénier, mais envers beaucoup d'autres. Inutile dans ces conditions [...] de supposer que Vigny ait eu connaissance des manuscrits de Chénier. L'argument qui consiste à dire "Millevoye a eu cette chance. Pourquoi pas Vigny" n'a aucune consistance. »

8 *Ibid.*, p. 195.

9 A. Jarry se contente de préciser que « Vigny, en 1819, n'a encore rien publié. En outre, la première lettre connue de Latouche à Vigny est de 1804 ; il y a peu d'apparence qu'elle ait été précédée de quelque autre : Latouche ignore alors jusqu'à l'adresse de Vigny. » (*Ibid.*)

10 *Ibid.*, p. 196 : « Je soutiendrai qu'elle – la dette de Vigny à Chénier – est moins grande qu'on ne l'a dit parfois. Ou tout au moins qu'elle se situe ailleurs. Et autrement. »

11 *Ibid.*, p. 200 : « "Destinée si touchante", disait Vigny dans la lettre que j'ai citée pour commencer. Cette "destinée" (le mot chez lui n'est pas indifférent) lui a permis d'écrire un de ses chefs-d'œuvre. C'est, finalement, sa dette majeure envers Chénier. » (Il s'agit de la lettre à Camilla Maunoir du 21 octobre 1841 que nous avons nous-même citée précédemment.)

12 Masson, 1909, p. 15-16 : « À défaut d'autre témoignage, le troisième récit de *Stello* (1832) ne resterait-il pas comme une pieuse offrande sur les autels du poète-martyr ? [...] Mais il ne vit que l'infortuné jeune homme célébré par Latouche. C'était comme une première réalisation de son idéal, du poète qu'il rêvait, à la fois penseur et homme d'action, précurseur et persécuté, aristocrate et serviteur de l'humanité. Aussi, quand en 1824 il chantera la mort de Byron, celle de Chénier lui reviendra involontairement en mémoire ; et dans son adieu au "poète conquérant", on retrouvera la péroraison enthousiaste et attendrie de Latouche sur "le jeune cygne étouffé par la main sanglante des révolutions". »

davantage la filiation entre les deux élégiaques : « Il – Chénier – en – ses *Élégies* – a fait Lamartine, Hugo, Barbier[13]. » Dans sa préface aux *Poésies* de Chénier, Becq de Fouquières présente également le poète guillotiné comme le prédécesseur de Lamartine : « *Camille*, c'est encore l'élégie de Tibulle ; *Fanny*, ce n'est pas encore l'élégie de Lamartine[14]. » Au début du siècle précédent, C. Kramer revient sur cette filiation, en affirmant que « Millevoye [...] par son imitation souvent indiscrète et servile des *Bucoliques* et des *Élégies* a servi d'intermédiaire entre André Chénier et Lamartine[15] ». Enfin, nous retrouvons sous la plume de critiques contemporains une affirmation similaire, sans doute nourrie de cette tradition : lors d'un colloque consacré à l'élégie romaine, A. Michel s'appuie derechef sur cette analyse : « Il est inutile d'insister sur la tradition plastique et sentimentale qui va d'André Chénier à Lamartine, en passant par Millevoye. L'élégie tient dans une telle poétique la place dominante[16]. »

A contrario, il existe une seconde tradition critique qui consiste à voir dans l'élégie de Lamartine un style différent de celui de Chénier. Elle émane à son tour de Sainte-Beuve qui propose tout un développement sur la question dans *Vie, Poésie et pensées de Joseph Delorme.* À propos de Lamartine, il précise :

> Lamartine [...] en peignant la nature à grands traits et par masses, en s'attachant de préférence aux vastes bruits, aux grandes herbes, aux larges feuillages, et en jetant au milieu de cette scène indéfinie, et sans ces horizons immenses, tout ce qu'il y a de plus vrai, de plus tendre et de plus religieux dans la mélancolie humaine, a obtenu du premier coup des effets d'une simplicité sublime, et a fait une fois pour toutes ce qui n'était qu'une seule fois possible[17].

Puis, il le distingue de Chénier

> Lorsque en effet ce grand poète ne traite pas des sujets grecs, lorsqu'il s'occupe d'*Euphrosyne*, de *Glycère*, de *Camille* et de toutes ces blanches aux yeux noirs qu'il a tant aimées, il nous offre le plus parfait modèle de l'*élégie d'analyse*, si l'on peut ainsi s'exprimer. Il nous peint la nature avec curiosité, quoique sans minutie, et nous révèle son âme dans ses dispositions les plus délicates, mais

13 Leconte de Lisle, 1971, p. 55.
14 B. de Fouquières, 1994, p. LXX.
15 Kramer, 1925, p. 271.
16 Michel, 1980, p. 291.
17 Sainte-Beuve, 2004, p. 193-194.

> sans tomber dans la psychologie ; car c'est un écueil à éviter pour le poète qu'une science de botaniste ou de métaphysicien, et plusieurs lackistes ne paraissent pas s'en être gardés. Mais dans les limites convenables, le champ de l'élégie d'analyse est immense, et après André Chénier, il y a encore de quoi moissonner pour tous les talents[18].

Dans ce long passage, Sainte-Beuve établit ainsi une distinction claire et nette entre les deux élégiaques, même s'il les considère tous les deux comme les seuls représentants du genre à son époque. Les deux sortes d'élégie se caractériseraient par une différence de niveau : si la Muse de Chénier se distingue selon lui par une certaine introspection, voire un geste narcissique, l'élégie de Lamartine s'élève à une contemplation mystique de la nature et de l'humanité. Sainte-Beuve juge l'élégie de Lamartine supérieure à celle de Chénier dans la mesure où elle offre une réflexion plus profonde. Toutefois, il ne jette pas pour autant le discrédit sur l'élégie de Chénier pour laquelle il reconnaît avoir une réelle estime. En revanche, cette différence observée entre les deux élégiaques interdit au critique de voir entre les deux une quelconque filiation. Leur seul point commun serait le genre élégiaque auquel ils auraient réservé un traitement fort différent. Or il se trouve que des universitaires contemporains demeurent fidèles à l'analyse de Sainte-Beuve. Ainsi, Aurélie Loiseleur apporte à Sainte-Beuve des arguments de poids. Elle rappelle tout d'abord le décalage temporel entre les deux élégiaques[19]. Il est vrai que les élégies de Lamartine datent d'avant l'édition de Latouche : contenues dans les *Méditations poétiques* publiées pour la première fois en 1820, elles sont très manifestement composées avant 1819. Dans les notes de son édition, Marius-François Guyard précise que la pièce « *À Elvire* » est « composée peut-être dès 1814 » et qu'« elle appartenait au recueil d'élégies que Lamartine avait écrites en émule de Parny[20] ». Il est certain que Lamartine signale dans ce poème s'être inspiré de Parny par l'allusion à Éléonore, la muse et l'amante du fameux élégiaque : « Et Ferrare au siècle futur / Murmurera toujours celui d'Éléonore[21] ! » Citons également la pièce « À El*** » qui, selon M. F. Guyard, doit être datée « de 1815, date qu'indique le manuscrit »,

18 *Ibid.*, p. 213.

19 Loiseleur, 2005, p. 442 : « "Non", tranche Sainte-Beuve, Lamartine n'est pas un disciple de Chénier, d'abord pour de simples problèmes de dates, précisons-le [...] André Chénier a été publié à titre posthume en 1819, et connu surtout à partir de ce moment. »

20 Guyard : Lamartine, 1981, p. 429-472, p. 437.

21 Lamartine, *ibid.*, p. 33.

même si « Lamartine a revu le texte à la fin du printemps ou au début de l'été de 1823 : il l'a retrouvé alors dans les "élégies" de sa jeunesse, du temps où Parny était son maître[22] ». Afin d'attester l'importance que Parny, mais aussi Bertin, les fameux prédécesseurs de Chénier, ont revêtue aux yeux de Lamartine, A. Loiseleur cite un passage de la première préface des *Méditations poétiques* (2 juillet 1849) :

> *J'écrivis aussi un ou deux volumes d'élégies amoureuses sur le mode de Tibulle, du chevalier de Bertin et de Parny.* Ces deux poètes faisaient les délices de la jeunesse. L'imagination toujours très sobre d'élans et alors très-desséchée par le matérialisme de la littérature impériale, ne concevait rien de plus idéal que ces petits vers corrects et harmonieux de Parny, exprimant à petites doses les fumées d'un verre de vin de Champagne, les agaceries, les frissons, les ivresses froides, les ruptures, les réconciliations, les langueurs d'un amour de bonne compagnie qui changeait de nom à chaque livre[23].

En insistant toutefois sur la compréhension de l'élégie chez Parny comme « un art dévoyé de la séduction musicale » qui « ne sert que les thématiques du libertinage sans lendemain », A. Loiseleur précise qu'Elvire, la muse de Lamartine, « parce qu'elle est morte, lui désigne très loin [...] le lieu céleste de l'harmonie qu'elle a rejoint[24] ». Afin d'appuyer ses propos, elle cite une strophe du poème « Souvenir » :

> Non, tu n'as pas quitté mes yeux ;
> Et quand mon regard solitaire
> Cessa de te voir sur la terre,
> Soudain je te vis dans les cieux[25].

Dans le prolongement de Sainte-Beuve, A. Loiseleur définit alors la méditation de Lamartine comme une « élégie métaphysique[26] », expression dont elle souligne par ailleurs l'oxymore : il s'agit pour elle d'une « élégie philosophique, morale et métaphysique », d'une « élégie convertie », d'une « poésie sentimentale qui renonce aux poèmes de la chair, à travers le culte d'Elvire désincarnée pour devenir cantique, prière ou

22 Guyard, *ibid.*, p. 447.
23 Lamartine, 1820, p. 363. Nous rappelons ce qui précède la citation réalisée par A. Loiseleur pour insister sur les noms de Bertin et de Parny qui n'apparaissent pas dans le passage qu'elle cite. C'est nous qui soulignons cette extension du passage cité.
24 Loiseleur, 2005, p. 266.
25 Lamartine, 1981, p. 52.
26 Loiseleur, 2005, p. 269.

hymne[27] », ce qui « implique une tonalité grave et convoque des questions fondamentales qui détonnent avec les mièvreries mythologiques d'usage[28] ». En conclusion, elle précise que l'« irruption de la transcendance outrepasse le genre mineur de l'élégie, le défigure et le distend au point de le rendre méconnaissable[29] ». A. Loiseleur confirme ainsi la distinction de Sainte-Beuve entre l'élégie transcendante de Lamartine et celle de Chénier, tournée vers le moi. Cependant, si nous entendons et trouvons convaincants les arguments de Sainte-Beuve et d'A. Loiseleur, nous ne pouvons totalement y souscrire et rejeter en bloc la tradition qui voit un prolongement de Chénier dans les élégies de Lamartine : certes, de nombreuses méditations de Lamartine furent composées avant 1819. Néanmoins, ce n'est pas le cas de toutes, loin s'en faut. En outre, si elles se caractérisent en effet par une dimension mystique qui d'ailleurs rappelle Dante et Pétrarque, elles peuvent éventuellement intégrer d'éventuelles réminiscences à Chénier. N'est-ce pas le cas du poème « Souvenir » qu'A. Loiseleur citait justement pour démontrer le caractère mystique des *Méditations poétiques* ? Une strophe en particulier évoque « Néère » et « Clytie » qui ont tant inspiré les successeurs de Chénier grâce à l'image du défunt matérialisé par une quelconque brise :

> C'est toi que j'entends, que je vois,
> Dans le désert, dans le nuage ;
> L'onde réfléchit ton image ;
> Le zéphyr m'apporte ta voix[30].

Cette méditation ne daterait en effet que de « mai-juin 1819 », selon Marius-François Guyard[31]. La date confirme l'hypothèse selon laquelle Lamartine se serait inspiré ici de Chénier. En conclusion, nous insisterons sur la nécessité de nuancer l'idée d'une parenté, du moins profonde, des deux poètes : il s'agit au fond de deux inspirations différentes. Toutefois, si Lamartine ne se réfère pas explicitement à Chénier, il peut éventuellement lui emprunter quelques expressions ou quelques images jugées particulièrement poétiques. Ces remarques sur Vigny et Lamartine démontrent la nécessité de demeurer toujours circonspect quant à une

27 *Ibid.*, p. 272.
28 *Ibid.*, p. 269.
29 *Ibid.*
30 Lamartine, 1981, p. 53.
31 Guyard, *ibid.*, p. 439.

éventuelle inspiration de Chénier : l'édition de Latouche ayant beaucoup marqué les esprits, il est normal que les grands auteurs de l'époque aient honoré le poète de quelques emprunts souvent inavoués. En revanche, une traque systématique de ces emprunts risquerait de nous amener à les généraliser abusivement.

LES AUTEURS ALLEMANDS INSPIRÉS PAR LES *ÉLÉGIES* DE CHÉNIER

Après avoir dressé un historique de l'héritage littéraire laissé par les *Élégies* de Chénier en France, il convient de mener une enquête similaire sur son rayonnement outre-Rhin. Nous avons déjà constaté une réception universitaire assez précoce de Chénier en Allemagne. Qu'en est-il cependant de sa réception par les écrivains ? Pour tenter de répondre à cette question, nous avons considéré les traductions allemandes des *Élégies.* Nous avons consulté la bibliographie des traductions allemandes depuis le français, publiée par Hans Fromm[32]. Il ressort de notre enquête que Chénier a été traduit par plusieurs auteurs, mais que ces traductions demeurent partielles car elles ne concernent que quelques poèmes, et rarement les *Élégies.* Hans Fromm relève dix traductions publiées. Les poèmes le plus souvent traduits demeurent « La Jeune Captive » et « La Flûte[33] ». Sinon, Wilhelm Willige a bien publié une traduction de « Mnaïs », et Helena Strassovale du poème intitulé « *Élégie* ». Parmi les traducteurs figurent Emanuel Geibel et son disciple Heinrich Leuthold, puis Max Rieple, Hans Hennecke et Wilhelm Hausenstein qui se distinguent par leur talent d'écrivain. Cependant, ils se sont contentés de traduire entre un et trois poèmes de Chénier, aucune élégie, et notre enquête confirme que ces auteurs ne se sont pas inspirés du poète français. Comment expliquer qu'un auteur jugé si important et si riche par ses pairs en France et plus tard par les universitaires allemands soit passé presque inaperçu en Allemagne auprès des écrivains ? En réalité, le fameux problème éditorial de Chénier s'avère sans ambiguïté être le grand responsable d'une telle absence. Dès 1894, K. A. Martin Hartmann déplore le manque d'intérêt suscité par l'auteur dans les universités allemandes et il argue, pour justifier cette lacune, d'un accès difficile aux sources :

32 Fromm, 1950.
33 Fragment de Bucoliques XVII – Chénier, 1940, p. 527.

Hilfsmittel zu Gebote stehen, ist Chénier gegenüber in einer weit günstigeren Lage, als irgend Jemand, der hier zu Lande schreibt, und von ihr besonders darf man die weitere Förderung der noch ungelösten Chénierprobleme erwarten. Neue Gesichtspunkte auch für die hier behandelte Frage dürften sich dann jedenfalls aufthun, wenn die [...] Handschriften des Dichters wieder aufgefunden werden sollten. An dieser Hoffnung darf man wenigstens zunächst noch festhalten. Vielleicht erfahren die Freunde des Dichters gerade auf diesem Gebiete noch ganz besondere Überraschungen[34].

« La critique française qui dispose aujourd'hui de sources et d'outils bien plus riches se trouve nettement avantagée par rapport à quelqu'un qui écrirait en ce pays, et c'est d'elle en particulier que l'on peut attendre une aide supplémentaire pour régler les problèmes liés à Chénier qui n'ont pas encore trouvé de réponse. De nouvelles perspectives devraient s'offrir à nous, notamment pour cette question que nous traitons ici, si l'on devait retrouver les manuscrits [...] du poète. On est en droit, du moins dans un premier temps, de se raccrocher à cet espoir. Les amis du poète seront peut-être particulièrement surpris dans ce domaine précis. »

Néanmoins, comme pour le contredire, l'histoire universitaire de Chénier en Allemagne n'a jusqu'ici guère produit de surprises. Pourtant, les spécialistes français se sont évertués à produire des éditions commentées du poète. Cependant, elles n'ont pas suffi à capter l'attention des auteurs allemands. La bibliographie de Hans Fromm signale une traduction réalisée par John Roger Kohr en 1946 sur le modèle de l'édition publiée par P. Dimoff. Toutefois, il ne s'agit au fond que des *Iambes* considérés habituellement comme les pièces les plus réussies du poète martyr. Dès lors, les *Élégies* de Chénier n'ont malheureusement guère produit d'émules en Allemagne.

L'ASPECT THRÉNÉTIQUE DES *ÉLÉGIES* DE CHÉNIER ET SES ÉMULES

Nous avons déjà constaté que le genre élégiaque supposait deux dimensions fondamentales : l'érotisme et l'affliction, voire le deuil. Or la souffrance chantée par les *Élégies* de Chénier a bel et bien fait des émules, tant chez les Romantiques que les Parnassiens. Toutefois, il convient là aussi de demeurer circonspect car les images et les tournures empruntées appartiennent à un registre que le poète n'est certes pas seul à avoir alimenté. Nous observerons que l'affliction a inspiré aux disciples de Chénier tant des images que des tournures poétiques. Les

34 Hartmann, 1894, p. 57-58.

cas de Millevoye et de Musset en témoignent. Millevoye s'inspire en effet des tonalités élégiaques des *Bucoliques* pour varier l'approche thématique du genre élégiaque. Or il se trouve que ces tonalités élégiaques émanent à leur tour d'un héritage antique. Observons la démarche de Millevoye : il prétend tout d'abord dans son *Discours sur l'élégie* puiser sa réflexion dans une remarque que Parny lui aurait faite pour l'inviter à renouveler le genre élégiaque :

> Il [Parny] me répétait, comme à tous les jeunes poètes : « La poésie s'use ; il faut la rajeunir par des images nouvelles. Retracez d'autres mœurs, peignez une autre nature[35] ».

Il faut bien voir derrière cette volonté de varier le genre élégiaque, et en particulier dans l'allusion aux « mœurs », une certaine gêne face à l'érotisme :

> Sans doute on aime à rencontrer dans ses lectures quelque heureuse imitation de l'Antiquité ; mais on ne saurait les employer avec trop de retenue dans les vers érotiques destinés surtout aux femmes et aux gens du monde[36].

Millevoye désire non pas tant s'inspirer de l'érotisme antique que de la mélancolie élégiaque qu'il puise également dans l'Antiquité. Les *Bucoliques* de Chénier lui proposent alors un réservoir d'images antiques et mélancoliques. Cependant, l'emprunt ne s'avère pas toujours très adroit. C. Kramer estime que son imitation de Chénier « manque d'originalité ; elle est servile au point que ses élégies reproduisent, avec de petites variantes, les titres même des chefs-d'œuvre des *Bucoliques* dont il s'inspire[37] ». Notons en effet les titres suivants : « La Jeune épouse » – qui évoque « La Jeune Tarentine » –, « Homère mendiant » –, lequel fait écho au « Mendiant » – et « La Néréide » – vraisemblablement inspirée de « Néère ». Remarquons par ailleurs que le premier et le dernier titre de Chénier figurent parmi ses *Élégies*, et non ses *Bucoliques* dans l'édition de Becq de Fouquières. Quoi qu'il en soit, l'idée de Millevoye consiste à tirer profit des œuvres présentées ou non comme des élégies, mais qui contiennent un potentiel élégiaque. Aussi remarque-t-il : « Si beaucoup de poèmes prennent le titre d'élégies sans en avoir le caractère, beaucoup

35 Millevoye, 1833, p. 38.
36 *Ibid.*, p. 33-34.
37 Kramer, 1946, p. 145.

aussi, sans en porter le titre, sont des élégies véritables : les exemples s'offrent en foule dans la *Bérénice* du tendre Racine[38] ! » Montrant ainsi dans son article comment Millevoye s'est inspiré des thématiques et intrigues de *Bérénice* de Racine et des *Martyrs* de Chateaubriand, C. Kramer déclare : « Ainsi Racine, comme André Chénier et comme Chateaubriand, l'a orienté vers l'élégie antique[39]. » Chénier, au même titre que les deux autres auteurs, apparaît bel et bien comme un passeur de culture. Il s'agit en quelque sorte d'un nouveau transfert culturel. Toutefois, celui-ci ne consiste pas en un glissement sémantique, mais davantage en une inspiration directe et une intégration de la mélancolie antique à la poésie française. Il conclut que les *Élégies* de Millevoye « ont préparé la génération romantique à goûter les *Bucoliques* d'André Chénier[40] ». Or le cas de Musset confirme cette remarque : ne s'est-il pas inspiré des thématiques helléniques trouvées dans les *Élégies* publiées par Latouche pour composer lui-même un début d'élégie, communément intitulé « La Prêtresse de Diane » ? Paul de Musset atteste cette inspiration dans sa biographie :

> Le jour qu'il emporta ainsi le petit volume d'André Chénier, il arriva plus tard qu'à l'ordinaire à la campagne. Sous le charme de cette poésie élégiaque, il avait pris le chemin le plus long. Du plaisir de relire et de réciter des vers qu'on aime à l'envie d'en faire, il n'y a qu'un pas. Alfred ne résista pas à la tentation. Il composa une élégie qu'il n'a point jugée digne d'être conservée[41].

En effet, si nous considérons le contenu de cette pièce, nous constatons que les *Élégies* de Chénier lui ont particulièrement inspiré le cadre hellénique. Musset cède au charme de la Grèce antique, comme l'indiquent la référence aux dieux païens et la mention de l'amphore dans cette élégie inachevée :

> La prêtresse de Diane
> Il vint sous les figuiers une vierge d'Athènes,
> Chaste et blanche, puiser l'eau pure des fontaines,
> De marbre pour les bras, d'ébène pour les yeux.
> Son père est Noémon de Crète, aimé des dieux.
> Elle, faible et rêvant, mit l'amphore sculptée

38 Millevoye, 1833, p. 29.
39 Kramer, 1946, p. 148.
40 *Ibid.*, p. 150.
41 Musset, 1879, p. 77.

> Sous les lions d'airain, pères de l'eau vantée
> Et féconds en cristal sonore et turbulent[42].

Nous voyons bien à la lumière de ces deux exemples que fournissent Millevoye et Musset que ce sont essentiellement les scenarii, le contexte et les décors helléniques qui inspirent les Romantiques, séduits par la mélancolie que suggère l'âge d'or d'une littérature ancestrale. Toutefois, nous pouvons entreprendre de cerner plus précisément l'apport mélancolique de la Grèce antique présente dans les *Élégies* de Chénier au romantisme. Au fond, les images thrénétiques léguées par le poète aux Romantiques relèvent de deux catégories : si elles procèdent essentiellement du genre communément appelé « tombeau poétique », directement inspiré par l'antiquité gréco-romaine, elles peuvent aussi renvoyer à une intimité toute mélancolique.

LES TOMBEAUX POÉTIQUES

En ce qui concerne le tombeau poétique, le cas le plus probant demeure sans doute celui du poème « La Jeune Morte » de Heredia dont le titre n'est pas sans rappeler « La Jeune Tarentine » et où retentit avec éclat un appel aux vivants, si caractéristique des tombeaux helléniques ou romains :

> Qui que tu sois, Vivant, passe vite parmi
> L'herbe du tertre où gît ma cendre inconsolée ;
> Ne foule point les fleurs de l'humble mausolée
> D'où j'écoute ramper le lierre et la fourmi[43].

Afin d'éclairer l'héritage thrénétique laissé par Chénier à Heredia et ses confrères, nous revenons volontiers à notre contribution à la journée d'études sur l'élégie de Chénier où nous avons traité des « tombeaux élégiaques » du poète[44]. Nous y avons constaté que la plainte funèbre appelle certaines formes traditionnelles, proches de cet appel aux vivants. Dans sa préface aux *Tombeaux romains*, Danielle Porte définit ce dernier comme l'invitation des défunts aux vivants à lire les épitaphes qui les concernent et à leur octroyer par la pensée quelques instants de

42 Musset, 1967, p. 277.
43 Heredia, 1981, p. 74.
44 Buffet, 2006, p. 141-165.

vie[45]. Or Chénier renoue lui-même avec ce motif. Dans « Clytie », il se figure « un voyageur qui lit sur la tombe [cette] épitaphe[46] ». Dans l'élégie « Aujourd'hui qu'au tombeau je suis prêt à descendre », le moi lyrique souhaite savoir son épitaphe lue par les voyageurs :

> Afin qu'au voyageur amené dans ces lieux
> La pierre, par vos mains de ma fortune instruite,
> Raconte en ce tombeau quel malheureux habite[47].

Enfin, dans l'élégie « *Ô puisse le ciseau qui doit trancher mes jours* », le poète voit un voyageur lire l'épitaphe :

> Qu'attiré sur ma tombe où la pierre luisante
> Offrira de ma fin l'image séduisante,
> Le voyageur ému dise avec un soupir :
> « Ainsi puissé-je vivre et puissé-je mourir[48] ! ».

Pour sa part, Heredia opte pour un appel original : il feint de refuser le dialogue avec le vivant. Toutefois, ce refus doit se comprendre comme une prétérition puisque le défunt profite de cette prise de parole pour narrer sa vie :

> Le sais-tu ? Sous le myrte enguirlandant la porte,
> Épouse et vierge, au seuil nuptial, je suis morte,
> Si proche et déjà loin de celui que j'aimais[49].

Si le procédé se veut original, Heredia paie à Chénier le tribut de son héritage en confirmant ici l'allusion à « La Jeune Tarentine » par une intrigue similaire : la défunte s'avère être elle aussi une jeune vierge décédée peu avant l'hymen. Le motif de la colombe, oiseau d'Aphrodite, atteste, au demeurant, le contexte nuptial dont l'issue tragique justifierait le sacrifice :

---

45 Porte, 1993, p. 8 : « Le passant avait, lui, un devoir à remplir envers les disparus dont plus rien ne restait que ces lignes : leur offrir, en lisant l'inscription, quelques instants de vie. Faite à haute voix, comme toute lecture antique, la lecture appelait du fond du néant les ombres vaines et les ressuscitait. »

46 Chénier, 1994, p. 62. Rappelons que dans cette édition de B de Fouquières, ce poème est classé parmi les *Élégies.*

47 Chénier, 2005, p. 268.

48 *Ibid.*, p. 202.

49 Heredia, 1981, p. 74.

Tu t'arrêtes ?
Un chant de colombe a gémi.
Non ! qu'elle ne soit pas sur ma tombe immolée[50] !

De surcroît, à l'instar de Chénier, Heredia renoue avec l'invitation épicurienne à jouir de la vie :

Tu t'arrêtes ? Un chant de colombe a gémi.
Non ! qu'elle ne soit pas sur ma tombe immolée !
Si tu veux m'être cher, donne-lui la volée.
La vie est si douce, ah ! laisse-la vivre, ami.
[...]
Mes yeux se sont fermés à la lumière heureuse,
Et maintenant j'habite, hélas ! et pour jamais,
L'inexorable Érèbe et la Nuit ténébreuse[51].

Dans ses tombeaux élégiaques, Chénier insiste, nous l'avons signalé, sur son message épicurien. L'ensemble de l'élégie « *Ô puisse le ciseau qui doit trancher mes jours* » constitue en soi un manifeste épicurien :

Ô puisse le ciseau qui doit trancher mes jours
Sur le sein d'une belle en arrêter le cours !
Qu'au milieu des langueurs, au milieu des délices,
Achevant de Vénus les plus doux sacrifices,
Mon âme sans efforts, sans douleurs, sans combats,
Se dégage, et s'envole, et ne le sente pas[52] !

L'esprit épicurien domine également l'élégie « Aujourd'hui qu'au tombeau je suis prêt à descendre » :

Oui, vous plaindrez sans doute en mes longues douleurs
Et ce brillant midi qu'annonçait mon aurore,
Et ces fruits dans leur germe éteints avant d'éclore,
Que mes naissantes fleurs auront en vain promis.
Oui, je vais vivre encore au sein de mes amis.
Souvent à vos festins qu'égaya ma jeunesse,
Au milieu des éclats d'une vive allégresse,
Frappés d'un souvenir, hélas ! amer et doux,
Sans doute vous direz : « que n'est-il avec nous ! »

---

50 *Ibid.*
51 *Ibid.* C'est nous qui soulignons.
52 Chénier, 2005, p. 202.

> […]
> Qu'à votre belle vie ainsi ma mort obtienne
> Tout l'âge, tous les biens dérobés à la mienne ;
> Que jamais les douleurs, par de cruels combats,
> N'allument dans vos flancs un pénible trépas[53].

Le début de cet extrait chante le désespoir des tombeaux antiques à nouveau perceptible dans le poème de Heredia. La mort est considérée par les Anciens comme une sorte d'existence réduite. De même, le Parnassien marque son poème funèbre d'une profonde mélancolie qui sous-tend les tombeaux élégiaques de Chénier, et avant lui des Anciens.

La nouvelle « Scolastica » de *L'Étui de nacre* d'A. France trahit également l'inspiration épicurienne de Chénier. Dans cette nouvelle, il est question d'une vierge chrétienne, Scolastica, qui se refuse à son amant jusqu'à ses derniers instants. À la fin de la nouvelle, un vieux païen, récemment converti au christianisme, nommé Silvanus, frappé par le destin de cette jeune femme, conclut à la nécessité de rester attentif aux plaisirs de la vie :

> La triste Scolastica, se dit-il, maintenant qu'elle n'est plus qu'une ombre vaine, regrette le temps d'aimer et les plaisirs perdus. Les roses qui sortent d'elle et qui parlent pour elle nous disent : Aimez, vous qui vivez. Ce prodige nous enseigne à goûter les joies de la vie, tandis qu'il en est temps encore[54].

Cette conclusion et la mention pittoresque des roses évoquent clairement le style testamentaire du tombeau. Or il est intéressant de constater que Silvanus évoque à bien des égards Chénier par son recours à l'« imitation inventrice », emprunté par le poète à Louis Racine, recours favorisé par sa double culture de païen récemment converti :

> Il composait des églogues et des élégies d'un style un peu dur, mais d'un tour ingénieux et dans lesquelles il introduisait les vers des anciens chaque fois qu'il en trouvait le moyen[55].

D'ailleurs, le narrateur ajoute qu'il « composa sur ce sujet une élégie[56] ». L'héritage élégiaque de Chénier est ainsi confirmé.

53 *Ibid.*, p. 268.
54 France, 1955, p. 68.
55 *Ibid.*
56 *Ibid.*

Le tombeau élégiaque de Chénier se distingue également par toute une mise en scène qui suggère, outre l'agonie du sujet, l'émotion suscitée par la lecture de l'épitaphe. Vigny s'y est montré particulièrement sensible. Ainsi, dans « Le Somnambule », et « La Fille de Jephté », l'approche imminente de la mort engendre une tension, perceptible dans le jeu même du dialogue. Dans « Le Somnambule », le poète recourt à de véritables stichomythies :

> « Polion, quel est-il ? » – « Je tiens tes longs cheveux …
> Je dédaigne tes pleurs et tes tardifs aveux,
> Corinne, tu mourras… » – « Ce n'est pas moi ! »
> […]
> « Ah ! cruel ! … mon sang coule ! … Ah ! reçois mes adieux ;
> Puisses-tu ne jamais t'éveiller ! » – « Justes Dieux[57] ! ».

Dans « La Fille de Jephté », Vigny privilégie au contraire le soliloque pour dire le désespoir de l'héroïne face à son destin :

> Et le jour de ma mort, nulle vierge jalouse
> Ne viendra demander de qui je fus l'épouse,
> Quel guerrier prend pour moi le cilice et le deuil :
> Et seul vous pleurerez autour de mon cercueil[58].

Le thème de l'hymen précédé du trépas évoque indubitablement « La Jeune Tarentine », dont les accents tragiques se font entendre à travers ce bouleversant monologue. Par ailleurs, « La Fille de Jephté » se clôt sur une strophe du narrateur dont la pointe mélancolique émet une distance entre le récit et le narrateur, comme dans une épitaphe :

> Elle inclina la tête et partit. Ses compagnes,
> Comme nous la pleurons, pleuraient sur les montagnes.
> Puis elle vint s'offrir au couteau paternel.
> *– Voilà ce qu'ont chanté les filles d'Israël*[59].

Le jeu des temps, marqué par le passage du présent au passé, souligne cette prise de distance qui n'est pas sans évoquer l'épitaphe à laquelle Chénier accorde une place importante. Remarquons que ce style se vérifie également dans « Symétha » : certes, le poète n'y narre aucune

57 Vigny, 1973, p. 70-71.
58 *Ibid.*, p. 61.
59 *Ibid.* C'est nous qui soulignons.

mort, mais la dernière strophe où le narrateur prend la parole tranche avec le monologue de l'amant et évoque, de par sa profonde mélancolie, quelque funeste disparition :

> Dans le port du Pirée, un jour fut entendue
> Cette plainte innocente, et cependant perdue ;
> Car la vierge enfantine, auprès des matelots ;
> Admirait et la rame, et l'écume des flots ;
> Puis, sur la haute poupe accourue et couchée,
> Saluait, dans la mer, son image penchée,
> Et lui jetait des fleurs et des rameaux flottants,
> Et riait de leur chute et les suivait longtemps ;
> Ou, tout à coup rêveuse, écoutait le zéphire,
> Qui, d'une aile invisible, avait ému sa lyre[60].

Certes, l'héritage de Chénier s'avère confirmé ici par la proximité avec l'intrigue de « La Jeune Tarentine ». Néanmoins, cette conclusion en épitaphe ne s'avère pas spécialement originale. L'intrigue donne ainsi à supposer que Vigny reproduit le modèle antique à partir de Chénier, comme le suggère M. Citoleux[61]. En outre, même si le poète préfère les auteurs grecs à leurs homologues anglais qui « se tourmentent toujours et en toute occasion[62] », il serait injuste de négliger l'apport de la poésie nocturne et sépulcrale d'outre-Manche, et en particulier de Th. Gray dont le dernier quatrain évoque clairement une épitaphe :

> *The next with dirges due in sad array*
> *Slow thro' the church-way path we saw him born(e).*
> *Approach and read (for thou can'st read) the lay,*
> *Grav'd on the stone beneath yon aged thorn.'*
>
> *The EPITAPH.*
> *Here rests his head upon the lap of Earth*
> *A Youth to Fortune and to Fame unknown,*

60 *Ibid.*, p. 78.

61 Citoleux, 1921, p. 132 : « bien qu'il ait étudié Homère, Eschyle, Platon, Épictère, il n'avait pas reçu, comme Racine à Port-Royal, cette profonde et sérieuse éducation qui seule lui eût permis de se dégager assez des difficultés de vocabulaire et de syntaxe pour sentir toute la beauté des œuvres grecques. Pour qu'il la sentît pleinement, j'imagine qu'il lui fallait la trouver dans sa propre langue. Ce fut le service qu'après Racine lui rendit André Chénier. »

62 Chénier, 1940, p. 647.

Fair Science frown'd not on his humble birth,
And Melancholy mark'd him for her own[63].

Nous en déduisons que Vigny a pu, éventuellement à partir de Chénier[64], s'inspirer de la poésie sépulcrale d'Angleterre, tant lue et répandue à l'époque en Europe en général, et en France en particulier.

Enfin, si les tombeaux élégiaques de Chénier se plaisent à évoquer la suite donnée à la mort, France sait en tirer profit dans « Les Noces Corinthiennes », comme le souligne Kramer dans son article déjà cité[65]. Ainsi, lorsque Daphné évoque sa mort à son fiancé :

Tu verras s'élever mon ombre sur la terre ;
Et, sans tendre à ton front une bouche adultère,
Je te caresserai dans le souffle des vents,
C'est ainsi que les morts se mêlent aux vivants.
Ils flottent dans la brise et parlent dans les feuilles.
Je reviendrai vers toi pour peu que tu le veuilles[66].

Il s'avère très proche des héroïnes élégiaques de Chénier que sont Néère et Clytie. Néère promet également :

Mon âme vagabonde à travers le feuillage
Frémira. Sur les vents ou sur quelque nuage
Tu la verras descendre, ou du sein de la mer,
S'élevant comme un songe, étinceler dans l'air ;
Et ma voix, toujours tendre et doucement plaintive,
Caresser en fuyant ton oreille attentive[67].

---

63 Gray, 1966, p. 42-43. Trad. de Martin, 1934, p. 417 : « Le lendemain, au chant des morts, triste cortège, / Nous le vîmes porter lentement vers l'église. / Approche et lis, toi qui sais lire, le poème / Gravé sur son tombeau, sous cette ronce antique. / [...] Épitaphe / Sur le sein de la terre, ici coucha sa tête / Ce fils que ne connut ni Richesse, ni Gloire. / Le beau savoir sourit à son humble naissance, / Et la Mélancolie le désigna pour sien. » Notons que le traducteur s'est octroyé ici un clin d'œil à l'inspiration antique de Gray en traduisant *aged* par « antique ».

64 Dans notre premier volume consacré au renouvellement du genre élégiaque sous la plume de Hölderlin et d'André Chénier, nous précisons justement que si Chénier stigmatise les Anglais pour leurs descriptions morbides, il ne s'interdit pas pour autant de s'en inspirer. Ainsi la pièce 21 du livre II s'accompagne-t-elle du commentaire « Imit. D'Young N. I. » (Chénier, 2005, p. 252). D'ailleurs, au poème 31 du même livre II, il précise en exergue : « Les premiers vers sont d'une jolie chanson de Shakespeare *Measure for measure*, act. IV, sc. 1. » (*Ibid.*, p. 263).

65 Kramer, 1931, p. 167.

66 France, 1926, p. 222.

67 Chénier, 1940, p. 11.

Le moi lyrique déclare aussi à Clytie :

> Chaque fois qu'en ces lieux un air frais au matin
> Vient caresser ta bouche et voler sur ton sein,
> Pleure, pleure, c'est moi. Pleure, fille adorée,
> C'est mon âme qui fuit sa demeure sacrée[68].

Remarquons avec Kramer[69] que Vigny emploie le même verbe que Chénier dans les deux poèmes : le verbe « caresser ». Cependant, là aussi, Vigny, en s'inspirant de Chénier, se nourrit d'un motif emprunté par ce dernier à un autre auteur, le Suisse Geßner, et en particulier à son idylle „*Der Wunsch*" – « Le Souhait » – dont le personnage masculin, au moment où il s'imagine mort, s'adresse en ces termes à sa bien-aimée :

> *Und du geliebte Freundin ! wann du beim Hügel meines Grabes vorüber gehst, wann die Maaßlieben und die Ringelblumen von meinem Grabe dir winken, dann steig eine Thräne dir ins Auge, und ists den Seligen vergönnt, die Gegend, die wir bewohnt, und die seligen Haine zu besuchen, wo wir oft in seligen Stunden unsrer Seele grosse Bestimmung dachten, und unsre Freunde zu umduften, dann wird meine Seele dich oft umschweben, oft, wenn du voll edler hoher Empfindung einsam nachdenkest, wird ein sanftes Wehen deine Wangen berühren; dann gehe ein sanftes Schauern durch deine Seele*[70] !
>
> « Et toi, amie chérie ! lorsque tu passeras par la colline de ma tombe, lorsque les pâquerettes et les calthas de ma tombe te feront signe, alors que les larmes te montent aux yeux, et s'il est permis aux bienheureux de visiter la région que nous avons habitée, et les bienheureux bosquets où, souvent, à des heures bienheureuses, nous pensions au grand destin de notre âme et s'il est permis d'embaumer nos amis, alors mon âme flottera souvent à tes côtés. Souvent, quand tu méditeras seule, emplie d'une sensation noble et élevée, un léger souffle effleurera tes joues ; alors puisse ton âme être parcourue d'un doux frisson ! »

Dans la nouvelle « L'Aube » de *L'Étui de nacre*, le personnage Sophie cite directement Geßner :

> Les *Idylles de Gesner* ; c'est bien cela, dit Sophie ; ouvrez le livre à l'endroit qui est marqué, et, si vos yeux sont assez bons pour lire au clair de lune, lisez. Il lut ces mots : « Ah ! souvent mon âme viendra planer autour de toi ; souvent, lorsque, rempli d'unsentiment noble et sublime, tu méditeras dans

68 *Ibid.*, p. 519.
69 Kramer, 1931, p. 167.
70 Gessner, 1973, p. 72.

> la solitude, un souffle léger effleurera tes joues : qu'un doux frémissement pénètre alors ton âme[71] ! »

Kramer attire également notre attention sur un autre extrait d'A. France, marqué par cette image[72] : il s'agit d'un passage de la nouvelle révolutionnaire « *La Perquisition* », *comprise dans L'Étui de nacre*, où une jeune femme, prénommée Julie, prend connaissance d'une lettre de son amant, condamné à la guillotine, comme notre poète. Sa lettre évoque ainsi le style de Chénier et engage son âme vagabonde à rejoindre sa bien-aimée :

> Ma Julie, si je dois tomber sous la hache des proscripteurs, si je dois, comme Sidney, mourir pour la liberté, la mort elle-même ne pourra retenir dans l'ombre où tu ne seras pas *mes mânes indignés. Je volerai vers toi, ma bien-aimée. Souvent mon âme reviendra flotter en ta présence*[73].

Nous retrouvons les expressions de Chénier : « mânes[74] », « je volerai vers toi[75] ». Le recours aux expressions de Chénier prouve que si Vigny et France exploitent l'image de Geßner, ils procèdent avant tout de Chénier.

L'idée de *translatio studiorum* s'avère ici confirmée : Chénier leur a bel et bien rendu le service d'absorber lui-même des images étrangères, qu'elles soient antiques ou contemporaines, soit de les leur proposer dans leur langue maternelle. Nous assistons ici à différents transferts culturels de l'esthétique mélancolique des tombeaux antiques, issus soit directement de la Grèce antique, soit d'une médiation anglaise ou suisse allemande. Mais dans les trois cas, Chénier apparaît comme l'un des vecteurs principaux de ce transfert, ayant proposé à la postérité romantique une acclimatation française de cette même esthétique et lui facilitant ainsi la tâche.

Dans d'autres œuvres en prose, A. France n'hésite pas à s'inspirer de la vie plus intime de Chénier pour y puiser des contenus thrénétiques et méditer à une suite donnée à la mort. Il introduit ainsi dans sa nouvelle « Aube » le personnage de madame Laurent Lecoulteux, derrière laquelle le lecteur peut deviner Fanny. Lors d'une discussion avec M. de

---

71 France, 1955, p. 198.

72 Kramer, 1931, p. 172.

73 France, 1955, p. 232. C'est nous qui soulignons.

74 Chénier, 1994, p. 62 (« Clytie »).

75 *Ibid.*, p. 61 (« Néère »).

Condorcet, madame Laurent Lecoulteux « lui répondit, avec une teinte de mélancolie qui convient bien à cette image de Fanny dont le poète a célébré la grâce, la candeur, la naïve innocence[76] » :

> Je ne sais de quel prix sont aux yeux des anges ces pauvres charmes formés du limon de la terre, aux yeux des anges et des saints ; mais je crois que la puissance divine saura mieux réparer les outrages du temps, s'il en est besoin dans un tel séjour, que votre physique et votre chimie ne pourront jamais y parvenir en ce monde[77].

Ici, l'auteur s'inspire d'un personnage certes réel, mais dont la mélancolie est sublimée dans les *Élégies* de Chénier – classification Becq de Fouquières –. Fanny Lecoulteux se trouve alors aux confins du biographique et du poétique. Or c'est précisément cette mélancolie que France imite en recopiant littéralement une page de Becq de Fouquières. En effet, l'« Étude sur la vie et les écrits politiques d'André Chénier » qui introduit la nouvelle édition des *Œuvres en prose* d'André Chénier par Becq de Fouquières, contient le passage suivant qui a vraisemblablement inspiré France :

> M. de Condorcet [...] arriva, de degré en degré, jusqu'à l'infaillible découverte qui assurerait aux hommes l'immortalité sur la terre. Ce fut Mme Pourrat qui l'interrompit avec une légère teinte d'ironie. Cette promesse de vieillesse éternelle était bien faite pour effrayer une femme qui avait connu tout le prix de la grâce et de la jeunesse. « Trouvez-nous donc, s'écria-t-elle enfin, une fontaine de Jouvence, sans quoi votre immortalité me fait peur.
>
> – C'est donc la résurrection chrétienne que vous préférez ? reprit M. de Condorcet. Je crains bien que les Anges et les saints ne se sentent un peu plus portés à favoriser le chœur des vierges aux dépens des douairières[78]. ».

Mme Le Couteux intervient alors :

> Je ne sais pas [...] de quel prix seront ces pauvres charmes formés du limon de la terre, aux yeux des anges et des saints ; mais je crois que la puissance divine saura mieux réparer les outrages du temps, s'il en est besoin dans un tel séjour, que votre physique et votre chimie ne pourront y parvenir sur cette terre. Il me semble que tout s'embellit avec une aurore céleste[79].

76 Kramer, 1931, p. 171.
77 France, 1955, p. 232.
78 Chénier, 1872, p. XVII.
79 *Ibid.*

Ce dernier passage achève de nous convaincre que France plagie véritablement les écrits biographiques de Becq de Fouquières. Au fond, il s'agit d'une tonalité mélancolique qui sous-tend la réflexion funèbre de l'auteur. Comme elle est incarnée par une femme bien représentée dans les *Élégies* de Chénier – classification de Becq de Fouquières –, nous pouvons y voir le motif de la femme mélancolique et nous constatons que l'alliance des thématiques féminines et funèbres sert particulièrement bien le genre élégiaque.

LES IMAGES DE L'INTIMITÉ

Puis, les élégies thrénétiques contiennent également des images, certes moins funèbres, et cependant marquées par quelque amertume, sinon quelque mélancolie : il s'agit d'images ou d'expressions de Chénier que V. Hugo, en particulier, aurait exploitées au profit d'une tonalité intime. Selon Claude Gély, cette dimension intime constituerait « la "nouveauté", ou comme dirait encore Sainte-Beuve, le "cachet littéraire" des *Feuilles d'automne*[80] ». Ce critique se demande en effet si Hugo n'emprunte pas son titre à une élégie de Chénier. Il pense en particulier aux vers suivants[81] :

> Humains, nous ressemblons aux feuilles d'un ombrage
> [...]
> Tous ces feuillages morts qui font place aux vivants[82].

Le titre *Les Feuilles d'automne* contient en effet une allusion à la fanaison, voire à la mort, image que Chénier exploite déjà dans ces vers. Néanmoins, cette image nous paraît traditionnelle en poésie et ne prouve rien quant à l'inspiration d'Hugo, même si, de son point de vue, « Le livre de son [mon] cœur à toute page écrit[83] » constitue l'ensemble de « ces élégies comme le cœur du poète en laisse sans cesse écouler par toutes les fêlures que lui font les secousses de la vie[84] ». Le terme « élégies » confirme la mélancolie qui se dégage de ce recueil et évoque l'amertume du genre.

---

80 Gély, 1993, p. 296.

81 *Ibid.* : « Il est possible du reste, que V. Hugo se soit souvenu de la 32e élégie de Chénier : "Humains, nous ressemblons aux feuilles d'un ombrage / [...] Tous ces feuillages morts qui font place aux vivants." »

82 Chénier, 2005, p. 188.

83 Hugo, 1964, p. 192, « Ce siècle avait deux ans ».

84 *Ibid.*, p. 188, préface. C'est nous qui soulignons.

En outre, C. Gély rapproche ce vers hugolien de l'alexandrin élégiaque de Chénier : « Refeuilleter sans cesse son âme et sa vie[85] ». Pour soutenir la thèse d'une influence de Chénier, le critique note également que « cette impression de confidence ou de causerie ininterrompue est aussi obtenue par la suppression fréquente des titres de poèmes : sur les quarante pièces du recueil, vingt ne portent aucun titre, et huit n'ont en guise de titre qu'une simple dédicace », et il ajoute que « Chénier usait aussi de ce procédé dans ses *Élégies*[86] ».

De nouveau, notre bilan se veut sceptique : C. Gély ne prouve rien et se contente de proposer des rapprochements, plausibles, mais très hypothétiques. En outre, si Hugo a réellement procédé de Chénier dans les vers mentionnés, ce dernier ne peut avoir constitué l'unique référence qu'Hugo avait à l'esprit. La poésie n'a-t-elle pas pour fonction première de traduire l'intime ? Néanmoins, ce sont des pistes de réflexion que la recherche a mises à notre disposition. Il nous appartient de les signaler pour prendre conscience de tout l'héritage que Chénier a potentiellement légué aux poètes qui lui succédèrent.

LES TOURNURES THRÉNÉTIQUES EMPRUNTÉES AUX *ÉLÉGIES* DE CHÉNIER

Enfin, la recherche a également établi des expressions poétiques, contenues par les *Élégies* de Chénier, qui auraient fait à nouveau des émules en matière de mélancolie. Dans ce domaine, il convient à nouveau de procéder avec une grande circonspection car l'exemple même de notre poète prouve qu'un auteur peut, en pensant à un prédécesseur et à une de ses tournures, s'inspirer indirectement d'un autre auteur. L'intertextualité littéraire ne permet pas toujours d'établir une expertise infaillible. Les tournures mélancoliques, potentiellement empruntées à Chénier, peuvent être derechef classées en deux catégories : tout d'abord les expressions qui prennent la nature pour témoin, puis les redondances pathétiques.

La nature prise pour témoin

Les critiques ont en effet relevé certains appels à la nature qui renforcent l'ampleur mélancolique par leur solennité. Ainsi, dans « Les

85 Chénier, 2005, p. 318.
86 Gély, 1993, p. 296.

Noces Corinthiennes », Daphné évoque Néère lorsqu'elle raconte ses souvenirs d'enfance, indique toujours Kramer[87] :

> Je viens vous saluer, ô terre, ô ciel, ô bois !
> Et toi, vieille demeure, ô maison autrefois,
> En rires, en beaux chants, en couronnes fréquente[88] !

En effet, le locuteur de Chénier interpelle lui aussi les éléments de la nature :

> O cieux, ô terre, ô mer, prés, montagnes, rivages,
> Fleurs, bois mélodieux, vallons, grottes sauvages,
> Rappelez-lui souvent, rappelez-lui toujours
> Néaere, tout son bien, Néaere ses amours[89].

Nous pouvons toutefois déjà remarquer que ce passage s'inspire clairement de Ronsard :

> Je vous supply, ciel, air, vents, monts et plaines,
> Taillis, forêts, rivages et fontaines,
> Antres, prés, fleurs, dites-le-luy pour moy[90].

Là aussi, France emprunte une expression à un auteur ancien par l'intermédiaire de Chénier. Cette interpellation ancre les émotions personnelles dans un cadre naturel et leur confère ainsi une mélancolie toute élégiaque.

De même, Kramer signale plusieurs emprunts de Leconte de Lisle à Chénier dans son « Apollonide », propres à suggérer une certaine mélancolie. Il mentionne d'abord un passage où le poète exploite le « refrain par lequel s'ouvre "La Jeune Tarentine"[91] » : « *Ô* doux oiseaux, vous m'êtes chers[92] ». Dans l'œuvre de Leconte de Lisle, c'est Iôn qui s'adresse en ces termes aux oiseaux, avant de les avertir que malgré l'amour qu'il leur voue, il entend les chasser pour les sacrifier : « Mais, docile au dieu que je sers, / je vous percerais de mes flèches[93] ! » Nous comprenons ainsi le

---

87 Kramer, 1931, p. 165.
88 France, 1926, p. 181.
89 Chénier, 1940, p. 11.
90 Ronsard, *Amours*, I, LXVI.
91 Kramer, 1925, p. 213.
92 Leconte de Lisle, 1977, p. 300.
93 *Ibid.*

potentiel mélancolique que le poète tire de l'expression de Chénier. Puis, Kramer s'intéresse à l'expression « vent sonore et frais[94] » du « Jeune Malade » – « O coteaux d'Érymanthe ! ô vallons ! ô bocage ! / *O vent sonore et frais* qui troublais le feuillage[95] » – qu'il pense avoir débusquée dans les vers suivants :

> Il [le vert laurier] germe ici plus beau, verdoyant dans l'aurore !
> Aussi doux qu'une lyre il chante *au vent sonore,*
> Et la Muse divine, avec ses belles mains,
> Ne le pose jamais sur des fronts inhumains.
> [...]
> Au ciel étincelant et *frais* ;
> Le vent chantait sur la colline[96].

La première citation émane toujours du personnage Iôn : il s'agit de sa réponse à Xouthos qui l'exhorte à rejoindre l'armée et à ceindre sa tête des lauriers de la victoire. Iôn lui oppose ici l'image du laurier qui pousse dans un cadre naturel et paisible. L'expression mélancolique de Chénier sert alors à dresser un tableau idyllique, en contrepoint à la guerre. De même, la deuxième citation vient du personnage féminin Kréousa : elle lui permet de dresser également un tableau idyllique du moment qui précède l'enfantement tragique dont elle se dit victime. La deuxième partie de l'expression mélancolique de Chénier est donc réinvestie dans un autre contexte mélancolique.

Les redondances pathétiques

Il convient maintenant de signaler des redondances que les auteurs déjà mentionnés ont su emprunter peu ou prou à Chénier et qu'ils ont intégrées dans un contexte fort pathétique. C. Kramer insiste sur la triple négation d'Oreste dans « Les Érinnyes » de Leconte de Lisle :

> Père, père ! Entends-moi dans l'argile trempée
> De larmes. Tu n'as point, par la lance et l'épée,
> Rendu l'âme au milieu des hommes, ô Guerrier,
> Comme il sied, le front haut et le cœur tout entier !
> Un bûcher glorieux de grands pins et d'érables

94 Kramer, 1925, p. 213.
95 Chénier, 1940, p. 32. C'est nous qui soulignons.
96 Leconte de Lisle, 1977, p. 318-322. C'est nous qui soulignons.

N'a point brûlé ta chair et tes os vulnérables ;
Et ta cendre héroïque, aux longs bruits de la mer,
Ne dort point sous un tertre immense et noir dans l'air[97].

Lorsque les nymphes évoquent le trépas de Myrto, Oreste s'adresse en ces termes à l'ombre de son père. Kramer voit dans cette triple négation d'Oreste une imitation « de la quadruple négation par laquelle André Chénier termine son élégie marine[98] », soit « La Jeune Tarentine ». Notons que le style des deux auteurs demeure en effet très proche dans ces kyrielles de négation qui émettent une véritable mélancolie élégiaque :

Hélas ! chez ton amant tu n'es point ramenée,
Tu n'as point revêtu ta robe d'hyménée.
L'or autour de tes bras n'a point serré de nœuds.
Les doux parfums n'ont point coulé sur tes cheveux[99].

Chez Anatole France, Kramer remarque également le recours aux répétitions pathétiques, en particulier dans *Les Noces Corinthiennes*[100]. Ainsi, Daphné supplie Hippias de se taire, tout comme le jeune malade sa mère : « Tais-toi, tais-toi[101]. » De même, si Daphné implore son fiancé : « Menez-moi, menez-moi sur la colline rose[102] », le jeune malade demande à sa mère : « O ! portez, portez-moi sur les bords d'Érymanthe[103]. »

Cet emprunt des répétitions pathétiques se retrouve enfin chez Millevoye et Vigny dont nous avons signalé l'intérêt pour Chénier. Kramer les retrouve en effet dans un passage du « Homère mendiant » de Millevoye[104]. Plus loin, il cite également un refrain de « La Jeune Épouse » qui évoque tant « La Jeune Tarentine » que l'« *Élégie à Marie*

---

97 Leconte de Lisle, 1977, p. 196.
98 Kramer, 1925, p. 212.
99 Chénier, 1994, p. 12.
100 Kramer, 1931, p. 164.
101 Chénier, 1994, p. 33 : « Dieux ! ma mère, tais-toi. / Tais-toi. Dieux ! Qu'as-tu dit ! Elle est fière, inflexible. » et comparer avec France, Anatole *Poésies*, *op. cit.*, p. 186 : « Tais-toi ! tais-toi ! »
102 France, 1926, p. 227.
103 Chénier, 1994, p. 32.
104 Kramer, 1946, p. 146 : « "*Ne me dédaigne pas.* La Prière, éplorée, / Du puissant Jupiter est la fille sacrée. / *Ne me dédaigne pas*, Lycus ; mon seul trésor, / Cette lyre envers toi peut m'acquitter encor." Voilà une de ces répétitions pathétiques dont l'auteur des *Bucoliques* lui a appris le secret. »

Cosway[105] ». Toutefois, Pierre-Maurice Masson estime que Millevoye « s'est approprié le procédé ; mais avec un sens moins juste et moins affiné que Chénier, il n'a su faire que des refrains[106] ». En revanche, en ce qui concerne Vigny, en faisant abstraction des poèmes « Moïse », « La Neige », « La Frégate », marqués par des refrains, P. M. Masson remarque que « partout ailleurs, Vigny est resté plus fidèle que Millevoye à l'art de Chénier, en se bornant à de courtes reprises et en les nuançant[107] ». Nous pouvons certes citer avec lui les vers suivants de « Héléna » dont la reprise pathétique ne peut que souligner le geste élégiaque : « Je pleure, et cependant mon cœur est innocent, / Mon cœur est innocent, et je suis criminelle[108] ! » De même, Vigny dramatise, par ces redondances, le retour de Jephté sur ses terres pour renforcer son allure pathétique :

> Tout à coup il s'arrête, *il a fermé les yeux.*
> *Il a fermé les yeux*, car au loin, de la ville,
> Les vierges, en chantant, d'un pas lent et tranquille,
> Venaient ; il entrevoit le chœur religieux.
> C'est pourquoi, plein de crainte, *il a fermé les yeux*[109].

En répétant l'expression « il a fermé les yeux », Vigny crée une tension qui dramatise le texte et annonce la catastrophe. Il insiste sur la tragédie du personnage. De même, dans « Dolorida », Vigny écrit : « La porte s'ouvre, il entre : elle ne tremble pas ! / Elle ne tremble pas, à sa pâle figure[110]. » La répétition contribue là aussi à dramatiser le texte en opposant la froide placidité de Dolorida au visage pathétique de son époux : « à sa pâle figure / Qui de quelque malheur semble traîner l'augure[111]. »

Certes, l'héritage de Chénier s'avère vraiment perceptible. Cependant, nous savons depuis Jakobson que le propre du lyrisme consiste précisément

105 *Ibid.*, p. 149 : « Si le titre de *La Jeune Épouse* semble calqué sur celui de *La Jeune Tarentine* ou de *La Jeune Captive*, le refrain : "Vierges filles des mers, jeunes Océanides, / Retenez le soleil en vos grottes humides," qui fait songer aux deux premiers vers de *La Jeune Tarentine* est tiré de l'*Élégie à Marie Cosway*, "la jeune Florentine". »

106 Masson, 1909, p. 30.

107 *Ibid.*

108 Vigny, 1973, p. 234.

109 *Ibid.*, « *La Fille de Jephté* », p. 60. C'est nous qui soulignons.

110 *Ibid.*, p. 83.

111 *Ibid.*

en parallélismes[112]. Aussi ne pouvons-nous attribuer toutes les répétitions pathétiques postérieures à Chénier au seul et même poète. Il nous faut nécessairement procéder avec la même circonspection qui a caractérisé jusqu'ici notre enquête. Nous devons nuancer son apport en matière de répétitions pathétiques. Considérons maintenant les deux vers suivants de Vigny analysés par Pierre-Maurice Masson[113] comme la marque de fabrique de Chénier : « Elle part comme un dauphin. / Comme un dauphin elle saute[114]. » Ces vers, issus du poème « La Frégate La Sérieuse », proviennent de strophes différentes. Leur répétition constitue ici une anadiplose, censée reproduire le va-et-vient des dauphins et paraît légèrement distincte des répétitions pathétiques de Chénier. Si ces dernières font des émules, les poètes n'ont pas attendu Chénier pour créer des anadiploses. Nous pouvons de même considérer la contribution d'A. Jarry sur les parallélismes de Vigny. Ce critique distingue chez ce poète quatre cas de parallélismes auxquels il donne des noms précis : « *le point de rebroussement*[115] », que nous pouvons observer dans « La Fille de Jephté » : « Tout à coup il s'arrête, il a fermé les yeux. / Il a fermé les yeux, car au loin de la ville[116]. » Puis, il relève « *le tour circulaire*[117] », notamment dans « Symétha » : « Qu'y vas-tu faire ? Hélas ! quel palais, quels trésors / Te vaudront notre amour ? Vierge, qu'y vas-tu faire[118] ? » S'il juge ces deux premières figures « assez fréquentes chez Chénier », la troisième l'est, selon lui, « un peu moins[119] ». Il s'agit de ce qu'il appelle « la construction en miroir[120] », relevée à nouveau dans « La Fille de Jephté » : « Et, par des bruits flatteurs, les mains frappant les mains[121]. » Enfin, il « préfère isoler, dans "Le Bal" (v. 50-51), une disposition encore plus subtile ; *disposition en boucle*[122] » : « Et le soir, en passant, les riantes

112 Jakobson, 1963, p. 235 : « La rime n'est qu'un cas particulier, condensé en quelque sorte, d'un problème beaucoup plus général, nous pouvons dire du problème fondamental de la poésie, qui est *le parallélisme.* » C'est nous qui soulignons.
113 Masson, 1909, p. 30.
114 Vigny, 1973, p. 125.
115 Jarry, 1995, p. 197.
116 Vigny, 1973, p. 60.
117 Jarry, 1995, p. 197.
118 Vigny, 1973 p. 77-78.
119 Jarry, 1995, p. 197.
120 *Ibid.*
121 Vigny, 1973, p. 60.
122 Jarry, 1995, p. 198.

conquêtes / Sous les ormes, le soir, aux heures de l'amour[123]. » Il explique que « la phrase passe deux fois par le même point. Le segment répété : "le soir" a deux valeurs voisines, mais différentes. D'une occurrence à l'autre, il y a métamorphose du temps, saisi d'abord, sous un aspect ponctuel, puis sous l'aspect de la durée[124] ». De cette analyse, il appert que Vigny s'est sans doute inspiré des répétitions pathétiques de Chénier, mais qu'il a su les exploiter à sa manière, qu'il les a « intégré(es)[125] » à sa propre poésie. Au fond, en nuançant l'apport du Chénier élégiaque à Vigny et en montrant en quoi Vigny s'appuie sur Chénier pour s'en émanciper, nous réalisons à quel point notre poète a pu frapper les esprits et constitue décidément une étape importante dans l'histoire du lyrisme élégiaque en France.

Une imitation syntaxique des langues anciennes

Pierre-Maurice Masson propose une étude très approfondie de cet héritage chez Vigny. Il analyse la juxtaposition de noms, d'épithètes, de verbes, de phrases, systématiquement coordonnés, selon la logique d'une véritable polysyndète, par la conjonction « et », destinée à « conférer à sa poésie une allure antique et naïve[126] ». Afin de démontrer le rôle qu'a joué chez Vigny la coordination par « et », il s'emploie à relever plusieurs de ses vers qui en témoignent, notamment dans le poème « Héléna », lui-même caractérisé par une tonalité élégiaque :

> […] *Et* de moelleux filets,
> *Et* des médailles d'or *et* de saints chapelets.
> […]
> *Et* la gloire, *et* l'étude, *et* les fleurs du beau temps,
> *Et* ce soleil ami qui revient au printemps.
> […]
> En leur parlant toujours *et* de la liberté,
> *Et* d'amour, *et* de gloire, *et* d'immortalité.
> […]
> Hélas ! je suis semblable à la jeune novice,
> Qui change au voile noir *et* les fleurs, son délice,

123 Vigny, 1973, p. 114.
124 Jarry, 1995, p. 198.
125 *Ibid.*
126 Masson, 1909, p. 33.

> *Et* les bijoux du monde, *et*, prête à les quitter,
> Les touche *et* les admire avant de les jeter.
> [...]
> *Et*, la joie *et* les pleurs se mêlant aux prières,
> De leurs murs démolis précipitaient les pierres,
> *Et* l'huile bouillonnante, *et* le plomb ruisselant
> Jetés avec fracas en fleuve étincelant[127].

Dans le poème « la Fille de Jephté », caractérisé lui aussi par un ton élégiaque, le poète recourt également à l'anaphore de la conjonction « et » :

> La harpe harmonieuse *et* le tambour sonore,
> *Et* la lyre aux dix voix, *et* le kinnor léger,
> *Et* les sons argentins du nébel étranger,
> [...]
> *Et* les pas mesurés en des danses joyeuses,
> *Et*, par des bruits flatteurs, les mains frappant les mains,
> *Et* des rameaux fleuris parfumant les chemins[128].

Puis, Pierre-Maurice Masson évoque, notamment dans les *Élégies*, l'emploi intentionnel par Chénier des participes présents déclinés sous l'influence des langues anciennes, et du latin en particulier[129] : « troupe agile et dansante[130] », « sur les prés, dansantes[131] », « je crois la voir pleurante[132] », « sa main flétrissante[133] », « je l'ai vue courante[134] » et il cite les participes présents que Vigny accorde sur le même modèle : « Et sa barbe tombante en un long fleuve d'ivoire[135] », « sa voix roulante[136] », « sa hennissante bouche[137] »,

---

127 Vigny, 1973, p. 223, 231, 232, 234, 243 et 244. C'est nous qui soulignons.
128 *Ibid.*, p. 60. C'est nous qui soulignons.
129 Masson, 1909, p. 34-35 : « Enfin, je crois remarquer chez André Chénier l'emploi intentionnel des participes présents déclinés, pour leur donner ainsi une valeur nouvelle et comme inattendue. [...] on sait qu'à l'époque de Chénier, et depuis la fin du XVIIe siècle, les grammairiens s'opposaient de plus en plus à l'accord du participe présent. Chénier semble au contraire s'en être servi comme d'un artifice heureux, qui attire l'attention du lecteur sur un détail pittoresque et enlève sa fadeur à une épithète. »
130 Chénier, 1940, p. 32. (« Le Malade »).
131 Élégie XIV, Chénier, 1819, p. 106.
132 Élégie XXII, *ibid.* p. 125.
133 Élégie XXV, *ibid.* p. 131.
134 Élégie XXIX, *ibid.*, p. 139.
135 Vigny, 1973, p. 15 (« Héléna », I, 133).
136 *Ibid.*, p. 239, « Héléna », III, 649.
137 *Ibid.*, p. 240, III, 665.

« sa tête rugissante[138] », « une forme et blanche et grandissante[139] », « la comète errante dans les cieux[140] », « ses ailes naissantes[141] », « sa voix dans les échos mourante[142] », « l'archange naissante[143] », « errante en liberté[144] », « pendante à l'oreille[145] ». Ces anaphores de la conjonction de coordination « et », ainsi que la déclinaison des participes, empruntées à Chénier tendent en effet à conférer aux poèmes de Vigny une allure surannée et même antique qui sous-tend la tonalité mélancolique propre au ton élégiaque. À la lumière de ces analyses stylistiques, nous sommes en droit de juger bien sévère la remarque dont Victor Hugo nous fait part sur les rapports existant entre l'hellénisme de Chénier et celui de Vigny, à l'occasion d'un article sur « Héléna », « Le Somnambule », « La Fille de Jephté », « La Femme adultère », « Le Bal », « La prison », publié dans *L'Étoile*, le 24 mars 1822 : Hugo écrit en effet :

> Ce recueil participera sans doute au succès si mérité d'André Chénier, nous osons le prédire. Les rapports que l'organisation poétique de M. de Vigny présente avec celle du jeune Chénier, frapperont tout le monde, de même que l'originalité primitive et personnelle qui les caractérise tous deux. Ces deux talents sont frères, [...] ils se ressemblent sans être pareils. André Chénier s'est borné à étudier l'antique, M. de Vigny a [...] emprunté avec le plus rare bonheur les couleurs grecques, hébraïques et modernes[146].

Pour atténuer l'acrimonie des propos d'Hugo, nous pouvons penser avec Marc Citoleux que Vigny, moins sensible aux questions philologiques que son aîné, a su tirer un profit heureux des réflexions menées par Chénier sur le style des Anciens[147]. En tout cas, nous assistons de nouveau à un transfert culturel, à une *translatio studiori*, Chénier constituant là aussi une médiation linguistique et poétique entre le romantique Vigny et l'Antiquité.

---

138 *Ibid.*, III, 690.
139 *Ibid.*, p. 24, « *Éloa* », I, 48.
140 *Ibid.*, p. 25, I, 57.
141 *Ibid.*, p. 29, I, 211.
142 *Ibid.*, p. 33, II, 340.
143 *Ibid.*, p. 38, II, 507.
144 *Ibid.*, p. 61, « La Fille de Jephté ».
145 *Ibid.*, p. 67, « Le Bain ».
146 Hugo, 1967, p. 39.
147 Citoleux, 1921, p. 132 : « bien qu'il ait étudié Homère, Eschyle, Platon, Épictète, il n'avait pas reçu, comme Racine à Port-Royal, cette profonde et sérieuse éducation qui seule lui eût permis de se dégager assez des difficultés de vocabulaire et de syntaxe pour sentir toute la beauté des œuvres grecques. Pour qu'il la sentît pleinement, j'imagine qu'il lui fallait la trouver dans sa propre langue. Ce fut le service qu'après Racine lui rendit André Chénier. »

LA VERSIFICATION ET LA MÉTRIQUE, UNE AUTRE MARQUE DE LA MÉLANCOLIE ÉLÉGIAQUE

Les rejets et les coupes de Chénier à Vigny

Enfin, pour achever notre étude sur la réception romantique de la mélancolie élégiaque de Chénier, il convient d'étudier son legs métrique.

Dans notre premier ouvrage consacré au renouvellement du genre élégiaque sous la plume de Hölderlin et André Chénier, nous avons déjà insisté sur l'importance accordée aux enjambements et aux rejets, destinés à briser la monotonie, maintes fois reprochée au genre élégiaque. Pierre-Maurice Masson signale précisément chez Vigny de nombreuses coupures qui évoquent les rejets de Chénier[148]. Citons trois exemples issus respectivement de « Héléna », « *Éloa* », et de « La Fille de Jephté » : « Les cris retentissants, les bruits sourds des adieux / *S'éteignent*[149] », « Et lui-même en voyant le linceul et le mort / Il pleura[150] », « Les vierges en chantant, d'un pas lent et tranquille, / Venaient[151] ».

André Chénier, une étape dans l'assouplissement du vers français

Mais jusqu'à quel point le Chénier élégiaque a-t-il influencé le vers français ? À bien y regarder, nous nous rendons compte que le vers de Chénier, et en particulier celui de ses *Élégies*, a su marquer la versification française, même si les poètes français s'accordent à ne pas reconnaître

148 Masson, 1909, p. 28 : « Vigny a été très séduit par ce procédé ; il en a même abusé dans ses premières œuvres. »

149 Vigny, 1973, p. 225, I, 107-108. Le critique signale dans ce poème d'autres vers que nous soumettons à notre lecteur : « L'agile matelot, aux voiles suspendu, / S'arrête, » (I, 111-112, *ibid.*, p. 225). – « Un saule retiré, courbant ses longs rameaux, / Pleure » (II, 287-288, *ibid.*, p. 229). – « Sa mère alors toujours sur le lit douloureux / Courbée, » (II, 367-368, *ibid.*, p. 231). – « Les générations avec ton souvenir / Grandissent ; » (II, 551-552, *ibid.*, p. 236). – « Puis, la tête ennemie, offerte à lui sans crainte, / Tombe, et lui sert de coupe à ce même festin » (III, 678-679, *ibid.*, p. 240). – « Leurs yeux doux, qu'un cil noir protège / Vous regardent : » (III, 731-732, *ibid.*, p. 242). – « Sans craindre d'appeler la mort avec les yeux, / Marchait, » (III, 774-775, *ibid.*, p. 243). – « Lui, suspendait ses pas, et sa froide fureur / Frappait, » (III, 777-778, *ibid.*, p. 243). – « Et les lampes, dont l'or surchargeait les portiques, / Tombent » (III, 852-853, *ibid.*, p. 244).

150 *Ibid.*, p. 24, « *Éloa* », I, 34-35. P.-M. Masson attire également notre attention sur les vers suivants : « L'étoile des marais, que détache ma main, / Tombe », *ibid.*, II, 473-474, p. 37.

151 *Ibid.*, p. 60. Citons également avec P.-M. Masson les vers suivants : « Après ces mots l'armée assise tout entière / Pleurait, », *ibid.*, p. 61.

leur dette, abstraction faite des imitations de Vigny, précédemment signalées, comme des éloges que Leconte de Lisle dispense à ses vers :

> La facture des vers, la coupe et la phrase pittoresque et énergique que tout un siècle avait bannie – ont fait de ses poèmes *et de ses élégies* une œuvre nouvelle et savante, d'une mélodie entièrement ignorée, d'un éclat d'autant plus saillant qu'il est inattendu et plus hardi [...] Il en a fait Lamartine, Hugo, Barbier : le sentiment de la méditation ou de l'harmonie, l'ode, l'iambe[152].

Nous constatons que Leconte de Lisle met vraiment l'accent sur les *Élégies*. Mais il n'en reste pas moins vrai que les autres poètes manifestent un certain dédain pour ses vers, même si, au fond, leur influence demeure perceptible. Sainte-Beuve propose une réflexion intéressante à ce sujet :

> Un des premiers soins de l'école d'André Chénier a été de retremper le vers flasque du XVIIIe siècle et d'assouplir le vers un peu raide et symétrique du dix-septième ; c'est de l'alexandrin surtout qu'il s'agit. Avec la rime riche et le libre enjambement, elle a pourvu à tout et s'est crée un instrument à la fois puissant et souple. [...] Cette prétention irrite beaucoup certains critiques qui, sans trop désapprouver les coupes et les enjambements de l'école nouvelle, répugnent à lui faire honneur de l'invention, et se piquent de retrouver dans l'alexandrin tragique de Racine tous ces prétendus perfectionnements modernes, de mécanisme et de facture. À les entendre, lorsque André Chénier fait de bons vers, il ne les fait pas autrement que Racine[153].

L'innovation de Chénier qui consiste ainsi à assouplir le vers par l'enjambement serait confondue avec un emprunt au vers tragique du grand et prestigieux Racine. À en croire Sainte-Beuve, la référence flatte sans doute les poètes peu enclins à reconnaître l'influence d'un poète décédé avant d'atteindre sa pleine maturité.

La réaction la plus vive et la plus notoire que les vers de Chénier aient suscitée provient sans doute de Victor Hugo. Il écrit ainsi dès décembre 1819 dans *Le Conservateur littéraire* :

> Qu'on méprise ce style incorrect et parfois barbare, ces idées vagues et incohérentes, cette effervescence d'imagination, rêves tumultueux du talent qui s'éveille, cette manie de mutiler ses phrases, et, pour ainsi dire, de les tailler à la grecque, les mots dérivés des langues anciennes employés dans toute l'étendue de leur acception maternelle, des coupes bizarres, aucune

152 Leconte de Lisle, 1971, p. 54 et 55. C'est nous qui soulignons.
153 Sainte-Beuve, 2004, p. 193-198.

> connaissance du véritable mécanisme de la poésie française ; ces défauts sont grands, mais ils ne sont pas dangereux[154].

De même, lorsque d'aucuns tentent de nuancer la rigueur de son jugement, il persiste à jeter le discrédit sur le vers de Chénier. Ainsi, dans *Le Cénacle de la muse française*, Léon Séché cite un extrait du journal de Guttinger qui rend compte d'une discussion que le grand poète mène à propos de ces mêmes vers :

> – Charles Nodier : C'est lui [André Chénier] qui a affranchi l'art des règles surannées de Boileau-Despréaux.
> – Hugo : Je ne dis pas non, mais il est allé trop loin ; son vers, à force de coupures et d'enjambements, n'est plus musical, et la poésie est un chant avant tout.
> – Émile Deschamps : Vous en reviendrez, mon cher Victor[155].

Toutefois, s'il réagit avec autant de réserve en 1819, soit dès la première édition de Chénier, il est intéressant de considérer comment, avec plus de recul, Hugo mûrit la question et exploite malgré tout le vers élégiaque de son prédécesseur. Claude Gély subodore ainsi que la lecture de Roucher à Montfort-Lamaury entre 1821 et 1825 a achevé de convaincre Hugo d'adopter dans ses poésies la période et le rejet pour assouplir l'alexandrin sur le modèle de Chénier[156]. Ce critique applique cette remarque en particulier aux odes de Victor Hugo, et à propos d'une d'entre elles – *Odes* V, 13 –, il signale que « grâce à la prédominance des rimes féminines, à leur redoublement au quatrième vers, à leur alternance avec les rimes masculines des octosyllabes, il assouplissait le mouvement de l'ode et en corrigeait la solennité par la douceur des accents élégiaques[157] ». Remarquons l'importance accordée à cet assouplissement du vers au service du genre élégiaque : il contribue

154 Hugo, 1819, p. 15-23, cité dans Seth a, 2005, p. 123.

155 Séché, 1908, p. 244-245.

156 Gély, 1993, p. 227 : « Mme Souillard [...] habitait rue de la Treille, n° 9, la maison jadis occupée par Jean-Antoine Roucher, qui avait été nommé par Turgot receveur des gabelles à Monfort-L'Amaury. C'est là qu'il avait composé *Les Mois*. Peut-être les divers séjours qu'il fit à Montfort-L'Amaury (notamment entre 1821 et 1825) furent-ils l'occasion pour Victor Hugo de lire ou de relire ces poèmes de Roucher qui, par l'introduction de la période dans la poésie, et par l'usage fréquent du rejet, préparaient déjà cet assouplissement du rythme de l'alexandrin que Victor Hugo avait en 1819 remarqué dans les poésies de Chénier. »

157 *Ibid.*, p. 207.

finalement à adoucir le vers et à le rendre plus tendre, soit plus propre à la mélancolie élégiaque. Afin d'appuyer sa remarque et d'insister sur le rôle de Chénier, il cite la lettre que le poète a adressée le 18 avril 1820 à Pinaud, secrétaire perpétuel des Jeux Floraux, à propos du poème « Moïse » :

> [Ce] rhythme qui, par sa terminaison féminine, est incapable de rendre avec éclat les images imposantes et les grandes pensées [...] Ce rhythme, qu'André Chénier a employé avec tant de bonheur dans sa *Jeune Captive*, est à la vérité nullement mélodieux, mais il n'est ni assez grave ni assez sonore pour la haute poésie[158].

Cet extrait de sa correspondance prouve au moins que Victor Hugo reconnaît au rythme de Chénier une certaine beauté, même s'il demeure très critique. Au fond, il ne le considère que comme une étape intermédiaire jugée nécessaire à la découverte d'un rythme supérieur.

Le regard extérieur des voisins d'outre-Rhin permettrait-il de mieux comprendre l'héritage métrique de Chénier ? En réalité, la question métrique intéresse peu les universitaires allemands. R. Hülsen ne voit dans l'assouplissement de l'alexandrin de Chénier qu'une simple licence classique :

> *[...] hat er auch mit den Romantikern nichts gemein, nicht einmal die romantische Cäsur; [...] das ist bei André nur Nachahmung der Freiheit des klassischen Hexameters*[159].
>
> « [...] Il n'a rien de commun avec les Romantiques, pas même la césure romantique ; [...] André se contente d'imiter la licence de l'hexamètre classique. »

À l'inverse, F. Rauhut mentionne le trimètre romantique comme une liberté prise par Chénier que les Romantiques lui auraient ensuite empruntée :

> *Diese Freiheit wird bereits von dem Klassizisten Chénier für seine ernste Poesie in Anspruch genommen und dann noch mehr von den Romantikern. Man spricht von dem klassischen Trimeter*[160].
>
> « Cette liberté est déjà prise par le Classique Chénier pour sa poésie grave et l'est ensuite davantage par les Romantiques. On parle du trimètre classique. »

158 Hugo, 1947, p. 307.
159 Hülsen, 1885, p. 13.
160 Rauhut, 1977, p. 60.

Mais cette analyse ne nous convainc guère. C'est Alfred Noyer-Weidner qui fournit l'explication la plus pertinente à nos yeux. Il nuance l'originalité de Chénier notamment par l'exemple de Jacques Delille et ne signale que de « timides audaces » :

> *Mochte der Gedanke an Versauflockerung, an Enjambement und Rejet auch schon seit geraumer Zeit in der Luft liegen, so waren die Kühnheiten, die sich andere französische Dichter vor Chénier in dieser Hinsicht praktisch leisteten, doch noch vergleichsweise zahm*[161].
>
> « Si l'idée d'assouplir le vers, de recourir à l'enjambement et au rejet pouvait être d'actualité depuis un certain temps, les audaces que d'autres poètes français, avant Chénier, s'autorisaient concrètement à cet égard demeuraient timides si l'on veut bien faire une comparaison. »

Mais alors quel bilan pouvons-nous tirer de cette enquête sur l'héritage métrique des *Élégies* ? Pourquoi Chénier est-il souvent cité si son originalité métrique demeure limitée ? Nous nous en souvenons, lorsque Chénier assouplit l'alexandrin par des enjambements et des rejets, il ne fait certes pas preuve d'une très grande originalité puisque cet assouplissement s'inscrit dans l'évolution historique de l'alexandrin classique. Cependant, la postérité romantique découvre la richesse de la poésie classique du XVIIIe siècle en général, et de Chénier en particulier, à travers l'édition de Latouche. Les Romantiques et les Parnassiens ne reconnaissent pas toujours volontiers leur dette envers le poète guillotiné. Néanmoins, nous avons vu que tout un travail philologique atteste son héritage. Par ailleurs, si les particularités métriques de Chénier se vérifient dans toute son œuvre, son vers élégiaque attire souvent l'attention de par sa tonalité mélancolique. Il constituerait ainsi en définitive un relais conséquent entre la tradition classique et le romantisme dans la poésie française. Nous pouvons en conclure que Chénier a contribué, par cet assouplissement de l'alexandrin élégiaque, véritable « écart esthétique », à provoquer un changement d'horizon d'attente et à préparer les lecteurs français à une plus grande licence poétique revendiquée plus tard par les Romantiques. Enfin, il eût sans doute été intéressant de comparer directement la réception de la versification et de la métrique élégiaques de Chénier avec celles de Hölderlin. Cependant, cette réception s'est avérée plus tardive pour Hölderlin, et force nous est de ne la considérer

---

161 Noyer-Weidner, 1967, p. 204-205.

que plus tard, dans un autre contexte. En revanche, nous pouvons désormais, de manière plus générale considérer la réception de la mélancolie élégiaque de Hölderlin par les Romantiques.

RÉMINISCENCES MÉLANCOLIQUES DES *ÉLÉGIES* DE HÖLDERLIN

Si les Romantiques ont pu, comme nous l'avons constaté, goûter tout particulièrement les élégies de Hölderlin, c'est surtout Brentano qui a eu une réception active du poète.

RÉCEPTION DES ÉLÉGIES DE HÖLDERLIN PAR BRENTANO

Si Brentano apprécie tout particulièrement la souveraine tristesse et la mélancolie qui se dégagentdes élégies, certaines réminiscences élégiaques ne sauraient échapper au lecteur averti. W. Rehm attire notre attention sur l'inspiration couplée de deux poèmes, de l'élégie *„Menons Klagen um Diotima"* (« Ménon pleurant Diotima »), ainsi que d'un poème qualifié d'« isolé » par l'édition de Ph. Jaccottet, *„Hälfte des Lebens"* (« Moitié de la vie »)[162]. Il décèle en effet dans un poème de Brentano, intitulé *„Durch den Wald mit raschen Schritten"* (« Traversée de la forêt à grands pas »), l'héritage de Hölderlin à travers l'image du cygne qui se reflète dans l'eau du lac. L'élégie contient les vers suivants :

---

162 Rehm, 1947, p. 171-172 : *„[...] hier [in "Hälfte des Lebens"] die holden Schwäne, die trunken von Küssen das Haupt ins [...] Wasser tunken (friedlich und liebend heißen sie in der "Elegie", [...]) dort [bei Brentano] der Schwan, der trunken das Haupt ins [...] Wasser taucht [...] Bei Hölderlin das wirklich "Sprachlose", das Nichtmehrsingenkönnen, weil die Schwermut ihm den Gesang "weggezehrt" hat ; [...] bei ihm [Brentano] in romantischer, religiöser "Todeslust", das singende Sterben und sterbende Singen des Schwans, dem, der Sage nach, der Tod die Stimme zum "einzigen Lied", zum "Schwanengesang"* löst." (« [...] Ici, [dans "Moitié de la vie"], on trouve les gracieux cygnes qui, ivres de baisers, trempent la tête dans l'eau [...] (ils sont dits paisibles et aimants dans l'"Élégie" [...] Là [chez Brentano], le cygne qui plonge la tête dans l'eau [...] Chez Hölderlin, c'est l'"absence véritable de parole", le fait qu'ils ne peuvent plus chanter parce que la mélancolie leur a "interdit" le chant ; [...] chez lui [Brentano], on trouve, dans un "désir de mort" romantique et religieux, le chant de l'agonie et l'agonie du chant du cygne dont la voix, selon la légende, est incitée par la mort à émettre l'"unique chant" le "chant du cygne". »

Aber wir, zufrieden gesellt, wie die liebenden Schwäne,
Wenn sie ruhen am See, oder, auf Wellen gewiegt,
Niedersehn in die Wasser, wo silberne Wolken sich spiegeln[163].

« Mais nous, calmes ensemble, ainsi que les cygnes aimants
Qui se reposent sur le lac ou, s'y berçant,
Contemplent dans les eaux le reflet d'argent des nuages. »

Le poème de Brentano insiste davantage sur l'aspect tragique du cygne :

Wo der Schwan im Wellenspiegel
In sein Sternbild niedertaucht,
Brichtder Schmerz auch mir das Siegel,
Daß mein Leid im Liede haucht[164].

« Là où le cygne, sur la surface ondulée,
Plonge dans son image étoilée,
La douleur brise également mon sceau,
Et le murmure de ma peine se fait entendre dans le chant. »

De même, la dixième *Romanze vom Lorbeerkranz* (*Romance du chapelet*) contient les vers suivants :

Also tönt ein Schwan im Sterben
Der im Spiegel klarer Wasser
Stumm sein Sternenbild angesehen,
Grüßt es scheidend im Gesange[165].

« Alors un cygne agonisant entonne son chant
Lorsqu'il a contemplé, muet, son image étoilée,
Dans le miroir des eaux limpides. »

Brentano recourt en effet à cette image pour l'intégrer à un contexte funèbre : la mort du cygne qui émet son dernier et non moins gracieux chant. Le style élégiaque de Hölderlin est ici bel et bien exploité pour sa tonalité mélancolique. Toutefois, la portée mélancolique de Hölderlin n'a pas le même sens que celle de Brentano. Il s'agirait même d'une signification contraire : la mort du cygne est symbolisée par son mutisme chez Hölderlin, tandis que cette mort suscite le chant dans le poème de Brentano. Si Hölderlin recourt à l'image du cygne dans les deux poèmes,

163 Hölderlin, 1992-1999, t. 1, p. 269. Trad. de Jaccottet : Hölderlin, 1967, p. 796.
164 Brentano, t. 3, 1999, p. 107.
165 Brentano, 2009, p. 137-138.

c'est toutefois dans „*Hälfte des Lebens*" (« Moitié de la vie ») que retentit toute sa tonalité mélancolique : en effet, les cygnes suggèrent la grâce et la paix des amants dans l'élégie de 1802, mais c'est dans „*Hälfte des Lebens*" (« Moitié de la vie »)[166] – publié en 1805 – qu'elle symbolise le mutisme du poète : „*Die Mauern stehn / Sprachlos und kalt, im Winde / Klirren die Fahnen*[167]." Dans „*Hälfte des Lebens*" (« Moitié de la vie »), le poète s'est ainsi appuyé sur une image élégiaque, choisie pour sa grâce mélancolique et il a renforcé le caractère mélancolique, exploité plus tard par Brentano. Nous ne pouvons certes pas dater très précisément l'inspiration première de ces deux poèmes, mais il s'agit indubitablement d'une inspiration commune.

Toutefois, si Brentano sait exploiter les images élégiaques de Hölderlin, il peut également en tirer profit en les utilisant par antiphrase et créer une rupture stylistique dans sa propre composition. W. Rehm signale ainsi quelques emprunts à „*Menons Klagen um Diotima*" (« Ménon pleurant Diotima »), notamment le vers[168] : „[...] *und niemand / Kann von der Stirne mir nehmen den traurigen Traum*[169]", retrouvé légèrement modifié dans le „*Tagebuch der Ahnfrau*" (« Journal intime de l'aïeule »), texte compris dans le conte *Gockel, Hinkel und Gackeleia* (*Gockel, Hinkel et Gackeleia*). Brentano a pu en effet prendre connaissance de ce poème dès sa parution dans le *Musenalmanach* (*Almanach des Muses*) de Vermehren paru en 1802. Notons également que Hölderlin propose une version légèrement différente de ce vers dans l'élégie „*Stutgard*" (« Stuttgart »), publiée dans le même almanach que la première strophe de „*Brot und Wein*" (« Le Pain et le vin ») : „[...] *und niemand nimmt mir von der Stirne den Traum*[170] ? » W. Rehm n'a toutefois étudié ni la forme, ni le sens de cet emprunt : dans le texte „*Tagebuch der Ahnfrau*" (« Journal intime de l'aïeule »), l'expression, répétée trois fois avec des variantes, constitue une sorte de *Leitmotiv*. Nous lisons tantôt „*Ach, wer nimmt mir von der Stirne*

166 Il est difficile de dater les deux poèmes et de déterminer celui qui fut écrit en premier. L'élégie naît autour de 1800, et „*Hälfte des Lebens*" (« Moitié de la vie ») n'est certes publiée qu'en 1805, mais connaît une première ébauche dès 1799.

167 Hölderlin, 1992-1999, t. 1, p. 320 : « Les murs se dressent / Silencieux, glacés, et dans le vent / Les girouettes crient. » Trad. de Roud : Hölderlin, 1967, p. 833.

168 Rehm, 1947, p. 141-142.

169 Hölderlin, 1992-1999, t. 1, p. 268 « [...] et personne / Qui de mon front écarte ce funeste rêve ? » Trad. de Jaccottet : Hölderlin, 1967, p. 795.

170 *Ibid.*, p. 285 : « [...] et nul qui écarte de mon front ce rêve ? » Trad. de Jaccottet : Hölderlin, 1967, p. 807.

den Traum[171]", tantôt „*o lasse mich ruhen und nimm mir von der Stirne den Traum und erzähle mir den Traum*[172]", tantôt „*Jetzt ist mir wie ein Schleier, wie ein Traum von meiner Stirne genommen, und ich weiß Alles von mir aus diesen zwei Jahren*[173]". Il faut savoir que le texte de Brentano se caractérise par une grande fantaisie et s'intègre à une œuvre elle-même marquée par un réel humour, peu compatible avec la cohérence mélancolique et sérieuse de Hölderlin. La première occurrence apparaît lorsque l'aïeule termine le récit d'un de ces rêves. Au moment de se réveiller, elle entend une voix se plaindre et prononcer cette fameuse question désespérée[174]. Ici, Brentano profite du caractère lyrique et solennel de cette expression pour introduire un certain suspens dans cette nouvelle longue et pleine de rebondissements. La deuxième occurrence est prononcée par un personnage pathétique, Klareta, qui n'hésite pas à s'exprimer de manière très lyrique en récitant des poèmes. L'expression de Hölderlin s'inscrit dans le style lyrique du personnage. Quant à la troisième et dernière occurrence, elle introduit également une certaine solennité, destinée à conférer une réelle importance au récit et à attirer l'attention du lecteur, éventuellement lassé par les multiples rebondissements du récit.

Nous observons une exploitation similaire de „*Brot und Wein*" (« Le Pain et le vin ») par le même Brentano. Gackeleia narre à ses parents une étrange expérience qu'elle a vécue au moment où elle entreprend de les rechercher et qui n'est pas sans rappeler l'élégie de Hölderlin :

> *Da nun alles in der Kirche, und die ganze Stadt todt und stille war, warf ich noch einen Blick auf die seltsamen Gebäude im Sternenlicht. Ach, da wuchs mir das Herz, die Welt ward zu enge, weit war es um die Seele, [...] jetzt kam auch ein Wehen, und regte die Wipfel des Hains auf ; sieh, und das Ebenbild unsrer Erde, der Mond kam da geheim nun auch ; die schwärmerische, die Nacht kam, trunken von Sternen und wohl wenig bekümmert um uns glänzte die Erstaunende dort, die Fremdlingin unter den Menschen, und Gebirgsanhöhen traurig und prächtig herauf*[175]...

171 Brentano, 1998, p. 315-450, p. 349 : « Et qui écartera ce songe de mon front ? »

172 *Ibid.*, p. 368 : « Oh, laisse-moi en paix et écarte ce songe de mon front et raconte moi ce songe ! »

173 *Ibid.*, p. 380 : « Maintenant, c'est comme si on avait écarté un voile, un songe de mon front, et je sais tout ce que j'ai vécu ces deux dernières années. »

174 *Ibid.*, p. 349 : „*Entschlummernd aber hörte ich eine klagende Stimme : "Ach wer nimmt mir von der Stirne den Traum ?"*" (« En m'assoupissant, toutefois, j'entendis une voix se plaindre en ces termes : "Hélas, qui écartera ce songe de mon front ?" »)

175 Brentano, 1998, p. 223-224. Nous soulignons les expressions directement empruntées à Hölderlin. Pour cette traduction, nous avons suivi la proposition de Roud (Hölderlin, 1967,

> « Alors qu'il régnait un silence de mort dans l'église et la ville entière, je jetai un encore un regard sur les étranges bâtiments éclairés à la lumière des étoiles. Alors, mon cœur se dilata, le monde devint trop étroit, je fus pris d'un vague à l'âme, [...] *voici naître et frémir une brise aux feuilles extrêmes du bocage; regarde, et le double de notre univers, la lune mystérieusement paraître, et la fervente, la Nuit vint, ivre d'étoiles, et toute indifférente à notre vie; la Donneuse d'émerveillement, l'Étrangère parmi les hommes et les sommets des monts, s'éploya et brilla dans sa mélancolique magnificence...* »

De même, les *Rheinmärchen* (*Contes du Rhin*) contiennent le passage suivant qui témoigne de cet héritage :

> *Ich saß auf einer hohen Felswand hinter Wacholdersträuchen und übersah den heimlichen schönen Waldgrund, ohne von dort aus bemerkt werden zu können. Jetzt aber erhob sich ein Lüftlein und regte die Gipfel des Hains auf, und eine Menge Vögel aller Art flogen hin und her*[176].

> « Je reposais assise sur une parois rocheuse située haut derrière des genévriers et contemplais d'en haut la belle et secrète vallée boisée, sans pouvoir être remarquée de là-bas. Mais *voici* que se leva *un vent léger aux feuilles extrêmes du bocage*, et de nombreux oiseaux de toutes sortes se mirent à aller et venir. »

Dans les deux cas, ce sont le fameux vers 13 et les suivants de „*Brot und Wein*" (« Le Pain et le vin ») qui impressionnent tant Brentano et lui inspirent ici ces développements. Lu hors contexte, ce dernier passage pourrait évoquer un paysage de Caspar David Friedrich, caractérisé par la solennité et l'immensité de la nature. Il promet *a priori* un développement lyrique du même registre. En outre, ce ton convient bien au contexte funèbre du conte qui s'ouvre sur l'annonce d'obsèques. Cependant, si ce début s'avère fort lyrique, Brentano s'amuse à rompre cette tonalité initiale par une suite aussi fantaisiste et extravagante que les autres *Rheinmärchen* (*Contes du Rhin*). En effet, il fait défiler ensuite toute une série d'oiseaux femelles qui s'interpellent pour attirer narcissiquement l'attention sur elles. D'emblée, le lecteur apprend que Frau Phönix

---

p. 808) afin de souligner le plagiat opéré par Brentano à partir de l'élégie de Hölderlin.

176 Brentano, 2009, p. 209. La citation est comprise dans le conte intitulé „*Wie Radlof die Verjüngung der Frau Phönix Federschein ansieht und diese ihre Geschichte mit dem Kautzenveitel erzählt.*" (« Comment Radlof contemple le rajeunissement de madame Phœnix Éclat de plumes et comment celle-ci raconte son histoire du Guychouet. ») Nous soulignons les expressions directement empruntées à Hölderlin et nous nous inspirons à nouveau de la traduction de Roud pour signaler l'emprunt à Hölderlin.

Federschein se prépare aux obsèques de son amant, entourée d'une cour d'oiseaux dont l'allure anthropomorphique prête vraiment à sourire :

> *Sie hatten alle ihre Röcklein auf geschürzt und trippelten um Frau Phönix, die in dem Quell stand, herum, und wuschen ihr die Füße, und schmückten sie*[177].
>
> « Elles avaient toutes retroussé leurs petites jupes et marchaient à petits pas autour de madame Phœnix qui se tenait dans la source, et elles lui lavaient les pieds et la paraient. »

Le ton extrêmement lyrique du chant funèbre suivant participe alors au caractère grotesque du personnage volatile qui n'hésite pas à se draper dans sa dignité tragique et à utiliser un style biblique, proche soit du Cantique des cantiques, soit de l'adoration des Rois mages, comme le suggère la fin de la citation suivante :

> *Ich bin Frau Phönix Federschein,*
> *Begraben hab ich den Liebsten mein*
> *Mein Hals war Goldgelb licht und klar,*
> *Mein Leib und Flügel Purpurn war*
> *Der Goldnen Kron' auf meinem Haupt*
> *Hat Trauer Licht und Glanz geraubt*
> *Nun sammlen mir die Vögelein*
> *Weihrauch und Myrrhen und Spetzereyn*[178].
>
> « Je suis madame Phœnix Éclat de plumes,
> J'ai enterré mon chéri
> Mon cou brillait d'un éclat doré et limpide,
> Mon ventre et mes ailes étaient pourpres
> À la couronne d'or de ma tête
> Le deuil a ravi la lumière et l'éclat
> Désormais les petits oiseaux me rassemblent de l'encens et de [la myrrhe et des épices.] »

Le décalage entre le lyrisme exceptionnel et la situation ubuesque provoque ici le rire, sinon le sourire, malgré le contexte funèbre. Cette tonalité se vérifie à travers tout le conte.

En résumé, les élégies de Hölderlin ont bel et bien marqué le poète romantique qui n'hésite pas à exploiter leur tonalité mélancolique et à leur emprunter certaines expressions qu'il intègre à un contexte parfois

177 *Ibid.*, p. 211.
178 *Ibid.*

encore plus mélancolique. Toutefois, il arrive que Brentano se serve de la mélancolie élégiaque de Hölderlin dans un but largement opposé : en provoquant un effet de rupture avec l'unité extravagante de ses textes fantaisistes, la mélancolie élégiaque de Hölderlin autorise un certain humour.

Brentano n'est en outre pas le seul romantique ému par le poète et la réception de son œuvre peut prendre également une autre forme. Notons que d'aucuns ont suggéré un rapprochement entre le style élégiaque du roman *Hypérion* et l'œuvre poétique et romanesque de Achim von Arnim. Ulrich Gaier suggère ainsi à la recherche d'approfondir cette question :

> *Unerforscht ist H.s Ausstrahlung auf Arnims poetisches Werk, doch scheint mir Arnims Romanfragment Die Kronenwächter (1817), gerade in der Zeit intensiver Befassung mit dem Elegischen und Satirischen im Hyperion und dem Plan einer Ästhetik aus H.s Roman geschrieben, in vielem als geistreiche Übertragung von Hyperions idealischer Athen-Schwärmerei in die mittelalterlich-romantische Chimäre der kristallinen Kronenburg, während die grausame Realität der die eigenen Landsleute plündernden Räuberbanden Hyperions und Alabandas oder die im Scheltbrief geschilderte deutsche Misere sich in Arnims Burg Hohenstock oder der philiströsen Wirklichkeit der alten Stauferstadt "Waiblingen" und Bertholds Tuchfabrik in den Ruinen der Stauferburg spiegelt*[179].

> « Le rayonnement que Hölderlin a pu avoir sur l'œuvre poétique d'Arnim n'a jamais été considéré par la recherche. Pourtant, le roman d'Arnim demeuré à l'état fragmentaire *Les Gardiens de la couronne* (1817) me semble avoir été écrit précisément à l'époque où il s'est intensément occupé des veines élégiaque et satirique présentes dans *Hypérion* et du plan esthétique du roman de Hölderlin. Il m'évoque en de nombreux points une transposition spirituelle de l'exaltation idéale d'Athènes par Hypérion en la représentation chimérique, médiévale et romantique du château de la couronne, fait en cristal, tandis que la réalité cruelle des bandes de brigands d'Hypérion et d'Alabanda qui pillent leurs propres compatriotes, ou bien la situation déplorable en Allemagne décrite dans la lettre pamphlétaire, se reflètent dans le château Hohenstock d'Arnim ou bien la réalité parvenue de l'ancienne ville des Staufer "Waiblingen" et l'usine à tissus de Berthold située dans les ruines du château des Staufer. »

Néanmoins, la lecture du roman d'Arnim, ainsi que de son œuvre poétique, ne nous semble guèreattester l'héritage élégiaque d'*Hypérion*. Au demeurant, si le style élégiaque de ce dernier roman peut évoquer les élégies, U. Gaier pense essentiellement au roman et non aux élégies elles-mêmes. Aussi avons-nous préféré abandonner cette piste.

179 Gaier : Kreuzer, 2002, p. 468-488, p. 477.

Par ailleurs, le tragique destin amoureux de Hölderlin, si favorable à l'écriture élégiaque, n'est pas sans rappeler celui de Novalis. En outre, Novalis n'a-t-il pas lui-même composé un recueil d'*Hymnes à la nuit* ? Nous serions en droit de nous interroger sur une quelconque influence. Cependant, la recherche a malgré tout écarté cette piste. Dans un article consacré à la question, Eudo C. Mason explique ces similitudes comme des coïncidences liées à un contexte culturel précis. En revanche, il exclut la possibilité d'une inspiration réciproque en précisant que les deux poètes s'ignorent mutuellement[180]. De même, Johannes Klein, tout en convenant d'une proximité thématique des deux poètes, insiste sur leurs différences : si Hölderlin privilégie un traitement imagé de la nuit, Novalis opte pour une présentation intellectualisée. En outre, leur position par rapport aux dieux diffère : lorsque Hölderlin voit dans la Grèce la demeure des dieux, Novalis situe ces derniers dans un milieu souterrain. Leur rapport à la mort les distingue également puisque Hölderlin aspire à la dépasser lorsque Novalis la recherche[181].

Du côté français, comme Brentano, P. Emmanuel se montre sensible à la mélancolie élégiaque de Hölderlin, interprétée comme un combat contre l'oubli, péché esthétique par excellence :

---

180 Mason, 1958-1960, p. 72-119, p. 78 : „*Hölderlin und Hardenberg haben allem Anschein nach nie etwas voneinander gewußt oder sich füreinander interessiert.*" (« Hölderlin et Hardenberg n'ont, selon toute vraisemblance, jamais entendu parler l'un de l'autre ni ne sont intéressés l'un à l'autre. »)

181 Klein, 1957, p. 429-430 : „*Das Bild Griechenlands bei Hölderlin und Novalis ist ebenso verschieden. [...] Hölderlin spricht vom Wechsel der Geschichtsperioden ; auch das Griechentum hat einst ein Erwachen zu den Göttern und zur großen Gemeinsamkeit erlebt wie Hölderlin es von der Zukunft erhofft. [...] Novalis deutet dies Haus der Himmlischen in die kristallene Grotte eines schwelgenden üppigen Volkes um. Auch hier neigt er also zum Sinnbild des Unterirdischen. Das entspricht dem Leitgedanken und dem Motiv der Nacht, aber es widerspricht dem Charakter des Dargestellten. Diesem wird Hölderlin gerechter. [...] Tod und Nacht sind Schicksale, die er [Hölderlin] bestehen muß, aber kein Inhalt des Lebens. Novalis' Hymnen an die Nacht leben aus der Lust an Tod und Nacht. Beide sind für ihn Ausdruck der Geistigkeit.*" (« L'image de la Grèce chez Hölderlin et Novalis est tout aussi différente. [...] Hölderlin parle de l'alternance des périodes historiques. De même, l'âme grecque a connu jadis un intérêt pour les dieux et la grande communauté, objets des espoirs que Hölderlin met dans l'avenir. [...] Novalis transpose cette demeure des Célestes dans la grotte de cristal d'un peuple bien en chair qui fait ripaille. Là aussi, il tend donc à symboliser les réalités souterraines. Cela correspond à l'idée directrice et au motif de la nuit, mais cela contredit le caractère de ce qui est représenté. Hölderlin lui rend davantage justice. [...] La mort et la nuit sont des destins qu'il lui [Hölderlin] faut surmonter, mais pas le contenu de la vie. Les *Hymnes à la nuit* de Novalis reposent sur la soif de mort et de nuit. Les deux expriment la spiritualité. »)

> […] mais le salut réel, la rédemption, il ne l'espère point. Pour Hölderlin, la culpabilité même est de nature esthétique : son vrai nom, soustrait à toute conscience, est, semble-t-il, *l'oubli*[182].

Aussi intègre-t-il à son recueil un style emprunté à „*Der Archipelagus*" (« L'Archipel »), subtilement mêlé à des allusions explicites au destin amoureux de Hölderlin :

> Mes pas, sur le velours des profondes paroles
> Ont soumis leur silence à la mesure, ô Mer !
> […]
> Ce sera un ciel rongé de sel antique
> et dans l'ombre des mers effritant ses statues :
> *un théâtre ennobli de larmes, des colonnes*
> éparses – des divins amantes délaissées.
> L'Autre que je pressens en ma présence morte
> dans mes pas éternels mettra ses pas tremblants :
> là-bas, ah ! qu'il atteigne au soleil ! mon visage
> lui soit le seuil où respirer d'un saint regard
> la grande rose maternelle au cœur du monde
> *Diotime* nocturne aux pétales d'éther[183].

Cette inspiration se vérifie également dans les *Orphiques*, dans un « Hymne à Hölderlin » :

> Tes ruines dans les plis immenses de la gloire
> chaudes encor d'ancien songe ! Où sont les rois
> pleins d'herbe et de pensée les ombres mutilées
> les marbres où la mer se repose et les morts
> que nous aimions sans âge ? Les saisons
> énervent les soleils de jadis sur les pierres
> et les vents pendent languissants le long des murs :
> tout est calme désolation dans la mémoire
> tout conspire tacite avec la Mort
> et l'herbe sur les temps grandit
> […]
> Et l'insipide éternité et le mystère
> voudrait goûter toute la mort dans une larme
> voudrait sentir se fondre en Lui tout son esprit
> comme se fond la saveur sûre de la terre
> le soir, sur la plus douce langue de *l'oubli*[184].

---

182 Emmanuel, 1948, p. 36.
183 *Ibid.*, p. 54. C'est nous qui soulignons.
184 Emmanuel, 1942, p. 19-22.

Nous retrouvons ici la notion d'oubli, soulignée par le poète lui-même, mais aussi la mélancolie de „*Der Archipelagus*" (« L'Archipel ») qui interroge le devenir de l'Antiquité, voire de „*Brot und Wein*" (« Le Pain et le vin ») avec l'évocation du crépuscule. Il est à souligner que P. Emmanuel demeure bien plus proche de la tonalité élégiaque de Hölderlin que Brentano qui se situe parfois dans la parodie.

TENTATIONS HELVÉTIQUES D'UNE LECTURE NÉO-ROMANTIQUE AU XXe SIÈCLE

Si Brentano n'a pas une vue d'ensemble de l'élégie, un auteur suisse francophone qui lui est nettement postérieur et a loisir de consulter les élégies dans leur intégralité et dans une perspective universitaire, A. Béguin, tire à son tour l'œuvre de Hölderlin, et en particulier ses élégies, du côté de la mystique romantique :

> Adorateur de la Nature, Hoelderlin le fut comme les romantiques ; comme eux encore, il fut assoiffé d'infini et il aspira à une possession totale, où rien ne serait refusé, où lui-même pourrait ne se refuser à rien. [...] Si une grande partie de ses poèmes sont de ton élégiaque et confessent des sentiments personnels, les plus beaux d'entre eux, ceux que seuls il pouvait écrire, concernent une destinée infiniment plus vaste : celle de l'humanité, mais d'une humanité dont, d'âge en âge, les étapes sont celles d'un développement religieux. L'histoire humaine est l'histoire des rapports de l'homme avec la nature et avec les dieux[185].

Béguin tente bien ici de distinguer Hölderlin des Classiques pour le rapprocher des Romantiques, même s'il nuance son propos et souligne la situation particulière du poète. En outre, il place ce rapprochement sous le signe de la mystique et de la religiosité, quoique païenne. Ce faisant, il évoque l'émotion toute religieuse que Brentano éprouve à la lecture de „*Brot und Wein*" (« Le Pain et le vin »).

Un autre auteur suisse, postérieur à Brentano, évolue dans cette mouvance néo-romantique francophone. Il s'agit du poète Gustave Roud. Il est intéressant de constater d'emblée que Béguin ne cite, de Hölderlin, que les traductions de Roud :

> Une heureuse fortune a voulu que Gustave Roud, ce poète si proche des romantiques allemands, pût entreprendre cette délicate transcription. Je dois à

185 Béguin, 2006, p. 218-219.

> son amitié de pouvoir offrir aux lecteurs, dans une version digne d'eux, les poèmes de Hoelderlin, de Novalis, Eichendorff et Brentano qui sont cités dans mon texte[186].

Ce choix témoigne au fond d'une affinité spirituelle de Gustave Roud avec Albert Béguin. En outre Roud entretient également une certaine ambiguïté avec la ligne néo-romantique, que souligne le titre de Claire Jaquier *Gustave Roud ou la tentation du romantisme*[187]. À l'instar de Brentano, il s'avoue fasciné par la mélancolie de „*Brot und Wein*" (« Le Pain et le vin »), l'unique élégie de Hölderlin qu'il traduit :

> Cette plainte si soutenue qu'on l'entend partout, même tue, dans tous les poèmes, c'est la voie même de la mélancolie annonciatrice de l'ombre future. C'est d'elle chez cet homme "périodique", cet homme "de flux et de reflux", que le chant jaillit, en elle qu'il retombe [...] et voilà pourquoi ce petit livre, parmi les visages divers du poète et de sa poésie, n'essaie de cerner et de saisir que le plus grand de tous et le plus mystérieux, celui des hymnes [...] pourquoi de toutes les puissantes élégies qui s'échappent de 1801 dans un battement d'ailes insoucieuses, seule *Le Pain et le vin* dessine ici l'ombre plus inquiète et plus dense de son vol[188].

Plus loin, il propose une analyse de sa fascination qu'il compare à celle de Brentano :

> L'hymne à la nuit qui ouvre le poème est conçu [...] comme un « prélude musical ». De cette nuit quotidienne qu'il « expose » [...] le poëte tire aux laisses suivantes la grande Nuit symbolique où nous sommes plongés depuis le départ des dieux et où il importe que nous nous souvenions, nous aussi pour mériter leur retour. On sait l'emprise invincible, l'espèce d'envoûtement que nos dix-huit premiers vers exerçaient sur Clemens Brentano, lui rendant peu à peu le calme et la paix du cœur[189].

De surcroît, cette prédilection pour la mélancolie élégiaque de Hölderlin justifie vraisemblablement ses choix de traducteur, comme le souligne C. Jaquier. En effet, outre Hölderlin, Roud traduit également Novalis, Rilke et Trakl : ces poètes se caractérisent tous par le mythe de l'âge d'or dont la perte engendre une longue période douloureuse, ainsi qu'un désir profond

186 *Ibid.*, p. IV.
187 Jaquier b, 1987.
188 Roud, 1942, p. 21.
189 *Ibid.*, p. 181.

de retrouver l'innocence originelle[190]. Or Roud reconnaît un âge d'or qui serait en quelque sorte le monde rural, regretté avec une nostalgie toute virgilienne. Toutefois, c'est sans doute là que se situe la limite du romantisme roudien. Roud ne serait que « tenté » par le romantisme, comme le suggère le titre de C. Jaquier qui pressent plutôt en lui une prédilection pour

> le lyrisme, qui naît non de l'exaltation du souvenir de la Grèce antique, mais plus précisément du charme, de la plénitude et de la présence d'un moment de la vie quotidienne[191].

À ce titre, l'enthousiasme de Roud pour le lyrisme de cette élégie évoque finalement, plus que celui des Romantiques allemands, celui dont Hermann Hesse fait part à son tour lorsqu'il raconte sa découverte de l'élégie :

> *Es war ein Gedicht von Hölderlin, das Fragment "die Nacht". Oh, diese wenigen Verse, wie oft habe ich sie damals gelesen, und wie wunderbar und heimlich Glut und auch Bangigkeit weckend war dies Gefühl : das ist Dichtung ! Das ist ein Dichter ! [...] Nie mehr, so viel und so begeistert ich auch als Jüngling las, haben Dichterworte mich so völlig bezaubert, wie diese damals den Knaben. Und später, [...] fiel [...] jenes erste Erstaunen meiner Knabenseele vor der Kunst mir wieder ein*[192].
>
> « C'était un poème de Hölderlin, le fragment intitulé *La nuit.* Oh ces quelques vers, combien de fois les ai-je lus en ce temps-là ! Comme il était merveilleux, comme il était secrètement exaltant et inquiétant de sentir que je découvrais la vraie poésie, que je rencontrais un véritable poète ! [...] j'ai lu avec ferveur un grand nombre de poèmes tout au long de mon adolescence mais jamais plus des vers ne m'envoûtèrent autant que ceux de Hölderlin lorsque j'étais enfant. Plus tard, [...] je repensai à ce premier étonnement émerveillé de mon âme enfantine devant une œuvre d'art. »

Comme pour Roud, l'élégie se présente à Hesse comme la quintessence du lyrisme même. La nostalgie de Roud n'est ainsi pas tournée vers le

---

190 Jaquier b, 1987, p. 148 : « La vision romantique de l'histoire suit dans une large mesure le modèle que donne Novalis dans le cinquième des *Hymnes à la Nuit* : origine sacrée, période d'harmonie, chute et éloignement de l'origine, période sombre de division où l'homme, ayant perdu le contact immédiat avec le monde, tente de le reconquérir avec la médiation de la raison, enfin réconciliation universelle. On retrouve ce mythe chez les quatre auteurs que Roud a traduits : chez Novalis, chez Hölderlin, qui situe sa poésie dans la période de l'absence des dieux, chez Rilke, pour qui Dieu est la grande création future de l'homme, chez Trakl aussi, dans le poème intitulé "Chant d'Occident". »

191 *Ibid.*, p. 67.

192 Hesse, t. 7, 1987, p. 145. Trad d'A. Cade : Hesse, 1994, p. 62-63.

passé, mais elle exprime la quête d'une plénitude, à éprouver lors d'un moment privilégié. C'est un aspect que Jaccottet souligne dans l'opuscule qu'il consacre à Gustave Roud :

> Je voudrais essayer de préciser encore à quoi tend la méditation lyrique de Roud. Une chose est sûre : le Paradis rêvé n'est ni le Paradis chrétien, prix d'un combat douloureux payé après la mort, ni l'Absolu mallarméen, le vertige d'une pureté abstraite. Un texte récent l'affirme : « nous sommes *en lui* » et nous ne le voyons pas, sinon par éclairs[193].

Il convient de comprendre cet idéal roudien pour saisir l'intérêt réel que le poète voue à „*Brot und Wein*" (« Le Pain et le vin »). Roud écrit en effet

> L'éternel n'est pas une Terre promise à la pointe extrême d'un chemin de sueurs et de larmes et nul n'en pourrait forcer l'accès par quelque intrusion frauduleuse, puisque nous sommes *en lui*. La connaissance qu'une grâce nous en accorde est brutale comme un rapt. C'est *lui* qui entre en nous dans un tremblement foncier, irrépressible de tout l'être ; notre cécité nous est arrachée d'un coup, comme la taie d'un œil tari. Celle du corps, celle du cœur, et la voix de nos morts s'élève aussitôt dans une ample et soudaine plénitude[194].

Ce passage de Roud évoque l'anamnèse platonicienne : la plénitude serait un potentiel inhérent à notre être, mais il conviendrait de se laisser ponctuellement surprendre par elle pour l'éprouver. Or la réalité quotidienne peut précisément évoquer la plénitude suggérée par „*Brot und Wein*" (« Le Pain et le vin »), ce qui justifierait l'enthousiasme du poète pour l'élégie. Ainsi, lorsque Roud décrit le crépuscule qui s'abat sur la ville, il partage l'inspiration de l'élégie : « Adieu ô ville touchée par le soleil du soir, quand la foule abandonnant la jetée où l'air fraîchit remonte vers la nourriture et vers les lampes[195]. » Le tintement vespéral des cloches participe sans doute de cette inspiration : « le soir se peuple de cloches, de détonations, de cuivres[196]. » La trêve du crépuscule fait l'objet d'un développement un peu plus long, fort proche de l'élégie :

> Ombre, ombre, sauve-moi ! Dis, ne m'accompagneras-tu jamais, à l'heure où les hommes debout dans le jour consumé retournent vers leurs demeures, ces hautes toitures qui fument et flambent aux plis de la plaine, ne me

193 Jaccottet, 1968, p. 72.
194 Roud, 1989, p. 46-47.
195 *Ibid.*, p. 19.
196 *Ibid.*, p. 86-87.

> suivras-tu jamais jusqu'au seuil de *ma* demeure ? [...] Ombre, ô le bonheur de l'homme à qui une voix chante avec la cloche : *ta journée a pris fin ; rentre avec l'ombre et le repos*[197] !

Le crépuscule peut ainsi susciter un sentiment de plénitude, proche de celui évoqué par Hölderlin dans son élégie. Toutefois, à la différence des Romantiques, Roud n'identifie pas sa mélancolie à un examen rétrospectif, mais il goûte la plénitude que le présent lui offre, et cette plénitude se nourrit ponctuellement de celle suggérée par Hölderlin. De même, Roud peuple régulièrement ses poèmes du pain et du vin qui, sous sa plume, incarnent non pas la promesse d'un retour des dieux, mais tout simplement l'innocence paysanne et la simplicité rustique, selon la logique d'un réinvestissement sémantique, assimilable à un transfert culturel. Si Hölderlin utilise le motif du pain et du vin comme des signes symboliques d'un retour du divin, ancrés dans son syncrétisme pagano-chrétien, comme le suggère la référence à la communion, Roud sécularise ce motif et l'intègre à la culture paysanne. D'un contexte philosophique et mystique, voire éthéré, le motif du pain et du vin prend un sens social, ethnique dont la simplicité relève d'un ordre prosaïque. Il s'agit de tableaux muets, mais éventuellement animés : tantôt, il est question d'un homme identifié : « Aimé me regarde et sourit, les poings serrés sur le pain, le vin qu'il élève tour à tour à sa bouche[198] », tantôt le poète décrit plusieurs paysans inconnus : « les faneurs assis près du pain et du vin avec des rires[199] ». Ursula Kobiljak relève d'autres motifs que Roud aurait empruntés même à d'autres élégies de Hölderlin, pour suggérer cette plénitude. Toutefois, elle demeure prudente[200]. Elle insiste sur le motif de la fleur qui se trouve notamment dans „*Menons Klagen um Diotima*" (« Ménon pleurant Diotima ») : „*Stille Rosen und euch, Lilien, nenn' ich noch oft [...] Wo du blühest und ruhst unter den Rosen des Jahrs*[201]", ou bien dans „*Brot und Wein*" (« Le Pain et le vin »)[202],

197 *Ibid.*, p. 158-159.

198 *Ibid.*, p. 258.

199 *Ibid.*, p. 145.

200 Kobiljak, 1993, p. 116 : "*In this context it is [...] not possible to conclude that Hölderlin may have influenced Roud in this or that manner.*" (« Dans ce contexte, il n'est [...] pas possible de conclure à une quelconque influence de Hölderlin sur Roud. »)

201 Hölderlin, t. I, 1992-1999, p. 268-271 : « Calmes roses, et vous, lys, que de fois, je vous loue ! [...] Où tu reposes entre les roses de l'année ; », trad. de Roud : Hölderlin, 1967, p. 796-798.

202 Kobiljak, 1993, p. 118-119 : "[...] *the flowers demonstrated growing, blooming and dying in an unobstrusive, peaceful way that was marked by beauty. This perception is quite close to*

ainsi que sur celui des oiseaux, présent en particulier dans „*Der Wanderer*" (« L'Errant »)[203]. Il reste certain que Roud et Hölderlin ne sont pas les seuls poètes à recourir à ces motifs, ce qui justifie la prudence de la critique. Cependant, selon l'analyse d'Ursula Kobiljak, les fleurs et les oiseaux permettraient d'évoquer également la plénitude ponctuelle dont jouit le moi de Roud. En tout cas, il est certain que Roud se nourrit de „*Brot und Wein*" (« Le Pain et le vin ») pour justifier sa représentation ponctuelle de la plénitude. En effet, lorsqu'il insère à sa traduction de Rilke une note explicative, il renvoie son lecteur à l'élégie de Hölderlin en insistant bien sur l'idée d'une plénitude ponctuelle. Il lui suffit seulement de citer le fameux début de la strophe 7 :

> « Mais nous venons trop tard, ami ! » [...] L'homme par instants seuls soutient le poids de la divine plénitude. Ce n'est pas un hasard, certes, si ces vers de Hölderlin viennent hanter la mémoire de qui tente, en considérant le déroulement de la vie temporelle de Rilke, [...] de surprendre quelques traits de son être poétique [...] c'est bien avec lui aussi que les dieux en ont « délicatement usé » en ne lui imposant que par instants seuls leur présence dans sa redoutable plénitude. Ils se sont montrés moins cléments envers Hölderlin lui-même [...] Moins cléments ? Je ne sais, à vrai dire. Car il y a

---

Hölderlin's view for whom the blooming of flowers is an event in nature that comes about by the interaction of heaven and earth and therefore "flowering" is a divine, or perfect way of being in the world. [...] In "Brot und Wein" [...] Hölderlin writes : "Nun, nun müssen dafür Worte, wie Blumen, entstehn." [...] He emphasizes in this context the natural outpouring of poetry that is blooming as a thanksgiving to the gods." (« [...] les fleurs ont montré qu'elles pouvaient pousser, fleurir et mourir d'une manière discrète et paisible, marquée par la beauté. Cette perception est très proche du point de vue de Hölderlin pour qui la floraison des fleurs est un événement naturel qui se produit par l'interaction du ciel et de la terre, et par conséquent, la "floraison" est une manière divine ou parfaite d'habiter le monde. [...] Dans "Brot und Wein", [...] Hölderlin écrit : "Enfin ! Avec des mots jaillis comme des fleurs." [Trad. de Jaccottet : Hölderlin, 1967, p. 811] [...] Il souligne dans ce contexte les effusions naturelles de la poésie qui fleurit comme pour remercier les dieux. »)

203 *Ibid.*, p. 131 : "*Inner space, however, is connected with yet another motif in Écrits, with the motif of birds. They are appreciated for their singing and in mythology associated with the soul. As part of everyday experience Roud, like other poets, intregrates birds into poetry. [...] The downcast mood is expressed by Hölderlin in "Der Wanderer" ("The Wanderer") as "Unter dem Strauche saß ein ernster Vogel gesanglos." ("Beneath the bush sat a gloomy songless bird.*") (« L'espace intime, quoi qu'il en soit, est lié à un tout autre motif des Écrits, le motif des oiseaux. Ils sont appréciés pour leur chant et dans la mythologie, ils sont associés à l'âme. Roud intègre à sa poésie, à l'istar d'autres poètes, les oiseaux comme un élément de la vie quotidienne. [...] Le découragement est exprimé par Hölderlin dans "*Der Wanderer*" ("L'Errant") par ce vers : "*Unter dem Strauch saß ein ernster Vogel gesanglos.*" ["Sous le buisson se tenait un oiseau grave, sans chanter." : trad. de Fédier : Hölderlin, 1967, p. 799]. »)

> dans l'intermittence de leur venue, telle qu'elle se manifeste chez Rilke, un caractère qui la rend particulièrement douloureuse[204].

Le poète met ici l'accent sur « l'intermittence de la venue » des dieux, à partir de la citation de Hölderlin : « L'homme par instants seuls soutient le poids de la divine plénitude » et l'applique à Rilke. Ce que Roud emprunte à Hölderlin, c'est donc bel et bien la caution d'un âge d'or qui serait ponctuellement entrevu, et non l'idée d'un âge d'or définitivement perdu qu'il conviendrait de reconquérir. Il en résulte que Roud n'applique pas au poète allemand une lecture véritablement néo-romantique, même s'il se montre sensible à la nostalgie romantique que Brentano peut ressentir et dont il témoigne. À l'instar de Hölderlin, Roud se situerait ainsi proche du romantisme, tout en s'en distinguant.

Par ailleurs, la traduction que Roud a faite de Hölderlin, et en particulier de „*Brot und Wein*" (« Le Pain et le vin »), relève davantage d'un style classique, plus favorable aux « belles infidèles » qu'à une traduction moderne, proche des Romantiques, comme le souligne C. Jaquier[205]. Elle insiste en effet sur le choix du rythme binaire et de l'harmonie de la traduction[206]. Toutefois, Jean-Yves Masson se plaît à nuancer cette analyse, en particulier lorsqu'il salue la traduction de la fameuse expression „*dürftige Zeit*", jugée non seulement belle, mais aussi fidèle au sens :

---

204 Roud, 1947, p. 149.

205 Jaquier b, 1987, p. 30 : « Si la traduction "moderne" trouve ses origines dans les théories que le romantisme a développées à propos de l'autonomie de l'œuvre poétique, la traduction pratiquée par Roud relève au contraire de postulats classiques. Ce type de traduction recherche en premier lieu l'équivalence du message, elle tend à effacer toutes les marques stylistiques qui trahiraient des particularités de la langue étrangère, afin que le texte traduit produise le même effet poétique, ait la même évidence qu'un texte original. Il faut noter qu'on ne traduisait guère autrement, en français tout au moins, à l'époque où Roud s'est intéressé aux Romantiques allemands. [...] on peut constater que les exigences roudiennes de classicisme s'accordent avec un mode de traduction qui est à l'opposé de la littéralité. »

206 *Ibid.*, p. 68 : « Au niveau syntaxique, c'est un souci d'équilibre et de symétrie qui paraît dominant ; les groupes binaires sont fréquents : "s'éloigne et meurt" (v.2) pour "*rauschen hinweg*", "s'éveille et tremble" (v. 7) pour "*das Saitenspiel tönt fern*" [...] Roud tend à allonger encore certaines phrases : les vers 6 à 10 par exemple forment une seule phrase qui se termine par un vers très harmonieux, soutenu par un groupe de termes dont la cohésion est renforcée par une allitération en [f] "et dans l'arôme / Des parterres *fleuris* chantent les *fraîches fontaines infatigables*". L'allongement se produit souvent par substantivation et contribue à magnifier certains vers. »

> [...] *dürftig* correspond [...] à tout ce qui ne remplit pas correctement sa mission, à tout ce qui n'est pas à la hauteur de sa tâche [...] C'est certainement à ce dernier sens, très courant, qu'a pensé Gustave Roud lorsqu'il parle d « ombre misérable », joignant cette signification d'obscurité à l'idée d'une pauvreté plus essentielle. Si l'on songe que le dix-huitième siècle est le siècle des *Lumières*, que Hölderlin est un enfant de l'*Aufklärung*, et que le poème commence dans la nuit pour déplorer la perte du « jour » grec, ce sens semble le plus riche et le plus décisif : l'éclairage obtenu par les Lumières n'est décidément, pas suffisant, ce sont de pauvres lumières comparées à la rationalité grecque qui n'excluait nullement les dieux[207].

Les « belles infidèles » n'ont-elles pas cependant pour qualité de particulièrement bien adapter le texte de départ à l'aire culturelle d'arrivée et à son horizon d'attente ?

L'ESPOIR ROMANTIQUE DE TARDIEU

Enfin, il convient de relever un troisième héritage romantique des élégies de Hölderlin, celui recueilli par Tardieu dans sa propre œuvre poétique. Le poète français a consacré un poème qui porte un titre tout élégiaque « Le tombeau de Hölderlin » et qui figure dans le recueil *Le Fleuve caché Poésies 1938-1961*. Ce poème mêle des échos de „*Der Archipelagus*“ (« L'Archipel ») et de „*Brot und Wein*“ (« Le Pain et le vin »). D'emblée, le lecteur retrouve l'opposition de la lumière et du jour :

> Le jour le jour bourdonne de reproches confus
> La nuit se plaint et se plaint
> Elle se plaint sans dire pourquoi[208].

Contrairement à Hölderlin, l'auteur commence son texte par une situation confuse qui entraîne l'incompréhension :

> Le soleil qui se lève
> nous parle comme un père
> mais nous n'écoutons pas ses conseils[209].

Toutefois, le lecteur retrouve la rhétorique filiale de „*Der Archipelagus*“ (« L'Archipel »). La deuxième partie du poème s'ouvre sur une invitation

207 Masson, 2004, p. 51-52.
208 Tardieu, 1992, p. 198.
209 *Ibid.*

à mettre un terme à cette confusion et à satisfaire l'espoir mystique d'un retour à l'harmonie originelle :

> Forêt, pourquoi te taire encore ?
> Éveille-toi et marche ! Ciel,
> pourquoi fermer les yeux dans le plein jour ?
> Mélange aux chaînes d'or du soleil
> les trésors cachés de ta Nuit ! Revenez
> près de nous, lointains espaces ! Que les temps
> soient mêlés et que tout,
> passé présent futur, soit ensemble donné
> à l'indomptable esprit qui vous espère
> et vous attend[210] !…

Le lecteur pense immédiatement au retour de l'hymne dans les élégies. Néanmoins, le silence tend à s'imposer à nouveau :

> Mais nul ne trouve en lui d'autre réponse
> que le bruit de son cœur, et toujours le silence du
> monde
> paraît seul annoncer la parole, et toujours,
> en nous, des voix immenses vont s'affaiblissant,
> avec le souvenir de la Promesse,
> comme un orage qui s'éloigne[211] !

Le « souvenir de la Promesse » n'est pas sans évoquer la grande Nuit de „*Brot und Wein*" (« Le Pain et le vin »), porteuse elle aussi de promesses, malgré l'absence des dieux. Même si B. Böschenstein juge cet espoir très restreint[212], c'est précisément en lui que J-Y. Debreuville situe le romantisme de Tardieu[213]. L'exaltation de l'espoir correspond en effet à

210 *Ibid.*, p. 199.

211 *Ibid.*

212 Böschenstein, 1987, p. 20 : « En traduisant des fragments de *L'Archipel*, repris par la Pléiade, Tardieu s'était abstenu de rendre les strophes relatant la bataille navale de Salamine et la reconstruction d'Athènes. […] Et, semblable à Hölderlin qui s'écrie "Nous sommes avides / D'assister au jour" et qui prie à la fin de l'élégie *Retour*, les "anges de l'année" et les "anges de la maison" de venir, Tardieu appelle les espaces et les temps à être présents avant de se résigner à accueillir un simple sourire, messager de la paix initiale et finale, avant d'avouer que même ce signe dépouillé ne sera pas perçu, parce que le cœur n'entend que son propre bruit. L'espérance part alors comme un orage s'éloigne, dont ne reste qu'un souvenir lointain. »

213 Debreuville, 2003, p. 135 : « Le romantisme de Jean Tardieu est moins grandiloquence qu'espoir insensé d'entendre le monde lui répondre. Car si l'échec se répète, il y eut tout

l'une des caractéristiques de la sensibilité romantique, comme précisément son contraire, le désespoir. Or J.-Y. Debreuville insiste justement sur le « dédoublement romantique entre l'idéal entrevu et le désespoir de l'ici-maintenant » qui « traverse l'œuvre dès son origine[214] ». Il s'agit certes ici d'une lecture néo-romantique de Hölderlin par Tardieu. Néanmoins, nous retrouvons l'inspiration mystique des Romantiques, née de la lecture des élégies. En conclusion de ce développement sur la lecture néo-romantique des élégies de Hölderlin en Suisse et en France, au XXe siècle, nous constatons que les auteurs concernés mettent surtout l'accent sur la nostalgie et la mélancolie élégiaques du poète souabe, ce qui certes les rapproche des romantiques allemands. Toutefois, l'exemple de Roud suggère qu'il s'agit plus d'une fascination pour le lyrisme lui-même que d'une inspiration purement romantique. La tentation s'avère perceptible tant chez Béguin que chez Roud. Néanmoins, l'écart temporel avec les vrais romantiques n'autorise pas de véritable adhésion àune lecture essentiellement romantique. Nous touchons ici aux limites de la fusion diachronique de l'horizon d'attente romantique.

BILAN SUR LA RÉCEPTION DES DEUX INSPIRATIONS THRÉNÉTIQUES

Pour comparer la réception des élégies thrénétiques composées par Chénier et Hölderlin, force est de constater que cette réception repose sur une intertextualité plutôt riche. Les successeurs à nos deux poètes élégiaques ont de part et d'autre du Rhin emprunté tant des expressions que des images, des redondances, ou encore des motifs, tous empreints de mélancolie. Ce constat ne saurait nous surprendre, dans la mesure où la réception suppose une intertextualité, laquelle, par essence, véhicule des expressions et des images, d'une œuvre à l'autre. Ce qui nous intéresse en revanche davantage, c'est la nature et la réorientation des emprunts. L'héritage thrénétique que nous lègue Chénier par le prisme de ses *Élégies* puise lui-même, selon le principe de l'imitation inventrice,

de même "promesse", comme le rappelle le final du "tombeau de Hölderlin". »

214 Debreuville : Tacou et Dax-Boyer, 1991, p. 256.

dans un héritage antique aux allures parfois très rhétoriques. Il s'inscrit dans une longue tradition littéraire aux canevas souvent très précis. Ses *Élégies* participent ainsi à une véritable *translatio studiorum* ou transfert culturel, constituant un pont entre l'Antiquité et la postérité du poète et, grâce à la tradition qu'elles perpétuent, elles contribuent par conséquent à opérer une fusion diachronique des horizons d'attente. Ponctuellement, la fusion peut s'avérer synchronique dans la mesure où Chénier emprunte parfois quelques tournures ou scénarii à des auteurs étrangers contemporains. Cette réception entretient finalement un certain flou artistique dans la mesure où les poètes ne confessent guère volontiers leurs emprunts et où ces derniers s'inscrivent dans une tradition si séculaire que le lecteur ne saurait toujours affirmer avec certitude que telle tournure ou telle image vient directement de Chénier. Le cas de l'assouplissement du vers par Chénier, perçu comme un legs mélancolique, en témoigne. La postérité ne reconnaît guère sa dette envers le poète précocement fauché par la mort. Toutefois si l'on veut bien essayer de circonscrire l'héritage thrénétique de Chénier laissé aux Romantiques, force est de constater que cette mélancolie demeure largement ancrée dans un contexte funèbre et tragique. La mélancolie élégiaque que les Romantiques retiennent de Chénier demeure liée aux thèmes du trépas et du deuil dans lequel il jette les proches des défunts. Les Romantiques se montrent alors très sensibles à l'affliction des personnalités et retiennent surtout les images et les expressions les plus à même de traduire et d'inspirer la tristesse et la mélancolie. Élégiaques, les Romantiques en effet témoignent volontiers d'une insatisfaction et d'une perpétuelle recherche enracinée dans une déchirure intime, symptomatique du mal du siècle. Quelle expérience pourrait mieux exprimer la souffrance que le deuil ? Les Romantiques peuvent alors maintenir l'héritage mélancolique de Chénier dans un contexte funèbre, mais ils peuvent aussi l'associer à d'autres contextes, notamment politiques ou religieux, pour conférer à leur intrigue une réelle intensité. Par ailleurs, les contacts même fugaces ou fantasmés avec les défunts et l'au-delà que permet la mélancolie funèbre des *Élégies* de Chénier engendrent ici et là, une rêverie qui donne accès à un monde invisible et absolu. Poursuivant un rêve de Beauté immortelle, les Parnassiens pour leur part communient au même héritage thrénétique de Chénier, recherchant aussi un âge d'or disparu depuis l'Antiquité.

Cette quête de l'absolu et de l'âge d'or se retrouve dans la réception de l'héritage thrénétique de Hölderlin par le romantisme allemand et le prolongement néo-romantique que l'on peut observer en France et en Suisse dans la première moitié du XXe siècle. Plus que la beauté, le romantisme recherche dans l'héritage mélancolique de Hölderlin l'expérience mystique de l'Absolu. Si Vigny consacre dans son triptyque *Stello* un récit à l'histoire de Chénier, les Romantiques allemands se montrent largement fascinés par la folie de Hölderlin. Cette fascination romantique pour les grands destins s'explique sans doute par le culte romantique du poète et de la poésie, suggéré dans ces paroles de Novalis : „*Die Poesie ist das echt absolut Reelle. Dies ist der Kern meiner Philosophie. Je poetischer, je wahrer*[215].“ Les Romantiques recherchent avant tout la vérité du cœur que refléteraient fidèlement les sentiments du poète. Il revient alors à ce dernier à expliquer la vie et à exalter le rêve, par lequel il parvient à une certaine transcendance, rendue tangible dans sa parole prophétique. Les Romantiques interprètent alors la vocation et la destinée élégiaques de nos deux poètes comme une prophétie, à même de traduire une soif inextinguible, une aspiration qui caractérise si bien leur sensibilité. C'est dans cet esprit que Philippe Lacoue-Labarthe et Jean-Luc Nancy écrivent, en particulier au sujet du romantisme allemand, qu'« il faut reconnaître dans la pensée romantique non seulement l'absolu de la littérature, mais la littérature en tant qu'absolu. Le romantisme, c'est l'inauguration de l'*absolu littéraire*[216] ».

Si les Romantiques perçoivent cette mélancolie comme un point d'accès à une plénitude, ainsi qu'à une innocence perdues, ardemment regrettée et désirée, le Romantique allemand Brentano, à la différence des Romantiques français, héritiers de Chénier, n'hésite pas à donner une tournure parodique et humoristique à plusieurs éléments mélancoliques des élégies de Hölderlin. Il convient d'y voir l'importance accordée par Schlegel à l'ironie[217], comprise comme la manifestation d'une tension

215 Novalis, 2001, p. 413 : « La poésie est le réel absolu. Plus une chose est poétique, plus elle est vraie. »

216 Lacoue-Labarthe & Nancy, 1978, p. 21.

217 Brion, 1962, p. 134 : « Le talent de Brentano [...] reflète exactement la fantaisie du poète, son ironie pleine de gentillesse et de bonhomie, cette invention féerique qui se raille elle-même, quelquefois comme dans les illustrations de *Gockel, Hinkel und Gackeleia*, parfaitement en accord avec le savoureux comique du texte, plein d'inventions drolatiques et de savoureuse bouffonnerie. »

polarisée autour de deux antagonismes[218]. L'ironie apparaît « comme l'assomption sublime du *Witz*[219] ». En effet, la parodie de la mélancolie élégiaque participe à une certaine simplicité populaire, véritable antidote à l'hermétisme auquel tend Hölderlin[220]. À ce sujet, nous observons une nette différence entre Hölderlin et les Romantiques. Nietzsche déplore en effet un manque d'humour chez Hölderlin : „*Nur hatte sein Geist zu wenig vom Harten; es fehlte als Waffe der Humor*[221]." Et H. A. Korff voit précisément là une distinction majeure entre le poète et les Romantiques :

> *Und daß Hölderlin diese Fähigkeit nicht besitzt, trennt ihn darum charakteristisch von den übrigen, den Jean Paul, Tieck, den Schlegels, Brentano, selbst von Hardenberg, für die insgesamt die Fähigkeit zu Scherz und Fröhlichkeit, zum Leichtnehmen des allzu Schweren ein gesund erhaltender Ausgleich war für die ihnen nicht weniger als Hölderlin angeborene Weltschmerzlichkeit. In dem Sinne war Hölderlin in der Tat kein Vollromantiker, sondern gehörte noch zur ersten Generation der Goethezeit, in der Humor aus tiefem Grunde eine nur untergeordnete Rolle spielt*[222].

> « Et le fait que Hölderlin ne possède *pas* cette aptitude caractérise ainsi la distinction qui le sépare des autres, des auteurs comme Jean Paul, Tieck, les Schlegel, Brentano, même von Hardenberg, pour lesquels, en définitive, l'aptitude à plaisanter et à se montrer joyeux, à prendre à la légère les fardeaux trop lourds à porter constituait une compensation salutaire au *spleen* qui ne leur était pas moins inné qu'à Hölderlin. En ce sens, Hölderlin n'était en fait pas pleinement romantique, mais il appartenait encore à la première génération de l'ère goethéenne où l'humour, pour des raisons profondes, ne joue qu'un rôle secondaire. »

Nous assistons ici à un réinvestissement sémantique dans le cadre d'un nouvel horizon d'attente. En définitive, nous pourrions distinguer les deux héritages thrénétiques en précisant que les *Élégies* de Chénier marquent les Romantiques par leur tonalité sombre et funèbre, tandis que celles de Hölderlin nourrissent la nostalgie d'un instant au contraire lumineux. Ce dernier constat nous permet d'affirmer que les

---

218 Schlegel, 1958, p. 160 : „*ein Gefühl von dem unauflöslichen Widerstreit des Unbedingten und des Bedingten*" : « un sentiment de l'antagonisme insoluble de l'inconditionnel et du conditionnel. »

219 Lacoue-Labarthe & Nancy, 1978, p. 78.

220 Plard : Mossé, 1995, p. 549 : « Il (Brentano) a ramené le lyrisme allemand à la simplicité du ton populaire, alors que Novalis et Hölderlin tendaient à l'hermétisme. »

221 Nietzsche, 1999, p. 172 : « Seulement, son esprit manquait trop de fermeté ; il lui manquait l'arme de l'humour. »

222 Korff, t. III, 1957, p. 478.

Romantiques tendent à conférer à l'héritage mélancolique de Hölderlin une dimension qui s'avère moins tragique que sous sa plume. Sans doute pouvons-nous attribuer cette distinction entre lui et les Romantiques à l'origine chrétienne de la tradition mystique des Romantiques dont témoigne Brentano dans une lettre adressée à Luise Hensel[223] et dont l'espoir en la plénitude s'avère d'emblée plus fort et plus immédiat que chez Hölderlin davantage marqué par le départ des dieux antiques même s'il nourrit l'espoir d'un retour.

Afin de poursuivre notre enquête sur la réception du style élégiaque de nos deux poètes, il convient désormais de considérer l'autre versant de l'héritage élégiaque : la veine érotique.

223 Dans cette lettre, Brentano envisage de le réécrire en insistant sur la dimension chrétienne : *„Es wäre wohl eine schöne Aufgabe, dieses Lied nochmals zu dichten, und es ganz auf die Christnacht zu beziehen, es wäre sehr leicht.“* (Hölderlin, 1943-1985, p. 434) : « Ce serait sans doute un beau travail que de recomposer ce chant et de le rapporter entièrement à la sainte nuit, ce serait très aisé. »

L'ASPECT ÉROTIQUE DE L'HÉRITAGE ÉLÉGIAQUE

légué par Chénier et Hölderlin aux Romantiques et aux Parnassiens

LA DIMENSION GALANTE DES *ÉLÉGIES* DE CHÉNIER ET SA RÉCEPTION AUPRÈS DES ROMANTIQUES ET DES PARNASSIENS

REPRISE D'INTRIGUES ET DE THÈMES

Quand nous observons les *Élégies* de Chénier et leur réception par les auteurs qui lui sont postérieurs, nous constatons que deux grandes pièces ont séduit les Romantiques et les Parnassiens par leurs intrigues amoureuses. Il s'agit de « La Jeune Tarentine » et du « Jeune Malade », tous les deux classés par Becq de Fouquières parmi les *Élégies*.

En ce qui concerne « La Jeune Tarentine », la dimension galante à laquelle les Romantiques se sont montrés sensibles consiste en son côté tragique : un hymen précoce qui tourne mal. L'auteur le plus marqué par ce poème s'avère être Vigny à qui il inspira deux pièces fameuses : « Le Somnambule » et « Symétha ». Dans « Le Somnambule », il est question d'un homme somnambule qui, pris dans son sommeil d'une crise de jalousie, tue sa jeune épouse. Dans « Symétha », un jeune Athénien pleure le départ de sa bien-aimée, une vierge Lesbienne qui prend la mer pour rejoindre son île natale. L'intrigue de cette pièce se rapproche certes davantage du poème de Chénier. Cependant, deux vers du « Somnambule » indiquent l'inspiration suscitée par « La Jeune Tarentine ». Il s'agit des vers 31 et 32 : « [...] et si nos vœux sacrés / Ont fait luire à l'Hymen des feux prématurés[1]. » En outre, le prénom de la

1 Vigny, 1973, p. 70.

jeune épouse, Néra, est sans doute inspiré par la « Néère » de Chénier, comme le signale André Jarry dans son édition commentée[2]. Le deuxième poème, du reste étiqueté comme « élégie », renvoie clairement à « La Jeune Tarentine » dans les vers suivants : « Je vais mourir, hélas ! Symétha s'est fiée / Aux flots profonds ; l'Attique est par elle oubliée[3]. » En revanche, la situation s'avère ici inversée : l'amante ne meurt pas, la mort étant réservée à l'amant qui, abandonné, se meurt de désespoir :

> Mais le flot sur le flot en mugissant s'élève,
> Et voile à ma douleur le vaisseau qui t'enlève.
> C'en est fait, et mes pieds déjà sont chez les morts ;
> Va, que Vénus du moins t'épargne le remords !
> Lie un nouvel hymen ! va ; pour moi, je succombe[4].

Outre l'intrigue, il semblerait que Vigny ait été séduit par la dramatisation de Chénier à laquelle invite son intrigue, dans la mesure où il dramatise ces mêmes poèmes, autant que faire se peut. Dans « Le Somnambule », la structure dialoguée autorise cette dramatisation. Quant à « Symétha », si cette pièce ne contient pas de dialogue, le monologue de l'amant, parfois directement adressé à la jeune femme[5], permet d'atteindre le même résultat.

Un autre poème, classé notamment par Becq de Fouquières parmi les *Élégies*, a trouvé un écho parmi les Romantiques et les Parnassiens. Il s'agit du « Jeune Malade ». André Jarry remarque ainsi que les élégies « Héléna » de Vigny et « La Chute des feuilles » de Millevoye s'inspirent d'un même thème de ce poème : celui de la mère au chevet du fils mourant[6]. Les vers de Vigny sont les suivants :

> Lorsque tombe la feuille et s'abrège le jour,
> Et qu'un jeune homme éteint se meurt, et meurt d'amour,
> Il ne goûte plus rien des choses de la terre :
> Son œil découragé, que la faiblesse altère,

2 Jarry, 1995, p. 279 : « Le nom de Néra vient vraisemblablement de la "Néère" de Chénier. »
3 Vigny, 1973, p. 77.
4 *Ibid.*, p. 78.
5 *Ibid.*, p. 77 : « O vierge de Lesbos ! que ton île abhorrée / S'engloutisse dans l'onde à jamais ignorée ».
6 Jarry, 1998, p. 68 : « Plusieurs figures de mère jalonnent le poème (*Héléna*). L'une d'elle est une variation sur un thème connu, traité aussi bien par Chénier ("Le Jeune Malade") que par Millevoye ("La Chute des feuilles") : la mère au chevet du fils mourant [...]. »

Se tourne lentement vers le Ciel déjà gris,
Et sur la feuille jaune et les gazons flétris ;
Il rit d'un rire amer au deuil de la nature,
Et sous chaque arbrisseau place sa sépulture ;
Sa mère alors toujours sur le lit douloureux
Courbée et s'efforçant à des regards heureux,
Lui dit sa santé belle, et vante l'espérance
Qui n'est pas dans son cœur, lui dit les jeux d'enfance,
Et la gloire, et l'étude, et les fleurs du beau temps,
Et ce soleil ami qui revient au printemps[7].

Vigny renoue ici avec le thème de la souffrance amoureuse qui mène l'amoureux transi aux portes de la mort. Il s'agit toujours d'une tonalité tragique. En revanche, si le poème « La Magicienne » de Heredia procède *a priori* du « Jeune Malade », l'auteur s'intéresse davantage aux charmes exercés par le personnage féminin. Certes, la tonalité tragique n'est pas complètement absente du poème, mais ici, elle n'émanerait pas directement ou uniquement de Chénier. Anne Detalle signale la strophe du « Jeune Malade » qui, entre autres, aurait inspiré Heredia[8] :

Dieux ! Ces bras !et ces flancs ! ces cheveux !ces pieds nus
Si blancs ! si délicats ! Je ne te verrai plus.
O ! portez, portez-moi sur les bords d'Érymanthe
Que je la voie encor cette vierge dansante[9] !

Comparons cette strophe avec les éléments qu'elle a inspirés dans « La Magicienne » :

En tous lieux, même au pied des autels que j'embrasse,
Je la vois qui m'appelle et m'ouvre ses bras blancs.
[...]
Car les grands dieux ont fait d'irrésistibles armes
De sa bouche enivrante et de ses sombres yeux,
Pour armer contre moi ses baisers et ses larmes[10].

7 Vigny, 1973, p. 231.
8 Detalle : Heredia, 1981, p. 261 : « De nombreuses sources sont signalées pour ce poème : Théocrite (*Idylles II*), Horace (*Épodes* V et XVII), Chénier ("Le Malade"), Flaubert (*Salammbô*, où Mâtho se plaint d'avoir été envoûté par Salammbô), Racine (*Phèdre*). Aucune de ces sources n'est à écarter, mais les plus décisives semblent être Chénier et Racine. »
9 Chénier, 1940, p. 32.
10 Heredia, 1981, p. 53.

Nous constatons qu'Heredia a surtout retenu de Chénier les métonymies corporelles, destinées à suggérer la beauté physique du personnage féminin. Ce procédé s'observait dans « La Jeune Tarentine ». Au fond, il s'agit d'un des rares aspects proprement érotiques de Chénier à avoir trouvé quelque écho auprès de ses successeurs. Kramer remarque qu'Anatole France, dans les « Noces Corinthiennes », s'est précisément inspiré des mêmes vers du « Jeune Malade » pour imiter « la sensualité que l'auteur avait mise dans la description de la beauté physique de son héroïne, la belle Daphné[11]. Se concentrant toutefois sur l'intrigue, Kramer relève de très nombreux points communs : le prénom du personnage féminin[12], le motif du breuvage[13], la prière au divin[14], les apostrophes enthousiastes du personnage masculin[15], le motif des « mystères[16] », les paroles rassurantes à la mère malade[17], les supplications de la fille à la mère[18], le motif des tourments amoureux[19],

11 Kramer, 1931, p. 161.

12 *Ibid.* : « L'héroïne du drame de France, la fiancée de Corinthe, s'appelle également Daphné ce qu'on peut difficilement prendre pour une coïncidence quand on sait par ses propres confidences combien les belles héroïnes des poètes grecs ont obsédé son imagination. »

13 *Ibid.*, p. 162 : « Daphné, la fiancée de Corinthe, dit à Hippias, qui est venu la voir avant de poursuivre son voyage pour Poestum, qu'elle va préparer un breuvage pour sa mère [...]. »

14 *Ibid.* : « Daphné qui est chrétienne, n'invoque pas, bien entendu "Apollon, dieu sauveur" ; elle prie Jésus pour qu'il *sauve* sa mère. »

15 *Ibid.*, « Hippias au contraire lui parle de leur mariage [...] Il invoque le jour de leurs noces avec les mêmes apostrophes qu'employait le Jeune Malade en évoquant la vision charmante et gracieuse du chœur des vierges dansant aux bords de l'Erymanthe. »

16 *Ibid.* : « Après le départ de son fiancé, Daphné montre à sa mère "les plantes salutaires" qu'elle a cueillies pour elle. Kallista remercie sa fille en l'appelant "enfant initiée *aux augustes mystères*". Ces expressions font songer à la mère du Jeune Malade invoquant : "Apollon, dieu sauveur, dieu *des savants mystères*, / Dieu de la vie, et dieu des *plantes salutaires*." »

17 *Ibid.*, p. 162-163 : « Sa fille veut la rassurer en disant : "Tu vivras, douce mère, et sur tes cheveux blancs / Les jours s'écouleront pacifiques et lents." Dans le *Malade* c'est la mère qui veut attendrir son fils en lui montrant "ses cheveux blancs" et qui, au dénouement du poème, s'écrie en lui amenant sa fiancée : "Mon cher fils, tu vivras, tu vivras !" »

18 *Ibid.*, p. 163 : « Kallista, chrétienne fervente, veut vivre pour accomplir sa mission. C'est pourquoi elle promet au Christ en qui elle a mis tout son espoir de lui consacrer sa fille "en échange de sa force rendue". Daphné la supplie : "Romps ce vœu sacrilège, ô ma mère ! délie / Ton enfant qui t'adjure et *pleure* et te supplie..." Elle la supplie en vain comme la mère du *Malade* son fils lorsqu'elle le priait de prendre le breuvage qu'elle lui avait préparé pour sa guérison [...]. »

19 *Ibid.* « Cette mère chrétienne se sert constamment des mêmes termes que la mère païenne de l'idylle de Chénier quand elle parle de l'amour : "C'est toujours cet amour qui *tourmente* les hommes." »

la vision du personnage féminin dans les songes du jeune homme[20], et éventuellement le motif de la magicienne[21]. En résumé, outre les tourments amoureux et la sensualité féminine, A. France a emprunté à Chénier la dramatisation du sentiment amoureux, destinée à mettre en valeur la donnée galante du poème. Il convient également d'insister sur la proximité de l'intrigue avec celle de « La Jeune Tarentine ». Le lecteur retrouve en effet le motif de la nef censée amener la jeune vierge à son époux. Hippias lui promet ainsi :

> Je reviendrai m'asseoir au foyer de ton père,
> Je boirai dans sa coupe, afin que le vieillard,
> Ainsi qu'il l'a promis, me laisse sans retard
> T'emmener sur ma *nef*, de myrtes couronnée,
> Vers mon toit où luiront les torches *d'Hyménée.*
> O coupes, ô chansons, ô fleurs ! Vienne ce jour !
> Car j'ai connu par toi l'inévitable amour,
> Et je sais qu'une main de *vierge* est prompte et sûre
> À faire au cœur d'un homme une douce blessure[22].

Ce passage contient les trois mots-clef qui évoquent « La Jeune Tarentine » : « nef, hyménée, vierge ». Le deuxième mot apparaît d'ailleurs dans le poème de Chénier. Plus loin, dans le poème, Daphné mentionne également sa « robe de fête », promesse de volupté : « Approche, cher époux, porte-moi sur le lit / Où je reposerai dans ma robe de fête[23] ». Ces éléments, clairement empruntés à « La Jeune Tarentine », participent également à la dramatisation des « Noces corinthiennes ». Enfin, la manière dont Daphné clame sa volonté de vivre n'est sans doute pas sans rappeler « La Jeune Captive ». Lorsque cette dernière dit : « Je veux achever ma journée. [...] Je ne veux point mourir encore[24] », Daphné s'écrie : « Je

---

20 *Ibid.*, « L'auteur s'en ["Le Malade"] inspire [...] dans la tirade où Hippias raconte à Hermas, le père de Daphné, que pendant son voyage l'image de sa fiancée lui apparaissait dans ses songes : "Et je voyais Daphné, ses bras et ses cheveux. / O songe, ô belle image, ô fièvre ! trouble, vœux" ».

21 *Ibid.*, p. 164 : « Comme Anatole France a continuellement songé au *Malade* en composant ses *Noces Corinthiennes* il en a probablement aussi tiré la saga qui procure à Daphné le poison qu'elle versera dans son vin. Cette magicienne fait songer à la Thessalienne que la mère du Jeune Malade avait consultée pour la guérison de son fils : "Sur le vase bouillant, attendrie à mes larmes, / Une Thessalienne a composé des charmes." »

22 France, 1926, p. 139. C'est nous qui soulignons.

23 *Ibid.*, p. 227.

24 Chénier, 1994, p. 465-466.

veux respirer, je veux vivre[25]. » Certes « La Jeune Captive » ne figure pas parmi les Élégies, cependant cet emprunt témoigne à nouveau de son inspiration chénieriste. En résumé, la dramatisation des *Élégies* nourrit les poésies romantiques et parnassiennes essentiellement grâce à leur intrigue amoureuse qui tend à apitoyer plus que jamais le lecteur et à accentuer sa sympathie pour les personnages évoqués.

Enfin, toujours dans la thématique amoureuse, M. Citoleux reconnaît dans « La Maison du Berger » de Vigny un élément majeur de l'intrigue poétique : l'opposition entre « l'impassible et robuste Nature » et « la femme frêle et dolente » qui, selon lui, évoquerait les « vers de Chénier sur Fanny malade[26] », classés parmi les *Élégies* par Becq de Fouquières. Néanmoins, personnellement, nous ne reconnaissons nullement ce point commun aux deux poèmes. Aussi ne souscrivons-nous pas à cette remarque, mais nous la signalons pour information.

DES RÉMINISCENCES

Si les Romantiques et les Parnassiens ont pu s'inspirer de certaines intrigues, voire de certaines thématiques galantes des *Élégies* de Chénier, ces dernières se manifestent souvent dans leurs œuvres sous la forme de réminiscences. Tentons de comprendre le sens de ces dernières qui peuvent se répartir en deux catégories : les motifs, puis les expressions poétiques.

Les motifs

Commençons par les motifs empruntés par Vigny aux *Élégies* de Chénier. Le critique P. M. Masson remarque ainsi dans le poème « *Éloa* » « l'image de l'amour, "protée insidieux"[27] », présente dans une élégie à Lycoris :

> Par vous, mon âme, au gré de ses illusions,
> Vole et franchit les temps, les mers, les nations ;
> [...]
> Souvent, fleuve moi-même, en mes humides bras
> Je presse mollement des membres délicats,

25 France, 1926, p. 151.
26 Citoleux, 1921, p. 136.
27 Masson, 1909, p. 11.

Mille fraîches beautés que partout j'environne ;
Je les tiens, les soulève, et murmure et bouillonne.
Mais surtout, Lycoris, *Protée insidieux*
Partout autour de toi je veille, j'ai des yeux.
Partout, Sylphe ou Zéphire, invisible et rapide,
Je te vois. Si ton cœur complaisant et perfide
Livre à d'autres baisers une infidèle main,
Je suis là. C'est moi seul dont le transport soudain,
Agitant tes rideaux ou ta porte secrète,
Par un bruit imprévu t'épouvante et t'arrête[28].

P.-M. Masson rapproche ainsi ce texte de quelques strophes issues d'« *Éloa* » :

C'est moi qui fais parler l'épouse dans ses songes ;
La jeune fille heureuse apprend d'heureux mensonges ;
Je lui donne des nuits qui consolent des jours,
Je suis le Roi secret des secrètes amours.
[…]
Sitôt que balancé sous le pâle horizon
Le soleil rougissant a quitté le gazon,
Innombrables Esprits, nous volons dans les ombres
En secouant dans l'air nos chevelures sombres :
L'odorante rosée alors jusqu'au matin
Pleut sur les orangers, le lilas et le thym.
La Nature, attentive aux lois de mon empire,
M'accueille avec amour, m'écoute et me respire ;
Je redeviens son âme, et pour mes doux projets
Du fond des éléments j'évoque mes sujets[29].

Ici, c'est le diable qui, fort de sa nature protéiforme, multiplie les séductions. Le lecteur retrouve l'image aérienne de l'insecte qui vole de conquête en conquête. De même, P.-M. Masson débusque une image similaire du baiser sous la plume des deux poètes[30] : lorsque Chénier écrit au chevalier de Pange : « Là parmi les oiseaux l'Amour vient se poser. / Là sous les antres frais habite le Baiser[31] », le Satan de Vigny dit à l'ange « De venir comme un rêve en leurs bras te poser, / Et de leur apporter un fils dans un baiser[32] ».

28 Chénier, 2005, p. 220-221.
29 Vigny, 1973, p. 35-37. (Chant deuxième).
30 Masson, 1909, p. 13.
31 Chénier, 2005, p. 246.
32 Vigny, 1973, p. 34. (Chant deuxième).

De même, il compare l'image utilisée par Vigny pour illustrer « le chagrin de l'ange maudit[33] » (« Il sent le plomb chasseur fondre dans sa blessure[34] ») à celle de Chénier qui, pris dans les tourments de l'amour, se compare à un faon blessé, lequel : « Tel que le faon blessé fuit, court, mais dans son flanc / Traîne le plomb mortel qui fait couler son sang[35] ». Remarquons qu'il s'agit d'une image inspirée de l'*Énéide*, destinée à suggérer précisément l'ardent sentiment amoureux de Didon pour Énée[36]. Par cette intertextualité, Chénier ne réinvestit pas l'image dans un autre contexte : elle continue bien à servir une thématique amoureuse. Ce constat corrobore la *translatio studiorum* permise par Chénier qui, en bon passeur de culture, s'inspire d'une image lue dans le texte alors que Vigny la lui emprunte en français, répondant ainsi à une fusion diachronique des horizons d'attente.

Plus loin, P.-M. Masson rappelle que si « Éloa, trop confiante dans la beauté, croit y deviner la bonté du cœur » : « Puisque vous êtes beau, vous êtes bon sans doute[37] », c'est en réalité « le mot de Chénier aux frères Trudaine sur les nombreux objets de ses flammes errantes[38] » : « Je leur crois des vertus, dès que je les vois belles[39]. » La galanterie rejoint ici une réflexion philosophique néo-platonicienne.

Puis, le critique remarque que Vigny s'est inspiré du motif hautement érotique de la lampe[40] que Chénier avoue avoir emprunté à Asclépiade[41]. Afin de démontrer la réception de cette image du poète guillotiné chez Vigny, P. M. Masson cite les vers liminaires de « Dolorida » : « Est-ce la Volupté, qui, pour ses doux mystères, / Furtive a rallumé ces lampes solitaires[42] », ainsi que les vers suivants : « Et la lampe luttait ; sa flamme sans puissance / Décroissait inégale, et semblait un mourant[43] ». Le

33 Masson, 1909, p. 13.
34 Vigny, 1973, p. 42 (Chant troisième).
35 Chénier, 2005, p. 234. Voir aussi l'élégie « À Fanny » (classification de B. de Fouquières : Chénier, 1994, p. 293) : « Ainsi le jeune faon, dans son désert sauvage, / D'un plomb volant percé, précipite ses pas. »
36 Virgile, *Énéide*, IV, 69-73.
37 Vigny, 1973, p. 41 (Chant troisième).
38 Masson, 1909, p. 13.
39 Chénier, 2005, p. 300.
40 Masson, 1909, p. 22 : « Vigny n'avait pas oublié le discours du "poète malheureux" à la lampe, complice de la trahison. »
41 Chénier, 2005, p. 227 : « Asclépiade peut faire les frais de presque toute cette Élégie ».
42 Vigny, 1973, p. 81.
43 *Ibid.*, p. 83.

lecteur retrouve en outre ce motif dans le poème « La Femme adultère » : « On n'entendit plus rien, et les feux abrégés / Dans les lampes d'airain moururent négligés[44]. »

Signalons ensuite le motif si érotique de la beauté surprise en plein sommeil, mentionné par le spécialiste de Vigny[45] dans le poème « La Dryade[46] », mais aussi dans les *Élégies* de Chénier qui, notamment, regarde sur une jeune femme « errer nonchalamment une main endormie[47] ». Ne s'agit-il toutefois pas d'un lieu commun du genre élégiaque[48] ? Cette image érotique est très courante au XVIIIe siècle. Il se peut que Vigny se soit inspiré de Chénier en particulier, mais aussi du XVIIIe siècle en général. Il n'est pas possible d'affirmer avec certitude une filiation directe entre les deux auteurs.

À propos de ce poème de Vigny, P.-M. Masson propose un autre rapprochement des deux auteurs sur le motif de la bacchanale. Dans la même strophe, Vigny écrit :

> Et ses mains, autour d'elle, et sous le lin errantes,
> Touchant la coupe vide et son sein tour à tour,
> Redemandaient encore et Bacchus et l'Amour[49].

Chénier a lui-même rapproché les plaisirs de l'ivresse de ceux de la chair :

> Je portais à la hâte à ma bouche ravie
> La coupe demi-pleine à ses lèvres saisie,
> [...]
> Elle riait ; et moi, malgré ses bras jaloux,

44 *Ibid.*, p. 63.
45 Masson, 1909, p. 45.
46 Vigny, 1973, p. 75 : « Lascive, elle dormait sur le thyrse brisé. »
47 Chénier, 1826, p. 257 : « Viens près d'elle au matin, quand le Dieu du repos ».
48 La situation décrite ne s'avère pas si originale. Elle est déjà employée par Parny et Bertin. Le moi lyrique de Parny confie ainsi à son amante, s'imaginant défunt : « Souvent du zéphyr le plus doux / Je prendrai l'haleine insensible ; / [...] Aux douceurs de votre sommeil / Je joindrai celles du mensonge ; / Moi-même, sous les traits d'un songe, / Je causerai votre réveil : / Charmes nus, fraîcheur du bel âge, / Contours parfaits, grâce, embonpoint, / Je verrai tout : mais quel dommage ! / Les morts ne ressuscitent point. » (Parny : Boucher, vol. 1, 2009, pages 53-54. Parny a bien plus exploité la situation érotique que Chénier. De même, elle a su inspirer Bertin, comme dans les vers suivants : « Sous ses rideaux j'ai surpris mon amante. / Quel fut mon trouble et mon ravissement ! / Elle dormait, et sa tête charmante / Sur ses deux mains reposait mollement. [...] Sans le savoir, ainsi ma jeune amie / S'exposait nue aux yeux de son amant. » (Bertin : Boucher, vol. 1, 2009 p. 160.)
49 Vigny, 1973, p. 75.

J'arrivais à sa bouche, à ses baisers si doux ;
J'avais soin de reprendre, utile stratagème !
Les fleurs que sur son sein j'avais mises moi-même ;
Et sur ce sein, mes doigts égarés, palpitants,
Les cherchaient, les suivaient, et les ôtaient longtemps[50].

De son côté, A. Jarry relève pour sa part, dans le domaine amoureux, le motif de la culpabilité face à la famille, et en particulier la mère, quittée en faveur de l'amant, comme dans l'histoire élégiaque de Néère : « Cette Néère, hélas ! qu'il nommait sa Néère, / Qui pour lui criminelle abandonna sa mère[51]. » Or, comme le signale A. Jarry[52], la « Néra » du « Somnambule », dont le prénom, ainsi que nous l'avons déjà signalé, la rapproche de l'héroïne de Chénier, s'est également opposée à sa mère, même si désormais elle le regrette :

[...] Ma mère,
Il ne m'a point aimée ! Oh ! ta sainte colère
A comme un dieu vengeur poursuivi nos amours !
Que n'ai-je cru ma mère et ses prudents discours[53] ?

Les expressions

En ce qui concerne les expressions poétiques empruntées aux *Élégies* de Chénier, P.-M. Masson et C. Kramer en ont relevé plusieurs également. Toutefois, nous préférons émettre des réserves car il peut s'agir tout simplement d'expressions en vogue à l'époque, sans qu'elles aient été pour autant directement inspirées par les *Élégies* de Chénier.

Nous pouvons tout d'abord nous concentrer sur des expressions poétiques qui suggèrent une atmosphère propice aux descriptions lascives, ou du moins galantes. Pour commencer, P.-M. Masson relève le binôme « pur et frais », utilisé par Chénier et retrouvé sous la plume de Vigny[54].

50 Chénier, 1940, p. 262.
51 Chénier, 1994, p. 60.
52 Jarry, 1998, p. 43 : « on peut se poser la question : tout amour serait-il criminel ? Et on est renvoyé à ce vers de Chénier : "Qui pour lui criminelle abandonna sa mère". C'est de Néère que ce vers est tiré ; et le nom de "Néra" en reçoit un nouvel éclairage. Ces deux détails rendent pertinente la remarque de Soumet, selon laquelle "La Somnambule" "sic" est inspirée par la Muse d'André Chénier. »
53 Vigny, 1973, p. 70.
54 Masson, 1909, p. 25.

L'expression se trouve dans l'élégie « Ah ! des pleurs ! des regrets ! Lisez, amis. C'est elle » où elle se prête en effet à une description érotisée :

> […] Ô si tu l'avais vue,
> Quand fermant ses beaux yeux, mollement étendue,
> Laissant tomber sa tête, un calme *pur et frais*
> Comme aux yeux du ciel fait reluire ses traits[55] !

L'expression apparaît également dans l'élégie « Pourquoi de mes loisirs accuser la langueur ? » où elle s'intègre à un contexte tout particulièrement galant puisque le moi lyrique s'y adonne à ses rêves amoureux :

> Tu veux m'ôter mon bien, mon amour, ma Camille,
> Mes rêves nonchalants, l'oisiveté, la paix,
> À l'ombre, au bord des eaux, le sommeil *pur et frais*[56].

Or elle figure dans le dernier vers du poème « Le Bain » de Vigny où l'auteur décrit, en des vers fort érotiques, l'entrée de Suzanne dans son bain :

> Mais, soutenue enfin par une esclave noire,
> Dans un cristal liquide on croirait que l'ivoire
> Se plonge, quand son corps, sous l'eau même éclairé,
> Du ruisseau *pur et frais* touche le fond doré[57].

Notons par ailleurs que le poète compose ici à partir d'un personnage biblique, lequel, auparavant, inspira à Chénier tout un poème. Cette remarque confirme au fond son héritage poétique. Le critique P.-M. Masson se montre ensuite sensible à l'exclamation « Qu'il est doux[58] », présente tant dans l'élégie de Chénier « Qui, moi[59] », que dans le premier et le dernier vers de « La Neige » de Vigny[60]. Là encore, l'expression intègre dans les deux cas un contexte galant, le moment où Chénier imagine son amante dans une posture toute élégiaque et érotique :

> *Qu'il est doux*, au retour de la froide saison,
> Jusqu'au printemps nouveau regagnant la maison,

---

55 Chénier, 2005, p. 256. C'est nous qui soulignons.
56 *Ibid.*, p. 240. C'est nous qui soulignons.
57 Vigny, 1973, p. 68. C'est nous qui soulignons.
58 Masson, 1909, p. 25.
59 Chénier, 2005, p. 222 : « Qu'il est doux, au retour de la froide saison. »
60 Vigny, 1973, p. 107 : « Qu'il est doux, qu'il est doux d'écouter des histoires. »

> De la voir devant vous accourir au passage,
> Ses cheveux en désordre épars sur son visage[61] !

De son côté, Vigny encadre par cette expression son poème érotique qui narre l'anecdote historique d'Emma et Éginard : il s'agit d'un page et d'une princesse surpris après l'amour par Charlemagne qui décide alors de les marier. Certes, chez Vigny, l'expression ne renvoie pas directement au thème galant du poème, ni au début, ni à la fin. Cependant si nous voulons bien y soupçonner l'inspiration de Chénier, nous en déduisons qu'il s'intègre au contexte amoureux puisqu'il sert simplement de refrain à la conclusion et à l'introduction : « Qu'il est doux, qu'il est doux d'écouter des histoires[62]. »

Observons désormais les expressions proprement érotiques. P. M. Masson évoque la métaphore de l'haleine de rose[63], prisée par Chénier et exploitée dans les vers suivants : « Ton haleine de rose aux soupirs embaumés / entr'ouvre mollement tes deux lèvres vermeilles[64] », « Qu'un sein voluptueux, des lèvres demi-closes / Respirent près de nous leur haleine de roses[65] ». Vigny reprend l'image dans le poème « La Femme adultère » : « De vos lèvres toujours la rose est exhalée[66]. » Remarquons que l'héritage de Chénier nous semble particulièrement envisageable dans ce poème puisqu'il s'agit de « Symétha » dont nous avons déjà signalé les échos à son œuvre. Dans ce même poème, le critique souligne[67] l'image sensuelle des « lèvres vermeilles[68] », fort appréciée de Chénier, comme l'attestent les vers suivants : « Ou le baiser ravi sur des lèvres vermeilles[69] », « [...] de sonores abeilles / Vinrent en bourdonnant sur ses lèvres vermeilles[70] », « entr'ouvre mollement tes deux lèvres vermeilles[71] ». Notons toutefois qu'il s'agit là d'un lieu

61 Chénier, 2005, p. 222. Nous retrouvons l'expression que Boileau utilise pour définir l'élégie. Seulement, si Boileau l'emploie dans un contexte funèbre, Chénier lui donne dans ce vers une signification érotique. C'est nous qui soulignons.
62 Vigny, 1973, p. 106 et 108.
63 Masson, 1909, p. 26.
64 Chénier, 2005, p. 26.
65 *Ibid.*, p. 197.
66 Vigny, 1973, p. 63.
67 Masson, 1909, p. 40.
68 Vigny, 1973, p. 78 : « La pudeur souriait sur ta lèvre vermeille. »
69 Chénier, 2005, p. 247.
70 *Ibid.*, p. 305.
71 *Ibid.*, p. 236.

commun de l'élégie : Chénier n'est certainement pas le seul élégiaque à recourir à cette expression poétique[72].

Enfin, il ne faudrait pas ignorer les adjectifs élégiaques que Vigny aurait empruntés à Chénier, selon Citoleux : « adolescent, virginal, timide, tendre, secret[73] ». De même, P.-M. Masson signale l'emploi si fréquent de l'adjectif « mol » et de ses dérivés chez les deux poètes[74]. Certes, les deux poètes recourent très volontiers à ces adjectifs. Toutefois, nous ne pouvons pas affirmer avec une réelle certitude que Vigny s'inspire uniquement de Chénier dans la mesure où ces adjectifs relèvent de la rhétorique classique de l'élégie. Aussi les retrouvons-nous sous la plume de nombreux autres auteurs élégiaques[75].

En somme, si nous voulons bien dresser un premier bilan de ces emprunts de Vigny à Chénier, nous en concluons que Vigny s'est bel et bien inspiré de tournures poétiques et de motifs à caractère indubitablement érotiques. Certes, de nombreux emprunts émanent clairement de Chénier. Néanmoins, il convient de ne pas généraliser à tout prix son

---

72 Ainsi, nous la trouvons chez Parny : « Tu résistais ; mais ta *bouche vermeille* / À mes baisers se déroboit en vain. » (Parny : Boucher, vol. 1, 2009, p. 50, « La Frayeur ».) Mais nous trouvons aussi chez Bertin : « Un seul baiser, quand ta *bouche vermeille* / Le poserait avec plus de douceur / Que ne le donne et le frère et la sœur, / Et l'époux tendre à son fils qui sommeille ; / Un seul baiser de ta *bouche vermeille* / Suffit hélas ! pour troubler ma raison. » (Bertin : Boucher, vol. 1, 2009, p. 161, c'est nous qui soulignons.)

73 Citoleux, 1921, p. 135.

74 Masson, 1909, p. 26-27 : « c'est là, si l'on ose dire, une espèce de "tic" qui s'est passé de Chénier à Vigny comme un signe de reconnaissance. »

75 Il nous a plu ainsi de relever certaines occurrences de l'adjectif « mol » et de ses dérivés chez le chevalier de Parny et son ami et pair Bertin. Dans le poème érotique « Le Refroidissement » de Parny, nous trouvons les vers suivants : « Et dans vos yeux s'allume le courroux. / Il fut un temps, vous l'oubliez peut-être ! / Où j'y trouvais cette *molle* langueur. » (Parny : Boucher, vol. 1, 2009, p. 60, c'est nous qui soulignons.) De même, nous lisons dans « Retour à Éléonore » : « Et dans ma main la tienne avec *mollesse* / Venait tomber pour demander ma foi. » (*Ibid.*, p. 67, c'est nous qui soulignons.) Le poème « Souvenir » contient également l'adverbe dérivé de l'adjectif : « Moments délicieux, où nos baisers de flamme, / *Mollement* égarés, se cherchent pour s'unir. » (*Ibid.*, p. 70, c'est nous qui soulignons.) Il en va de même pour le poème « Le Revenant » : « Si le sofa plus *mollement* / Cède au poids de votre paresse ». (*Ibid.*, p. 53.) Enfin, nous relevons le même adverbe dans « Ma Mort » : « Si tu fais plus, et si mon humble lyre / Sur tes genoux repose *mollement* ; / ». (*Ibid.*, p. 77, c'est nous qui soulignons.) En ce qui concerne l'élégiaque Bertin, l'adverbe apparaît dans son élégie I, XV : « L'oiseau qui dans ton sein repose *mollement* / Et mord en se jouant ta langue enchanteresse. » (Bertin : Boucher, vol. 1, 2009, p. 175, I, XV, c'est nous qui soulignons.) De ce relevé, il appert que l'adjectif « mol » et ses dérivés suggèrent une certaine volupté que les élégiaques contemporains de Chénier ont su exploiter. Il ne s'agit donc pas d'une spécificité dont il aurait le monopole.

héritage car au fond, Vigny n'a pas lu que son œuvre, conditionnée elle-même par tout un contexte littéraire dont Vigny n'est pas si éloigné. Il se peut que l'esprit de Chénier qui a certes beaucoup marqué ce dernier, s'inscrive dans un contexte poétique plus large. Nous corroborons ainsi les réserves émises par E. Estève dès 1928, puis réitérées en 1971 par Édgard Pich au sujet des rapprochements effectués par C. Kramer entre Chénier et Leconte de Lisle[76].

UNE RÉCEPTION ÉROTIQUE DU HÖLDERLIN ÉLÉGIAQUE

En réalité, à la surprise de tous, Hölderlin a pu inspirer quelque lecture érotique. Nous nous souvenons que son destin contribue à enthousiasmer les Romantiques. Il se trouve que le Hölderlin élégiaque peut paradoxalement susciter aussi une approche érotique, alors que ses élégies ne contiennent *a priori* pas de sujet érotique. C'est notamment le cas de Bettina von Arnim. Sans doute pouvons-nous en effet percevoir avec W. Rehm[77] quelque intention érotique dans un passage du roman épistolaire *Die Günderode* (*Caroline de Günderode*) où Bettina confesse désirer prendre soin de Hölderlin pour l'aider à recouvrer la raison et faire retentir à nouveau les « touches de son âme » :

> *Gleich wollt ich das Gelübde tun, diesen Wahnsinnigen zu umgeben, zu lenken, das wär noch keine Aufopferung, ich wollt schon Gespräche mit ihm führen, die mich tiefer orientieren in dem, was meine Seele begehrt ; ja, gewiß weiß ich, daß die zerbrochnen unbesaiteten Tasten seiner Seele dann wieder anklingen würden*[78].

76 Pich : Leconte de Lisle, 1971, p. 51 : « Comme le remarquait déjà E. Estève dans son compte-rendu, R.H.L.F., 1928, p. 128, les conclusions de Kramer ne sont guère probantes. La plupart des emprunts à Chénier signalés ne sont-ils pas dus plutôt à l'utilisation de formules banales, courantes d'expression dites conventionnellement "poétiques" ? Les preuves fournies sont très fragiles : il semble que, malgré son admiration et la parenté de certains sujets, Leconte de Lisle n'ait pas emprunté grand-chose à l'auteur des *Bucoliques.* »

77 Rehm, 1947, p. 175 : „*Anders als Karoline glaubt Bettina, daß sie durch ihre Liebe Hölderlins Seele wieder zum Klingen bringen könnte.*" (« Contrairement à Caroline, Bettina croit que, par son amour, elle pourrait faire résonner à nouveau l'âme de Hölderlin. »)

78 Arnim, 1925, p. 188.

« Je voulus immédiatement faire le vœu d'entourer ce dément, de le guider, ce n'eût pas été un sacrifice, je voulais d'ores et déjà avoir des conversations avec lui qui m'orienteraient plus profondément dans les désirs de mon âme ; oui, je sais avec certitude qu'alors les touches désaccordées et brisées de son âme émettraient à nouveau des sons. »

Il convient toutefois de nuancer l'érotisation de ce passage ponctuel dans la mesure où Bettina n'entend pas offrir au poète un amour érotique, mais seulement de l'affection et de l'attention. En revanche, l'érotisation semble plus claire dans un autre passage où elle adresse une prière à la poésie pour qu'elle l'aide à se rapprocher du poète. Le rapprochement prend alors les allures d'un contact largement érotisé qui n'a pas échappé à l'attention de W. Rehm[79] :

Ach, Poesie ! Heilig Grabmal, das still den Staub des Geistes sammelt und ihn birgt vor Verletzung – O, du läßt ihn auferstehen wieder, laß mich hinabsteigen zu ihm und die Hand ihm reichen im Traum, daß er mit heiligem Finger die goldnen Saatkörner mir auf die offne Lippe streue und mich anblase mit dem Odem, den er nach dem Willen der Götter aus ihrem Busen trinkt[80].

« Ah, poésie ! Saint sépulcre qui recueille silencieusement la poussière de l'esprit et la met à l'abri des blessures – oh, tu le ressuscites, laisse-moi descendre vers lui et lui tendre la main en songe, pour que, de ses saints doigts, il saupoudre les grains dorés de sa semence sur mes lèvres ouvertes et m'envoie le souffle qu'il boit au sein des dieux, selon leur volonté. »

Toutefois, là encore, l'inspiration érotique de Bettina ne doit sa raison d'être qu'au « destin élégiaque » du poète, et non à ses élégies elles-mêmes.

Par ailleurs, les élégies de Hölderlin ont inspiré un développement érotique à Brentano lui-même, lequel a tant goûté la mélancolie de la nuit, perceptible dans „*Brot und Wein*" (« Le Pain et le vin ») et comprise dans un sens tout chrétien. En effet, dans la lettre à Luise Hensel, citée

---

79 Rehm, 1947, p. 175 : „*Der erotische Charakter dieser Annäherungsphantasie zielt in einer sublimierten Form auf Bettinas Inspiration durch den Dichter, den sie anblasen möge "mit dem Odem, den er nach dem Willen der Götter aus ihrem Busen trinkt.*" " (« Le caractère érotique de ce rapprochement imaginaire désigne de façon sublimée l'inspiration de Bettina par le poète auquel elle aimerait envoyer "le souffle qu'il boit au sein des dieux, selon leur volonté." »). Par l'emploi du verbe *blasen* « envoyer le souffle » du point de vue de Bettina, W. Rehm inverse toutefois la situation.

80 Arnim, 1925, p. 193.

plus haut, où il témoigne de l'émotion suscitée à la lecture de ce poème, Brentano émet le désir de le réécrire en insistant sur le contexte chrétien : „*Es wäre wohl eine schöne Aufgabe, dieses Lied nochmals zu dichten, und es ganz auf die Christnacht zu beziehen, es wäre sehr leicht*[81]." Or, si Brentano a réalisé ce projet en 1834, il a bel et bien manqué sa cible et conféré à son propre poème une inspiration mondaine, maniérée et érotique, située aux antipodes de l'émotion chaste et mystique que l'élégie de Hölderlin suscita en son for intérieur[82]. Le caractère érotique de ce poème réside dans le récit d'une rencontre amoureuse qui a lieu la nuit entre le moi lyrique et deux sœurs. Cependant, indécises, les deux jeunes filles ne cèdent guère à la séduction, du moins dans ce fragment qui nous est parvenu. Brentano n'est pas resté fidèle à sa première lecture chrétienne de l'élégie. W. Rehm signale même un retournement de sens entre l'élégie de Hölderlin et le poème de Brentano : si, sous la plume de Hölderlin, la nuit apparaît comme la consolatrice par excellence, elle fait plutôt figure de bourreau chez Brentano[83]. En effet, la nuit de Hölderlin apporte le repos et la quiétude, tandis que celle de Brentano refuse son rôle de consolatrice et tend au moi lyrique une coupe pour qu'il la remplisse de ses larmes, dès les trois premiers vers :

Ach und sie tröstet mich nicht, ich kenn' sie, ich laure sie nahet
Wie zum Gefangenen sich schleichet der Wächter heran
Hier ist ein Becher so spricht sie füll ihn dir mit Trähnen[84].

81 Hölderlin, 1943-1985, p. 434 : « Ce serait sans doute une tâche intéressante que de recomposer ce chant et de le rapporter entièrement à la sainte nuit, ce serait très aisé. »

82 Hölderlin, 1943-1985, p. 539-541.

83 Rehm, 1947, p. 161-162 : „*die schwärmerische, hocherhabene Nacht kommt mit ihrer Gunst und Hoffnungszuversicht nicht als Trösterin, sondern als Quälerin : zwar voll mit Sternen glänzt sie über Gebirgshöhn traurig und prächtig herauf, allein wenig bekümmert um uns. […] Es ist nicht das heiligtrunkene Wort der Freude, sondern das heilig trunkene Wort der Trauer. Der […] Becher, des dunklen Lichtes voll, den Hölderlin wohl sich selbst wünschte und im Lauf der Elegie mit dem freudigen sakramentischen Wein des ewigen Lebens anfüllte, wird Brentano zum Becher der bitteren Tränen, der Bitternis schlechthin.*" (« La nuit fervente et sublime vient, gracieuse, ferme dans son espoir, non pas pour consoler, mais pour tourmenter : certes elle vient peuplée d'étoiles s'éployer et briller sur les cimes de monts dans sa triste magnificence, mais guère préoccupée par notre sort. […] Ce n'est pas la parole sacro-sainte de la joie, mais la parole sacro-sainte de l'affliction. La coupe […], pleine d'une sombre lumière – que Hölderlin désirait sans doute lui-même et qu'au cours de l'élégie il remplit du vin joyeux et sacramentel de la vie éternelle – devient sous la plume de Brentano une coupe de larmes amères, la coupe de l'amertume par excellence. » Traduction personnelle inspirée de celle de Roud : Hölderlin, 1967, p. 808.)

84 Hölderlin, 1943-1985, p. 539.

> « Hélas, elle ne me console pas, je la connais, je guette, elle [approche]
> Comme vers le prisonnier le gardien avance à pas feutrés
> Voici une coupe, dit-elle, remplis-la de larmes. »

Par ailleurs, nous remarquons que la coupe, censée évoquer le vin, et la pierre, substitut au pain, participent au désenchantement du poème, alors que, dans l'élégie de Hölderlin, les deux « espèces » symbolisent l'espoir et la promesse d'un retour des dieux sur terre :

> *Hier ist ein Becher so spricht sie füll ihn dir mit Trähnen*
> *Hier diesen Stein nimm aufs Herz das es dir werde zu Brod*[85].

> « Voici une coupe, dit-elle, remplis-la de larmes
> Voici, prends cette pierre et mets-la sur ton cœur, qu'elle soit ton [pain.] »

Notons enfin que Brentano a intégré au contexte érotique le fameux vers de *„Menons Klagen um Diotima"* (« Ménon pleurant Diotima ») et de *„Stutgard"* (« Stuttgart ») : *„und niemand nimmt mir von der Stirne den Traum"*[86] qui devient une prière adressée aux sirènes censées lui faire oublier son expérience malheureuse :

> *Aber nun schreiet die Noth, hör mich ; so etwa hier Lebet*
> *Unter der Woge ein Herz, unter den Hügeln ein Schatz,*
> *Wunderwesen der Tiefe, Sirenen, des Meers Sybillen,*
> *Nahet barmherzig und nehmt mir von der Stirne den Traum*[87].

> « Mais maintenant la misère crie, écoute-moi ; ainsi, par [exemple, ici vit]
> Sous les ondes un cœur, sous les collines un trésor,
> Miracle des fonds, sirènes, sibylles de la mer,
> Approchez par miséricorde et écartez ce songe de mon front. »

Il est ainsi paradoxal de constater que ce qui faisait le charme des élégies de Hölderlin, ce qui plaisait en elles, à savoir leur grâce, leur élégance, ainsi que leur pieuse et chaste mélancolie, a suscité une inspiration érotique. Toutefois, nous sommes en droit de penser que l'intrigue amoureuse de Diotima et Hypérion, si présente dans *„Menons Klagen um Diotima"* (« Ménon pleurant Diotima »), a inspiré à Brentano sa version érotique de *„Brot und Wein"* (« Le Pain et le vin »). Nous assistons ici à un nouveau

---

85 *Ibid.*

86 Hölderlin, t. 1 1992-1999, p. 285 : « [...] et nul qui écarte de mon front ce rêve ? » Trad. de Jaccottet : Hölderlin, 1967, p. 807.

87 Hölderlin, 1943-1985, p. 540.

réinvestissement sémantique. La notion de transfert culturel ne saurait être évoquée dans ce contexte dans la mesure où les deux poètes sont contemporains et composent dans la même langue et le même contexte culturel, mais le réinvestissement sémantique est avéré et se justifie à la lumière de l'inspiration érotique des Romantiques.

BILAN COMPARÉ DE L'HÉRITAGE ÉROTIQUE DES *ÉLÉGIES* DE CHÉNIER ET DE HÖLDERLIN

Pour dresser un bilan de l'héritage érotique légué par les élégiaques Chénier et Hölderlin aux Romantiques et aux Parnassiens, nous devons d'abord préciser que le comparatiste se trouve face à une réception d'autant plus inégale que le legs s'avère d'emblée inégal : si Chénier suit dans ses *Élégies* la tradition érotique des Latins, ce n'est pas le cas de Hölderlin qui se contente de la veine thrénétique. En revanche, les élégies de Hölderlin peuvent faire ponctuellement l'objet d'un traitement légèrement érotique. Par ailleurs, ce cas particulier demeure circonscrit à la littérature allemande, et Chénier n'a pour sa part inspiré les Romantiques allemands, ni pour la mélancolie, ni pour l'inspiration érotique. En revanche, la comparaison des deux réceptions érotiques devrait nous permettre de tirer un enseignement sur l'érotisme romantique. Comme pour la mélancolie, les Romantiques et les Parnassiens retiennent de l'érotisme élégiaque de Chénier surtout des expressions, des images, mais aussi une dramatisation, toutes propices à la création d'un contexte et à l'émergence d'une sensualité. Et comme pour la mélancolie, étant donné le principe de l'imitation inventrice, cette intertextualité s'intègre dès lors dans la tradition de la *translatio studiorum* et participe à une fusion diachronique des horizons d'attente.

L'érotisme autorise chez les Romantiques l'expression d'un rêve, voire d'un fantasme irréalisable et contribue ainsi à traduire leur soif d'absolu. Pour les Parnassiens, il s'agit davantage d'une esthétique qui évoque la perfection, du moins plastique. Nous pouvons ainsi relever une opposition dans l'appréhension de l'érotisme : si ce dernier exprime la perpétuelle quête des Romantiques, il désigne une perfection achevée pour les Parnassiens.

Remarquons dès lors que le Romantique Vigny se nourrit copieusement d'allusions érotiques éventuellement exploitées dans un contexte différent, tandis que les Parnassiens se contentent de thématiques similaires. Lorsque les Parnassiens se montrent sensibles à la dramaturgie et à l'esthétique érotiques – *via* les métonymies – des *Élégies*, Vigny s'inspire de leur portée tragique et n'hésite pas à leur conférer un sens mystique en attribuant l'érotisme notamment au diable. En parallèle, les Romantiques allemands n'hésitent pas à suggérer, par des figures érotiques, la fusion de Hölderlin avec la poésie ou, comme Brentano, par un autre contexte érotique, à donner à l'image centrale de la nuit un sens différent de celui choisi par Hölderlin lui-même. Pour résumer, les Parnassiens, hantés par la beauté, retiennent surtout la forme érotique, tandis que les Romantiques allemands et français, tournés vers l'absolu et le rêve, se concentrent sur le sens véhiculé par l'érotisme. Rappelons également l'intérêt des premiers romanistes allemands pour l'érotisme de Chénier qu'ils lisent comme une confession intime et une certaine profondeur, opposée aux artifices maniérés de l'érotisme contemporain au poète. Comme les Romantiques, ils s'intéressent plus au sens qu'à la forme. L'érotisme hérité de Chénier et la réorientation de la mélancolie goûtée chez Hölderlin par Brentano ont pour point commun les thèmes de la souffrance et de l'innocence, situés aux confins de la mélancolie et de l'érotisme élégiaques. Nous pouvons désormais mieux cerner la réorientation sémantique donnée par les Romantiques à l'héritage érotique de Chénier et établir un parallèle avec l'érotisation de Hölderlin réalisée par Brentano : marqué par les sensualistes largement ancrés dans le libertinage, Chénier ne distingue guère le plaisir sexuel du bonheur, comme le signalent G. Buisson et É. Guitton[88]. C'est ainsi qu'il écrit :

> Si ma blanche voisine a souri mollement,
> Adieu les grands discours, et le volume antique,
> Et le sage Lycée, et l'auguste Portique !
> Et reviennent en foule et soupirs et billets,
> Et longs regards d'amour et molles élégies
> Et jusques au matin amoureuses orgies[89].

88 G. Buisson et É. Guitton : Chénier, 2005, p. 134 : « Lecteur des Encyclopédistes, d'Helvétius, de Rousseau, André Chénier a appris à voir l'homme comme un être physique, dans l'optique d'un sensualisme qui réhabilite le sentir. Néophyte de l'amour, il tend à confondre l'ardeur sensuelle avec le feu de l'inspiration, la possession avec le bonheur. »

89 *Ibid.*, p. 278. C'est nous qui soulignons.

Le plaisir sexuel lui semble ici plus prometteur que toutes les philosophies qui professent leur propre conception du bonheur. Il opte ainsi pour une démarche hédoniste. À l'inverse, dépassant cette tradition du XVIIIe siècle finissant, les Romantiques français et allemands se montrent sensibles essentiellement à la mélancolie érotique née de l'échec amoureux et source de souffrance. Dans l'histoire du romantisme, nous pouvons constater que cette douloureuse mélancolie érotique est appelée à être sublimée à travers une idéalisation esthétique, comme l'illustre Stendhal avec son essai *Dans l'Amour*, et à amener le sujet à l'écriture même. C'est ce que François Kerlouégan appelle l'« écriture-corps[90] ». De même, dans la tradition du romantisme allemand, cette souffrance doit amener à une sublimation mystique de l'opposition du masculin et du féminin, comme le montre bien le roman *Lucinde* de Friedrich Schlegel :

> *Was ich träumte, war nicht etwa bloß ein Kuß, die Umschließung deiner Arme, es war nicht bloß* der Wunsch, den quälenden Stachel der Sehnsucht zu brechen und die süße Glut in Hingebung zu kühlen ; nicht nach Deinen *Lippen allein sehnte ich mich, oder nach deinen Augen, oder nach deinem Leibe : sondern es war eine romantische Verwirrung von allen diesen Dingen, ein wunderbares Gemisch von den verschiedensten Erinnerungen und Sehnsuchten. Alle Mysterien des weiblichen und des männlichen Muthwillens schienen mich zu umschweben [...] wir umarmten uns mit eben so viel Ausgelassenheit als Religion*[91].

> « Ce dont je rêvais, ce n'était pas par exemple un simple baiser, ce n'était pas que tu m'enlaçasses de tes bras, ce n'était pas le simple souhait de briser le dard du désir impérieux qui me tourmente et ce n'était pas non plus de refroidir la douce ardeur par le dévouement ; ce n'était pas tes lèvres seulement que je désirais, ni tes yeux, ni ton corps, mais c'était un mélange romantique de toutes ces choses, un formidable pot-pourri des souvenirs et des désirs les plus divers. Il me semblait être entouré de tous les mystères dont se drapent les malices féminine et masculine [...] Nous nous enlaçâmes avec autant d'exubérance que de religion. »

Toutefois, avant de sublimer et d'idéaliser la mélancolie érotique, il convient de connaître cette même souffrance et c'est son expression poétique que les Romantiques héritent tant de Chénier que de Hölderlin.

---

90 Kerlouégan, 2006, p. 474.
91 Schlegel, 2005, p. 12.

L'HELLÉNISME ÉLÉGIAQUE DE CHÉNIER ET DE HÖLDERLIN

face au romantisme et au Parnasse en France et en Allemagne

Après avoir observé les premières réactions à l'écriture élégiaque de Chénier et de Hölderlin et avoir constaté comment les deux œuvres ont pu rayonner sur la postérité, nous devons désormais considérer la portée de leur hellénisme en montrant que leur renouvellement stylistique dépend paradoxalement d'un retour aux sources grecques dont nous entendons désormais explorer l'ampleur et les limites. L'hellénisme constitue en effet la grande originalité de Chénier : dans notre premier ouvrage, nous avons essayé de montrer en quoi le poète guillotiné renouvelle le genre élégiaque à la lecture des Anciens en général, et des Hellènes en particulier. Le présent volume a déjà largement insisté sur la *translatio studiorum* que permettent les tonalités mélancolique et érotique et qui, à partir du Chénier élégiaque, jettent un pont entre l'Antiquité et le romantisme. Il convient désormais de considérer le discours métalinguistique que les différents auteurs ont pu véhiculer sur cet hellénisme élégiaqueet de comparer sa réception en France et en Allemagne. Nous nous poserons ensuite la question à propos de Hölderlin afin de confronter davantage les deux approches de part et d'autre du Rhin.

PERCEPTIONS FRANÇAISES ET ALLEMANDES DE L'HELLÉNISME DE CHÉNIER

L'INTÉRÊT DES ROMANTIQUES FRANÇAIS ET DES PARNASSIENS POUR LA GRÈCE ANTIQUE DE CHÉNIER

Notre réflexion sur la réception de l'écriture élégiaque de Chénier par les Romantiques a démontré que les auteurs rechignaient à témoigner sur cette question, ne reconnaissant que difficilement leur dette envers un poète mort prématurément. Notre enquête sur un aspect aussi précis que la réception de l'hellénisme élégiaque ne peut par conséquent reposer que sur quelques rares remarques. En ce qui concerne les Romantiques, le mouvement philhellénique, initié au Royaume-Uni par Byron[1] et relayé en France par Delacroix, explique l'intérêt que nombre d'auteurs ont pu manifester à l'égard de la Grèce antique. L'élégie « Héléna » de Vigny témoigne de l'émotion éprouvée par les Romantiques face à une Grèce humiliée par la puissance ottomane. Quant à l'école du Parnasse, le retour à la Grèce antique constitue précisément un élément important de son identité. Ainsi Claudine Gothot-Mersch explique dans sa préface aux *Poèmes antiques* de Leconte de Lisle qu'

> à l'époque moderne, l'épopée [...] se voit privée de son sujet (« le choc héroïque des nationalités oppressives et opprimées ») par l'affaiblissement des différences raciales et culturelles ; il faut alors puiser dans le réservoir antique en attendant un possible réveil des nationalismes, qui ferait le bonheur des poètes sinon des peuples. Le retour aux formes de la poésie ancienne [...] est donc vu comme un moyen de retrouver l'esprit du monde antique, la peinture de celui-ci étant l'objet principal des préoccupations du poète. À l'origine du renouveau de l'hellénisme au XIXe siècle s'inscrit la poésie d'André Chénier[2].

Cette dernière remarque est d'autant plus intéressante pour Leconte de Lisle qu'il est l'un des rares à régulièrement déclarer son admiration pour Chénier et son rapport à la Grèce antique. Ainsi, dans son essai consacré au poète guillotiné, après avoir dénoncé l'agonie de la poésie lyrique jusqu'à J. B. Rousseau, il affirme sur la poésie lyrique que

1 À travers son *Pèlerinage de Childe Harold* aux descriptions fort colorées de la Méditerranée et de la Grèce, mais aussi son combat contre les autorités ottomanes.

2 Gothot-Mersch : Leconte de Lisle, 1994, p. 10-11.

> de longues, de stériles années s'écoulent et l'enfant du siècle, le *Grec*, le pur, l'harmonieux, le splendide Chénier la réveille pleine de sève et de feu, mille fois plus fraîche et plus vibrante qu'elle ne l'avait jamais été[3] !

Certains critiques ont entrepris de distinguer les deux auteurs sur leur approche de l'hellénisme. Toutefois, leur analyse ne nous semble guère probante. Joseph Vianey se propose ainsi de « mesurer la distance qu'il y a des poèmes grecs d'André Chénier, en général purement pittoresques, à ceux de Leconte de Lisle en général si humains[4]. » Cette assertion nous paraît plutôt injuste à l'égard de Chénier, en particulier de ses *Élégies*, si profondément humaines. Sans doute l'auteur pense-t-il davantage aux *Bucoliques*, comme le laisse supposer l'adjectif « pittoresque », mais sa remarque est-elle si pertinente même à propos des *Bucoliques* ?

LECTURE UNIVERSITAIRE DE L'HELLÉNISME ÉLÉGIAQUE DE CHÉNIER OUTRE-RHIN

Si les Romantiques français ne s'expriment guère sur l'hellénisme de Chénier, il convient désormais de s'interroger sur la réception outre-Rhin de cet aspect élégiaque. Nous pouvons ainsi nous intéresser à la manière dont, depuis leur découverte du poète, les universitaires allemands apprécient son hellénisme, à l'aune duquel ils situent l'auteur par rapport au romantisme et à ses représentants, pour nous aider à mieux cerner les enjeux esthétiques de cet hellénisme dans l'histoire du romantisme. Il s'agit par conséquent d'étudier un discours purement métalinguistique. Signalons d'emblée que les universitaires allemands que nous citons proposent une lecture générale du poète, sans pour autant se focaliser sur l'œuvre spécifiquement élégiaque. Néanmoins, nous considérons le jugement qu'ils émettent sur son hellénisme dont nous connaissons la portée élégiaque contenue dans le regard rétrospectif qu'il suppose et qui participe au ton élégiaque, notion centrale de notre étude.

Outre-Rhin, Chénier jouit, nous nous en souvenons, d'une réception essentiellement universitaire. Cette caractéristique suppose que les romanistes se soient concentrés sur la démarche poétique de l'auteur. Leur but n'est pas de s'approprier la démarche, mais de la comprendre

---

3 Leconte de Lisle, 1971, p. 52. C'est nous qui soulignons.
4 Vianey, 1973, p. 380.

et de l'expliquer. Ils s'intéressent d'emblée à l'« imitation inventrice ». S. Born insiste sur la culture hellénique du poète :

> *Er versteht die Griechen besser als irgend Jemand seit dem Auftreten der Humanisten sie in Frankreich verstanden; gesättigt von ihrem Geiste wird er ungesucht ihnen ähnlich*[5].
>
> « Il comprend les Grecs mieux que quiconque depuis que l'apparition de l'humanisme en France a permis de les comprendre ; pétri de leur esprit, il n'a aucun mal à leur ressembler. »

Sa culture antique et sa démarche d'imitateur les ont toujours séduits. En 1966, V. Klemperer remarque pour sa part : „*Er will griechischer formen als alle französischen Dichter vor ihm, griechischer als Racine und Ronsard*[6]." Il interroge ainsi l'originalité du poète dans un contexte antique et conclut que sa composition va au-delà de la simple imitation :

> *Es wimmelt in seinen Manuskripten von exakt bezeichneten „Stellen", die er übersetzt oder paraphrasiert, oder sinnannähernd in einem neuen Zusammenhang verwertet, oder zur Ausbeutung bereitstellt. Ist er ein Nachahmer ? Die Frage hat ihn selber gequält, er hat sie in jener Epistel an Lebrun [...] mit Recht verneint*[7].
>
> « Ses manuscrits grouillent de "passages" cités avec exactitude qu'il traduit ou qu'il paraphrase ou que, approchant le premier sens, il met à profit dans un autre contexte, ou qu'il se destine à exploiter. Plagie-t-il ? Cette question l'a lui-même tourmenté ; dans une épître à Lebrun, il a déjà répondu [...] à juste titre que ce n'était pas le cas. »

R. Hülsen fait preuve d'originalité lorsqu'il s'intéresse de près à la démarche poétologique même d'André Chénier. Dès 1885, il souligne auprès des lecteurs l'« imitation inventrice », en signalant le processus évolutif de son écriture : „*und erst mit der Zeit eignet er sich die glänzende Technik eines Theokrit und Properz an*[8]." En se référant à l'édition de Becq de Fouquières, il démontre l'intérêt des poèmes, et en particulier de certaines élégies, produits d'un véritable travail de réécriture rendu manifeste à travers les différentes étapes des fragments :

---

5 Born, 1978, p. 16.

6 Klemperer, 1966, p. 293 : « Il veut écrire dans un style plus grec que tous les poètes français qui l'ont précédé, un style plus grec que Racine et Ronsard. »

7 *Ibid.*, p. 289.

8 Hülsen, 1885, p. 5 : « et ce n'est qu'avec le temps qu'il s'approprie la technique brillante d'un Théocrite et d'un Properce. »

Die Meisterschaft wird nie mühelos errungen. Unablässig hat er an sich gearbeitet, seine Phantasie bereichert, seinen Ausdruck gefeilt; nicht immer blieben ihm die Alten unerreichte Muster. Diese Arbeit können wir am besten verfolgen an solchen Gedichten, von denen verschiedene Redaktionen vorliegen, oder welche denselben Gedanken behandeln, wie die Elegie « Aux frères de Pange » (III, 18) und « La jeune Captive », die Camille- und die Fanny-Elegieen, u.s.w. Hier zeigt sich aufs deutlichste, wie die poetischen Gedanken in ihm entstehen und ausreifen, wie er von Nachahmungen fortschreitet zu eigenen Schöpfungen, wie er anfängt mit fremdem Stoff, endigt mit Erlebtem und wie die an jenem gewonnene Farbe und Kraft der Darstellung hier zur schönsten Erscheinung gelangt[9].

« On ne passe jamais maître sans se donner du mal. Il n'a cessé de faire un travail sur soi, d'enrichir son imagination, de polir son expression ; les Anciens ne sont pas toujours restés pour lui des modèles inaccessibles. Nous pouvons suivre ce travail en particulier à partir de poèmes dont nous disposons des différentes rédactions ou qui traitent de la même idée, comme l'élégie "Aux frères de Pange" (III, 18) et "La jeune Captive", le cycle élégiaque de Camille et de Fanny, etc. C'est là que l'on voit le mieux comment naissent et mûrissent en lui ses idées poétiques, comment il évolue des imitations à ses propres créations, comment il débute avec la matière d'un autre pour finir sur son vécu et comment le coloris et la vigueur de l'objet glanés chez ce même autre parviennent ainsi à la plus grande beauté. »

Cette admiration pour l'inspiration antique ne l'empêche toutefois pas de se montrer parfois critique quant au style des *Élégies*. Ses innovations lexicales ne lui paraissent pas toujours heureuses : „*so wird man erinnert an manche Stelle der Elegieen und an die zierliche, schnörkelhafte Manier der Umschreibungen bei André*[10]." À l'inverse, Ludwig Scheel signale et glorifie les inventions lexicales de Chénier, inspirées directement par l'antiquité :

Aus der künstlerisch meisterhaften Verbindung von griechischen und lateinischen Vorbildern entsteht so besonders in den bukolischen und elegischen Gedichten eine Vielzahl von kostbaren Neuschöpfungen, die echt wirken, [...] echt aber auch in den Elegien, wo Chénier seine Klagen und Liebeserlebnisse raffiniert mit unzähligen Anleihen bei antiken Autoren wiedergibt, so vollendet, daß man selten entscheiden kann, was nun eigenes Gefühl und Erleben, was Imitation ist[11].

« Cette alliance maîtrisée avec art des modèles grecs et latins engendre, en particulier dans les poèmes bucoliques et élégiaques, un foisonnement de créations précieuses aux allures authentiques [...] authentiques toutefois

9 *Ibid.*, p. 14.

10 *Ibid.*, p. 16 : « Elles évoquent quelques passages des Élégies, ainsi que le style précieux et chargé des périphrases d'André. »

11 Scheel, 1958, p. 201.

comme dans les Élégies où Chénier restitue avec raffinement ses complaintes et ses expériences amoureuses avec d'innombrables emprunts à des auteurs antiques, et ce à la perfection, si bien que l'on parvient rarement à déterminer ce qui relève désormais de sa propre sensibilité et de son vécu, ainsi que ce qui appartient à l'imitation. »

Enfin, quant à l'« imitation inventrice », C. A. M. Hartmann demeure, nous semble-t-il, le seul à interroger l'inspiration romaine. À propos d'une élégie inspirée de Properce, il remarque :

> *Bemerkenswert ist in diesem Kommentar vor allem die ausserordentliche Kenntnis der lateinischen Dichter, die darin zu Tage tritt, und die echte Begeisterung, die Chénier ihnen entgegenbringt. [...] Und sodann ist zu beachten, dass der lange Kommentar nur auf lateinische Dichter Bezug nimmt, nirgends auf einen griechischen. [...] Das ist umso auffälliger, als für das Thema des fröhlichen Lebensgenusses, das die Elegie behandelt, auch die griechische Lyrik reiche Ausbeute hätte liefern können*[12].
>
> « Ce que l'on peut remarquer dans ce commentaire, c'est surtout sa connaissance exceptionnelle des auteurs latins qui en ressort, ainsi que l'enthousiasme authentique que Chénier leur voue. [...] Et ainsi, on peut noter que ce long commentaire ne s'appuie que sur des poètes latins, jamais sur un grec. [...] Cela est d'autant plus frappant que pour le sujet d'une joyeuse jouissance, traité par l'élégie, le lyrisme grec aurait pu aussi être largement exploité. »

Il en conclut que Chénier maîtrisait mieux les poètes romains que les grecs :

> *Es liegt sehr nahe daran, daraus den Schluss zu ziehen, dass Chénier damals die griechische Lyrik noch wenig kannte, wenn er auch natürlich, als Sohn einer Griechin, weit mehr Griechisch verstand, als seine Altersgenossen, die mit ihm das Collège de Navarre in Paris besucht hatten*[13].
>
> « Il n'y a plus qu'un pas alors à faire pour en conclure que Chénier, à cette époque encore, ne connaissait guère le lyrisme grec, même si bien sûr, ayant pour mère une Grecque, il comprenait bien mieux le grec que ses camarades du même âge qui avaient suivi avec lui les cours du collège de Navarre à Paris. »

Tous les autres critiques s'imaginent à tort que le poète s'est inspiré des seuls auteurs grecs. Il convient d'interroger cet intérêt pour l'hellénisme du poète.

Si les romanistes allemands s'intéressent tant à l'hellénisme, c'est avant tout pour explorer la fougue passionnée de Chénier et mesurer

---

12 Hartmann, 1894, p. 7.

13 *Ibid.*

son œuvre à l'aune des publications allemandes de la même époque. R. Hülsen explique dès 1885 :

> *Auch die Begeisterung für das klasssische Altertum teilte er mit seinem Jahrh., nur daß er nicht aus abgeleiteten Quellen schöpfte, sondern aus dem klaren Born der alten klassischen Poesie. Auch unsere Literaturgeschichte beweist, daß alle großen Schriftsteller die Wurzeln ihrer Kraft in Altgriechenland gesucht und gefunden haben*[14].
>
> « De même, il partageait avec son siècle la passion de l'Antiquité classique, si ce n'est qu'il puisait, non à des sources dérivées, mais à la source vive de l'ancienne poésie classique. *L'histoire littéraire de notre pays prouve également que tous les grands écrivains ont cherché et trouvé les racines de leur vigueur dans la Grèce ancienne.* »

Cette analyse suggère bien que les romanistes commentent Chénier essentiellement à la lumière de la grécomanie du XVIIIe siècle allemand. Dans cette perspective, Chénier est comparé à Schiller, voire à Goethe. Toutefois, la comparaison ne s'applique plus au jeune Goethe, mais désormais au Goethe classique. Qu'en est-il d'abord de la comparaison avec Schiller ? W. Engler assimile d'emblée l'« imitation inventrice » à une marque caractéristique d'un Chénier romantique :

> *Dieser Entartung stellt Chénier das eigene Programm gegenüber, das durch einen überraschenden Strukturzwang des Denkens mit dem Zeitgenossen Friedrich Schiller in Einklang steht (Über naive und sentimentalische Dichtung). Chénier schreibt :* « La naïveté : le point de perfection de tous les arts ; si vous n'êtes point naïfs, vous ne toucherez point. » *[...] So führt dieser Text als neuen Gedanken den inneren Zusammenhang von antik und naiv sein ; dabei stand dem Dichter die Etymologie (nativus) gewiß vor Augen.* « Antique » *wie* « *naïf* » *weisen dann auf den Urgrund hin. Wenn man will, ist Chénier hier hochromantisch, doch nicht in der Art von Victor Hugo. Sein Verhalten gleicht genauer dem von Novalis, Tieck oder Nerval, der* « *Sylvie* » *verfasst*[15].
>
> « À cette dérive Chénier oppose son propre programme qui, par une surprenante contrainte structurelle de la pensée, se trouve en accord avec son contemporain Friedrich Schiller (*Sur la poésie naïve et sentimentale*). Chénier écrit : "La naïveté : le point de perfection de tous les arts ; si vous n'êtes point naïfs, vous ne toucherez point." [...] Ce texte propose ainsi l'idée nouvelle d'une cohérence interne entre l'état antique et la naïveté ; à ce moment-là, le poète avait bien sûr en tête l'étymologie (nativus). "Antique" et "naïf" renvoient alors à l'origine. Si l'on veut, Chénier est ici extrêmement romantique, cependant

14 Hülsen, 1885, p. 13. C'est nous qui soulignons.
15 Engler, 1963, p. 262-263.

pas à la manière de Victor Hugo. Son attitude fait plus précisément penser à celle de Novalis, de Tieck ou de Nerval qui compose *Sylvie.* »

Il rapproche Chénier et Schiller sur le projet d'une écriture naïve ou dit autrement, d'une écriture authentique. Toutefois son analyse des mouvements littéraires dénote une certaine confusion. La création de Chénier rejoint la tradition classique, illustrée par Boileau. Par ailleurs, l'essai de Schiller *Über naive und sentimentalische Dichtung* (*La poésie naïve et sentimentale*) ne s'avère pas vraiment romantique – nonobstant l'impossibilité d'appliquer au *Sturm und Drang* l'étiquette romantique –, et participe au contraire au classicisme allemand[16]. W. Engler donne ici l'impression de mélanger les genres. Observons maintenant le rapprochement avec Goethe.

V. Klemperer établit un parallèle entre les *Élégies* de Chénier et les *Élégies romaines* de Goethe :

> *[…] heißt es in Goethes Römischen Elegien : „Dann versteh' ich den Marmor erst recht ; ich denk' und vergleiche… Oftmals hab' ich schon in ihren Armen gedichtet, / Und des Hexameters Maß leise mit fingernder Hand/Ihr auf den Rücken gezählt." Freilich Chéniers Camille ist nicht nur luxuriöser, sondern auch literarischer als Goethes Mädchen :* « Hier, entre ses bras, sur sa lèvre fidèle, / J'ai surpris quelques vers que j'avais faits pour elle. » *Worin aber die beiden Künstler vollkommen übereinstimmen, das ist der Drang, ihr Liebesspiel zu rechtfertigen, und die Art dieser Rechtfertigung. Der Deutsche verteidigt sich gegen den Einwand der Zeitverschwendung „auf klassischem Boden"[…] In beiden Fällen wird doch die Liebe als Dienerin der Kunst deklariert*[17].
>
> « […] dans les *Élégies romaines* de Goethe, il est écrit : "Maintenant je puis comprendre pleinement le marbre ; / Je songe, je compare : […] J'ai été jusqu'à ébaucher des poèmes dans ses bras, / Ponctuant du doigt mes hexamètres sur son dos." [Trad. de R. Voyat : Goethe, 2000, p. 17.] Certes, la Camille de Chénier est non seulement plus somptueuse, mais aussi plus littéraire que la jeune fille de Goethe : "Hier, entre ses bras, sur sa lèvre fidèle, / J'ai surpris quelques vers que j'avais faits pour elle." Mais là où les deux artistes sont en parfait accord, c'est quand ils éprouvent *le besoin* de justifier leur jeu amoureux, ainsi que la manière dont ils se justifient. L'Allemand se défend

---

16 Grappin : Mossé, 1995, p. 451 : « Dans une série importante d'études esthétiques, Schiller a développé ce qu'on peut appeler la théorie allemande classique du Beau ; les principaux sont *Sur l'art tragique* […] *Sur la grâce et la dignité* […] et surtout les vingt-sept lettres *Sur l'éducation esthétique de l'homme* […] et sur *La poésie naïve et sentimentale* (*Über naive und sentimentale Dichtung*, 1795). »

17 Klemperer, 1966, p. 297. C'est nous qui soulignons.

du reproche de perdre son temps *"en terre classique"* [...] Dans les deux cas, l'amour est déclaré serviteur de la poésie. »

Ici, V. Klemperer compare les deux poètes en fonction du classicisme. Cette comparaison peut étonner car les deux auteurs relèvent de traditions classiques différentes. Klemperer mentionne notamment l'amour, compris non plus comme un sentiment éprouvé et exprimé, mais bien comme un moyen au service de l'art. Il s'agit d'une logique inverse qui consiste non plus tant à pratiquer un art mimétique au sujet d'une situation réelle, mais bien de nourrir des sentiments authentiques en vue d'une œuvre artistique. Toutefois, Chénier partage cette inspiration, relevée notamment chez Boileau, le théoricien du classicisme français dans son fameux vers : « L'art ne fait que des vers ; le cœur seul est poète[18]. » En employant le mot *Drang* (« besoin »), Klemperer semble appliquer à Chénier, situé entre le classicisme et le romantisme la grille de lecture d'un Goethe, compris entre le *Sturm und Drang*[19] et le classicisme. Il nous semble à nouveau nécessaire de dénoncer cette démarche analytique dans ce qu'elle suppose d'arbitraire eu égard à cette même confusion du *Sturm und Drang* avec le romantisme. Cependant, ce qui nous intéresse dans cette confusion, c'est précisément le transfert culturel opéré par ces romanistes allemands qui recourent à une étude philologique caractéristique de la littérature allemande pour étudier Chénier, au risque de commettre des rapprochements malencontreux. Au fond, Goethe serait considéré comme le reflet inversé de Chénier et les deux poètes constitueraient la limite des deux mouvements. Cette hypothèse semble d'autant plus convaincante que la plupart des critiques contemporains, entre autres V. Klemperer, rechignent à classer Chénier, que ce soit parmi les Romantiques ou parmi les Classiques. V. Klemperer précise ainsi :

> *Es gibt keine andere Gruppenbezeichnung, die ihm gerecht wird ; er ist kein Klassiker, kein Romantiker, kein Parnassien, kein Hellene im Exil [...], sondern ein Dichter der Rousseauzeit. Er ist Franzose, des Griechentums wird er sich erst in der französischen Umwelt voll bewußt, deren sogenannter retour à l'antique ein nicht aus dem Komplex des Ganzen zu trennendes Element ihres Rousseauismus darstellt*[20].

18 Chénier, 2005, p. 317.

19 Mouvement que nous ne saurions toutefois assimiler au romantisme lui-même eu égard à l'histoire complexe et subtile de ses accointances avec ce dernier.

20 Klemperer, 1966, p. 301.

« Il n'y a pas d'autre classification qui lui rende justice ; ce n'est pas un Classique, pas un Romantique, pas un Parnassien, pas un Hellène en exil [...], mais un poète du règne de Rousseau. C'est un Français, il ne prend pleinement conscience de son hellénisme que dans son environnement français dont ce que l'on appelle le *retour à l'antique* représente un élément rousseauiste inséparable de l'ensemble. »

Ce n'est ainsi qu'à partir de la seconde moitié du XXe siècle que les universitaires allemands cessent de classer le poète parmi les Classiques ou les Romantiques. La réception de son hellénisme se trouve précisément à l'origine d'une réflexion intense sur son classement littéraire. *A contrario*, les publications allemandes d'avant la Seconde Guerre mondiale présentent Chénier comme un Classique. En 1908, Ewald Koppetsch souligne déjà dans sa thèse l'hésitation des critiques à ranger Chénier définitivement parmi les Classiques :

Selten hat wohl ein Dichter ein so wechselvolles Geschick in der Beurteilung seines Werks und seiner Bedeutung erfahren wie er. Von einigen wurde er zu den Romantikern, von anderen zu den Klassikern gezählt, einige hielten ihn für einen Dichter vom Schlage der Bertin, Parny, andere wieder erkannten, dass er seine Zeitgenossen weit überrage. [...] Jetzt erst ist der Streit um Chénier' Stellung in der französischen Literatur beendet, und man zählt ihn jetzt wohl allgemein zu den Klassikern[21].

« Rares sans doute sont les poètes comme lui à avoir vu leur œuvre et leur importance soumises au destin d'un jugement aussi aléatoire. Certains le classèrent parmi les Romantiques, d'autres parmi les Classiques, certains le prirent pour un poète de la trempe de Bertin ou de Parny, d'autres encore reconnurent qu'il dépassait allègrement ses contemporains [...] Il fallait attendre jusqu'à ce jour pour voir se clore la dispute engendrée par le classement de Chénier dans la littérature française, et aujourd'hui, en général, on s'accorde bien à le compter parmi les Classiques. »

Max Rieple remarque de même en 1947 dans la postface à sa traduction : „*Ungefähr mit André Chénier beginnt die neuklassizistische Bewegung, die einem akademisch antikisierenden Schönheitskult huldigt*[22].“ Il convient ici de s'interroger sur cette mystérieuse prudence affichée par les universitaires allemands et sur les conséquences qu'elle peut entraîner sur la manière de lire et de commenter le poète français. Klaus Hempfer entreprend

21 Koppetsch, 1908, p. 5.
22 Rieple, 1947, p. 248. C'est nous qui soulignons : « C'est à peu près avec André Chénier que débute le mouvement *néo-classique* qui sacrifie à un culte antiquisant d'érudit à la beauté. »

d'en circonscrire la raison en 1972 dans sa monographie *Tendenz und Ästhetik* (*Tendance et esthétique*) :

> *In der zweiten Jahrhunderthälfte gelangt mit den Arbeiten von L. Bertrand, J. Haraszti, und F. Brunetière und anderen jedoch vor allem jene Tendenz zum Tragen, die in Chénier einen reinen Klassizisten sehen wollte und die sich in dem Ausspruch A. Frances zusammenfassen läßt. [...] Diesen Lösungsversuch unternimmt Paul Dimoff in seinem bereits mehrfach zitierten, für jede Beschäftigung mit Chénier grundlegenden Werk : « Comme Montaigne, comme J. J. Rousseau, il est, si l'on veut, à son heure, une exception, mais une exception qui confirme la règle. Il se relie étroitement à tout ce qui le précède et à tout ce qui le suit. » (P. Dimoff, II, 557)*[23].
>
> « Dans la deuxième moitié du siècle, avec les travaux de L. Bertrand, J. Haraszti, und F. Brunetière et d'autres, on a toutefois surtout tendance à vouloir voir en Chénier un authentique classique, ce que A. France résume en ces termes. [...] C'est ce compromis que tente Dimoff dans son ouvrage que nous avons déjà cité plusieurs fois et qui est fondamental pour toute étude de Chénier : "Comme Montaigne, comme J. J. Rousseau, il est, si l'on veut, à son heure, une exception, mais une exception qui confirme la règle. Il se relie étroitement à tout ce qui le précède et à tout ce qui le suit." (P. Dimoff, II, 557). »

Les romanistes allemands dépendraient ainsi pleinement dans leur analyse des chéniéristes français. Si les dix-neuvièmistes, confirmés en cette classification par Anatole France, considèrent Chénier comme un classique, P. Dimoff les invite à se montrer plus prudents. Sa thèse expliquerait ainsi leur volte-face. Si sa thèse remonte à 1936, le décalage entre sa publication en France et sa lecture par les universitaires allemands justifie manifestement son omission par M. Rieple qui est poète et non universitaire. En outre, Winfried Engler dénonce comme une source de confusion et de malentendus les aléas connus par l'histoire éditoriale de Chénier :

> *Tatsächlich wirft die Chénier-Betrachtung Probleme auf, deren Schwierigkeitsgrad einleitend an ausgewählten Beispielen bestimmt werden soll. Sie rühren vor allem daher, daß der Dichter, noch ehe sein Gesamtwerk bekannt war, als Klassiker der französischen Literatur verbindlich vorgestellt wurde ; dadurch wurde der Blick für die tieferen Probleme oft genug verstellt. Wie schnell sich die Chénierbetrachtung mit Teilergebnissen zufrieden gab, sich allerdings unter dem Zwang der Verhältnisse teilweise auch zufrieden geben mußte, beleuchtet allein schon das Editionsproblem.*

23 Hempfer, 1972, p. 252-253.

> *[...] So wird es gar nie soweit kommen, daß eine historisch-kritische Gesamtausgabe geschaffen wird*[24].
>
> « En effet, l'étude de Chénier soulève des questions dont la difficulté, en guise d'introduction, peut être illustrée à l'aide d'exemples choisis. Elles s'expliquent surtout par le fait que le poète était nécessairement présenté comme un classique de la littérature française, avant même que ne soit connue toute son œuvre. Ainsi, le regard que l'on pouvait porter sur des questions plus profondes fut assez souvent biaisé. La question éditoriale suffit à elle seule à expliquer la précipitation avec laquelle les études chéniéristes se sont contentées et ont certes dû, contraints par la situation, se contenter de conclusions partielles. [...] Aussi n'ira-t-on jamais jusqu'à voir émerger une édition complète historique et critique. »

Finalement ces atermoiements provoqués par la classification de Chénier suscitent la comparasion avec un troisième auteur allemand qui corrobore la pertinence de notre étude : Hölderlin lui-même ! Ainsi, Winfried Engler analyse en ces termes l'hellénisme de Chénier :

> *Jedenfalls inspiriert sich Chénier an den bekannten Idyllikern der griechischen und römischen Zeit, Theokrit, Bion, Moschos, Vergil, Longus sowie an Geßner stärker als beispielsweise an der italienischen, spanisch-portugiesischen und englischen Idyllik, obwohl er sie gekannt hat und immer wieder davon spricht. An dieser Stelle wird man zur Erhellung auch auf eine Querverbindung zu Hölderlin und Schiller hinweisen. Für diese drei Dichter hat die Antike den Symbolwert der schöneren Zeit, des „Anbruchs des Tages" (Hölderlin), einer Idee freilich, die Chénier tiefgreifend modifiziert*[25].
>
> « En tout cas, Chénier s'inspire davantage des célèbres auteurs d'idylle issus de l'Antiquité grecque et romaine, Théocrite, Bion, Moschos, Virgile, Longin, comme également de Gessner, plutôt que par exemple des idylles italiennes, espagnoles et portugaises, comme anglaises bien qu'il les ait connues et en parle régulièrement. *Sur ce point, pour éclairer notre propos, on renverra également à un rapprochement avec Hölderlin et Schiller. Pour ces trois auteurs, l'Antiquité symbolise les temps meilleurs, le "lever du jour" (Hölderlin), une idée certes qui touche profondément Chénier.* »

Certes, il établit une distinction entre Hölderlin de Chénier. Toutefois, la comparaison avec Hölderlin suppose un geste didactique destiné à expliquer la grécomanie de Chénier. Pour sa part, Hans Ludwig Scheel rapproche Chénier de Hölderlin comme poète inclassable qui ne serait ni classique, ni romantique :

---

24 Engler, 1963, p. 256.

25 *Ibid.*, p. 257. C'est nous qui soulignons.

> *So wie er es im Leben zuletzt war, ist er auch in den Werken dieser Zeit : ein Einsamer, aber als solcher auch mit der Entwicklung von der Rezeption der Antike zu etwas Neuem, für sich Stehendem, entfernt jenen beiden Dichtern verwandt, für die keine bequeme Formel paßt : Hölderlin und Leopardi*[26].
>
> « Il est dans les œuvres de cette époque ce qu'il fut également à la fin de sa vie : un solitaire, mais aussi avec la perspective d'une évolution depuis la réception de l'Antiquité jusqu'à quelque chose de nouveau, quelque chose à part, apparenté de loin à ces deux poètes pour lesquels ne convient aucune expression commode : *Hölderlin et Leopardi.* »

Dès lors, les romanistes peuvent bien signaler quant à l'inspiration grecque de Chénier sa lecture attentive de l'helléniste allemand Heyne, lui-même référence majeure de Hölderlin, comme nous avons déjà pu le constater dans notre premier volume consacré au renouvellement élégiaque des deux poètes[27]. Si les romanistes ne rapprochent pas Chénier de Hölderlin sur son intérêt pour Heyne, ils évoquent l'helléniste comme l'une des rares références de Chénier à l'Allemagne. R. Hülsen signale au sujet de ses lectures germaniques :

> *Über seine Kenntnis der deutschen Sprache sagt er in dem Briefe an M. Brodelet vom 28. September 1792 :* Je n'ai pas le bonheur de comprendre la langue allemande. *Er las also deutsche Dichter nur in Übersetzungen ; besonders schwärmte er für Geßner und rühmt die vorzüglichen Ausgaben von Heyne*[28].
>
> « Au sujet de sa connaissance de l'allemand, il dit dans sa lettre adressée à M. Brodelet le 28 septembre 1792 : "Je n'ai pas le bonheur de comprendre la langue allemande." Il ne lisait donc les poètes allemands que dans des traductions ; il raffolait particulièrement de Gessner *et il célèbre les excellentes éditions de Heyne.* »

K. A. M. Hartmann pour sa part mentionne également la lettre de Chénier à Brodelet :

> *Schon am 28. Oktober 1792 hatte Chénier an Brodelet geschrieben : [...] In demselben Briefe lässt er Brodelets Tochter, die in Göttingen lebte, bitten, dem berühmten Professor Heyne dort seine Empfehlungen zu übermittteln*[29].

26 Scheel, 1958, p. 213. C'est nous qui soulignons.

27 Nous savons ainsi que, pour lire Pindare, Hölderlin recourait à une édition de Heyne, comme le précise Jochen Schmidt : Hölderlin, t. II, 1992-1999, p. 1289.

28 Hülsen, 1885, p. 5. C'est nous qui soulignons.

29 Hartmann, 1894, p. 20.

> « Chénier avait écrit dès le 28 octobre 1792 à Brodelet : [...] Dans cette même lettre, il prie la fille de Brodelet qui vivait à Göttingen de bien vouloir y transmettre ses salutations au célèbre professeur Heyne. »

Certes, par rigueur intellectuelle, ils mentionnent les autres hellénistes sur lesquels s'est appuyé Chénier et ne se censurent pas par ethnocentrisme en n'évoquant que Heyne. Ils signalent notamment l'helléniste français Brunck rencontré par Chénier à Strasbourg, mais aussi son collègue néerlandais Valkenaer[30]. F. Rauhut ne cite au demeurant Heyne que comme une simple référence parmi les hellénistes qui ont inspiré Chénier :

> *Chéniers klassizistisches Dichten beruht auf seiner umfassenden humanistischen Bildung. Er liest lateinische und griechische Dichter der Antike, letztere vielfach in den Analecta ueterum poetarum graecorum (3 Bände, Straßburg 1772-1776) von R. F. Ph. Brunck und studiert Werke der klassischen Philologie, zumal von Christian Gottlob Heyne und von Barthélémy*[31].
>
> « L'écriture classicisante de Chénier repose sur sa grande culture humaniste. Il lit les poètes latins et grecs de l'Antiquité, ces derniers souvent dans les *Analecta ueterum poetarum graecorum* (3 volumes, Strasbourg 1772-1776) de R. F. Ph. Brunck et étudie les ouvrages de philologie classique, en particulier ceux de Christian Gottlob Heyne et de Barthélémy. »

Par conséquent, les universitaires allemands pressentent sans doute un éventuel parallèle avec les grands poètes allemands comme Hölderlin qui se sont abreuvés de l'érudition hellénique de Heyne, mais ils ne voient pas pour autant de lien entre les auteurs allemands, en particulier Hölderlin et Chénier.

Ainsi, pour résumer, force est de constater que l'hellénisme de Chénier a marqué les universitaires allemands et les a amenés à comparer le poète à Schiller et Goethe. Toutefois, la question de la naïveté pose celle de son identité littéraire et de son appartenance au classicisme ou au romantisme, rattachant ainsi implicitement le poète français au mouvement du *Sturm und Drang*, lui-même difficile à classer. La comparaison avec Hölderlin s'impose dans cet entre-deux littéraire, ni vraiment classique, ni vraiment

30 Hülsen, 1885, p. 4 – Born, 1978, p. 9 – Hartmann, 1894, p. 20. (Hartmann est le seul à citer Valkenaer.) – Rauhut, 1977, p. 78.

31 Rauhut, 1977, p. 78.

romantique. Les mécanismes intellectuels du transfert culturel agissent alors pleinement : le rapprochement du classicisme, du romantisme et du *Sturm und Drang* dont les valeurs ne sauraient pleinement se superposer s'explique par des raisons pédagogiques.

RÉCEPTION DE L'HELLÉNISME ÉLÉGIAQUE DE HÖLDERLIN PAR LA NÉBULEUSE ROMANTIQUE

Essayons désormais de déterminer la réception que les Romantiques ont pu avoir de l'hellénisme élégiaque de Hölderlin. L'impression d'ensemble est que les Romantiques allemands sensibles à l'œuvre de Hölderlin tendent à gommer les spécificités de son hellénisme lorsqu'ils procèdent de ses écrits. Intéressons-nous tout d'abord au cas de Friedrich Matthisson. Franc-maçon, ce dernier étudie au *Stift* de Tübingen aux côtés de Hölderlin qu'il fréquente de près dans le cercle de ses plus proches amis Neuffer et Stäudlin. Matthisson ne saurait certes être présenté comme une figure de proue du romantisme allemand, mais il évolue dans sa nébuleuse. Si August-Wilhelm Schlegel raille volontiers son œuvre, August Thieme et Tieck le fréquentent et l'admirent. Mais il doit surtout sa postérité littéraire à Beethoven et Schubert qui, séduits par son œuvre, composent plusieurs *Lieder* à partir de ses poèmes. Le plus connu demeure « Adelaide », mis en musique par Beethoven. Or Matthisson publie une anthologie de poésie (*Lyrische Anthologie*), dans laquelle nous pouvons signaler la présence de l'élégie „*Der Wanderer*" (« L'Errant »). Il écrit à Friedrich Haug, le 5 septembre 1805, qu'il s'agit là du seul poème de Hölderlin digne d'être intégré à son anthologie[32]. Ce choix unique demeure un mystère car, comme le précise F. Beißner dans la *Stuttgarter Ausgabe*, Matthison fut pris d'un réel enthousiasme à la découverte de Hölderlin, et en particulier de son hymne „*Dem Genius der Kühnheit*" (« Au Génie de l'audace »)[33]. La sélection tou-

32 Hölderlin, 1943-1985, p. 553 : „*Von Hölderlin fand ich ein einziges Gedicht, das sich zur Aufnahme eignet.*" (« J'ai trouvé un seul poème de Hölderlin qui pourrait être intégré. »)

33 Hölderlin, 1943-1985, p. 554 : „*Daß Matthison, der Sachen dritten und vierten Ranges aufnahm, von Hölderlin, wie er zweimal erklärte, ein einziges Gedicht würdig fand, kann nur befremden, zumal*

tefois de „*Der Wanderer*“ (« L'Errant ») confirme la réelle admiration de la mouvanceromantique pour les élégies de Hölderlin[34]. En effet, l'anthologie de Matthison contient des textes représentatifs du goût de ses contemporains. Cependant, il convient de noter que Matthison dont le texte demeure trop long pour être cité intégralement dans cette étude[35] n'a pas hésité à adapter le poème de Hölderlin au goût de l'époque, ce qui d'ailleurs fut dénoncé dès la parution[36]. Matthison justifie ses adaptations dans l'introduction à son anthologie :

> *Da dieses Werk nicht ausschließend für Sprachforscher und Literatoren, sondern für das ganze lesende Publikum bestimmt ist : so kam es vor allen Dingen darauf an, dasselbe auch durchaus lesbar zu machen. [...] Veränderungen und Abkürzungen waren daher in jeder Rücksicht unvermeidlich. Aber mein Hauptaugenmerk ging immer dahin, den Charakter und Geist der abgekürzten oder veränderten Gedichte mit Schonung und den guten Geschmack mit Achtung zu behandeln*[37].

---

ihn doch 1793 bei seinem Besuch im Stift die Hymne Dem Genius der Kühnheit (die dann in die Thalia aufgenommen, ihm also sicher auch im Druck bekannt wurde) zu sympathischem Feuer entzündet und zu freundschaftlicher Umarmung des Dichters hingerissen hatte.“ [« On ne peut que s'étonner de voir que Matthison qui accepta des choses de troisième et quatrième rang ne trouva digne de Hölderlin qu'un seul poème, comme il le déclara à deux reprises, d'autant plus qu'en 1793, lors de sa visite au *Stift*, l'hymne "Au Génie de l'audace" (qui fut ensuite accueilli dans le *Thalia* et dont il prit certainement connaissance une fois imprimé) l'avait enflammé et avait ainsi gagné sa sympathie pour finalement lui inspirer de l'amitié à l'égard du poète. »]

34 Nous préférons utiliser l'expression de « mouvance romantique » pour désigner la nébuleuse au sein de laquelle Matthison se manifeste, même s'il ne répond pas forcément à la définition même du Romantique. Loué par Schiller pour la douceur mélancolique de ses poèmes, notamment mis en musique par Beethoven et Schubert, il fut toutefois victime des critiques assassines d'August Wilhelm Schlegel.

35 Matthison, 1806, p. 155-160.

36 Hölderlin, 1943-1985, p. 484 : „*Diest an Kerner, Berlin, 4. Juli 1821. In Matthisons Anthologie, die ich durchgesehen habe, findet sich gar nichts, auch meint H : v : V : daß wenn sich auch wirklich etwas vorgefunden hätte, dieses für unseren Zweck deshalb nicht brauchbar sey, weil M. alle Gedichte auf das willkürlichste abgeändert und verstümmelt habe.*“ (« Diest à Kremer, Berlin, le 4 juillet 1821 : On ne trouve absolument rien dans l'anthologie de Matthison que j'ai parcourue du regard. H. v. V. pense aussi que même si on y avait trouvé vraiment quelque chose, cela n'eût pas servi pour autant notre recherche parce que M. a modifié et mutilé tous les poèmes de la façon la plus arbitraire qui soit. ») D'après l'édition commentée de Stuttgart, la personne citée serait Vernhagen : Hölderlin, 1943-1985, p. 554 : „*Matthison arbeitete damals an seiner lyrischen Anthologie. Der 17. Teil, der 1806 erschien, enthielt die Elegie Der Wanderer [...] aus den Horen 1797, nach Vernhagens triftigem Urteil auf das willkürlichste abgeändert und verstümmelt.*“ C'est nous qui soulignons. (« Matthison travaillait à l'époque sur son anthologie lyrique. La 17e partie qui parut en 1806 contenait l'élégie "L'Errant" [...] publiée dans les *Horen* en 1797, *modifiée et mutilée de la façon la plus arbitraire qui soit, d'après le jugement pertinent de Vernhagen.* »)

37 Matthison, 1806, p. I-II.

« Comme cette œuvre n'est pas destinée exclusivement aux linguistes et aux littéraires, mais également à tout type de lecteur, il convenait avant tout de rendre ceci parfaitement lisible. [...] Il était donc indispensable, à tout égard, de modifier et d'abréger le texte. Mais j'ai toujours veillé à ménager le caractère et l'esprit des poèmes raccourcis ou modifiés et à prendre en compte le bon goût. »

Matthison procède ici selon la première version du poème, moins élaborée que la première. Son idée est bel et bien d'adapter le texte au goût de l'époque tout en respectant l'esprit initial : il modifie le texte en le raccourcissant et en optant pour des termes jugés plus poétiques. Il emploie des tournures destinées à satisfaire l'horizon d'attente de l'époque. Il cherche avant tout à éclaircir le texte et à le rendre plus accessible. À la place de *Strauch* (v. 11), soit « les broussailles », nous lisons *Gesträuche*, terme moins trivial et plus suggestif et poétique en raison du préfixe *Ge* qui lui donne la signification d'un collectif et renvoie à une certaine abondance. Puis, pour désigner le printemps, Matthison préfère à *Frühling* (v. 35) le terme *Lenzen*, jugé plus poétique : *„Deine gesammelte Kraft flammt auf in üppigen Lenzen“* (« Ta force rassemblée va s'embraser en de fertiles *printemps* »). Il remplace également le verbe *glühen* (*„Rosen glühen und Wein sprudelt im kärglichen Nord*[38]“) (v. 36 : « *brûler* ») par *duften* (« embaumer »), sans doute pour mobiliser, outre la vue sollicitée ne serait-ce que par les roses, l'odorat du lecteur selon la logique d'une synesthésie : *„Rosen duften, und Wein sprudelt im kärglichen Nord*!“ (« Et roses *embaumer* et vin pétiller au froid du nord ! ») Le verbe *hauchen*, « souffler » (*„Und es hauchen, wie einst zärtliche Lüfte mich an*“ : « Et, comme jadis, de tendres zéphyrs *soufflent* sur moi ») se substitue au synonyme *wehen* (v. 38 : *„Zärtlich, wie vormals, weh'n* Lüfte der Jugend mich an[39]“) pour ses résonances bibliques. L'épithète *strebend* (« élans ») de Hölderlin (v. 39) ne qualifie plus le cœur du poète : l'anthologiste lui préfère l'adjectif *stürmend* (traduit littéralement par « tempétueux ») (*„Und das stürmende Herz besänftigen mir die vertrauten / Friedlichen Bäume*“ : « Et pour calmer la *fougue* de mon cœur, j'ai mes confidents / Les arbres de paix ») qui, en particulier dans le cadre des

38 Hölderlin : Garrigue, 2005, p. 582-583 : « Et roses *flamber*, vin pétiller au froid du nord. » C'est nous qui soulignons.

39 *Ibid.*, p. 582-583 : « Tendres comme jadis *m'éventent* brises de jeunesse ». C'est nous qui soulignons.

sentiments, fait pressentir une sensibilité proche du *Sturm und Drang*. Le simple mot *Feuer* (« feu ») de Hölderlin (v. 44) paraît trop prosaïque à Matthison qui opte plutôt pour *Gluthen* (« braises »), certes *a priori* plus poétique („*Und in den Gluthendes Süds mehrten die Locken sich nicht*" : « Et dans les *braises* du Sud, mes boucles ne se sont pas multipliées »). Par souci de cohérence et sans doute pour augmenter l'intensité lyrique, il file la métaphore capillaire de Hölderlin, lequel se contente d'évoquer les boucles du moi, et ajoute l'image de la raie (*Scheitel*, terme traduit ici par « cheveux ») absente du vers 43 de Hölderlin („*mich bleichte der Eispol*" : « blanchi aux glaces du pôle[40] ») : „*mir bleichte der Eispol die Scheitel*" (« les glaces du pôle ont blanchi *mes cheveux* »). Remarquons la cohérence de Matthison qui abandonne l'accusatif de Hölderlin au profit d'un datif, cas de l'attribution, pour ajouter la mention de la raie : c'est au moi que le pôle a blanchi la raie, et ce n'est plus le simple moi que le pôle a blanchi. Matthison craint de heurter la sensibilité du lecteur et n'hésite pas à introduire des euphémismes pour estomper la trivialité de certaines expressions : lorsque Hölderlin évoque crûment la chute des cheveux au vers 44 : „*Und im Feuer des Süds fielen mir die Locken aus*" (« Et dans le feu du sud, dépouillé de mes cheveux[41] »), Matthison suggère cette chute par l'arrêt de leur croissance : „*Und in den Gluthen des Süds mehrten die Locken sich nicht*" (« Et dans les braises du Sud, mes boucles ne se sont pas multipliées »).

Le diminutif *Dörfchen* (« petit village »), (v. 58) de Hölderlin est jugé trop trivial. Matthison lui préfère le groupe nominal „*das freundliche Dorf*", « l'aimable village ». En outre, lorsque Hölderlin introduit la notion piétiste de tranquillité („*Still ists hier*", v. 59 : « Tout est *calme* ici[42] »), Matthison opte pour l'idée de solitude et d'isolement, plus caractéristique d'une esthétique proche du romantisme : „*Hier ists einsam und heimlich*" (« Ce lieu est *solitaire et discret* »). L'emploi de deux adjectifs confère au vers un rythme binaire sans doute plus harmonieux aux yeux de Matthison. Il insère également au texte de Hölderlin l'image du crépuscule qui confirme une sensibilité romantique : „*Lieblich aus dämmernder Laube der Mutter Gesang bei dem Säugling*" (« J'aime la berceuse que la mère chante à son nourrisson à *l'ombre* des tonnelles »). Il remplace ensuite l'adjectif

40 *Ibid.*
41 *Ibid.*
42 *Ibid.* C'est nous qui soulignons.

heimlich (« secret ») de Hölderlin, apparemment trop commun selon lui, par un terme plus poétique : *traulich* (« familier ») : „*Da empfängt mich das Haus und des Gartens trauliches Dunkel*" (« Là m'accueille la maison, et du jardin l'ombre *familière* »), de même qu'il préfère la noblesse du mot *Forst* à son équivalent si commun *Wald* (v. 77) : „*Schmeichelnd zieht mich, wie sonst, in des Forsts majestätische Hallen*" (« Tout doux m'entraîne, comme avant, *dans les profondeurs majestueuses de la forêt* »). Remarquons qu'il modifie le contenu du vers en insistant sur la majesté des lieux. Enfin, Matthison raccourcit le texte de Hölderlin qui se poursuit encore sur plusieurs vers, plus ou moins nombreux selon le manuscrit.

Par ailleurs, si nous voulons bien considérer de plus près les coupes et simplifications opérées par Matthison, nous observons d'une part qu'il supprime les images macabres comme celles du début du poème :

> *Fernhin schlich das hagre Gebirg, wie ein wandelnd Gerippe,*
> *Hohl und einsam und kahl blickt' aus der Höhe sein Haupt.*
>
> L'âpre montagne au loin s'insinuait, squelette en marche,
> Creux, solitaire et nu, son chef guettait des auteurs[43].

Et d'autre part, et surtout, ce qui intéresse de plus près notre enquête, Matthison renonce à toute divinisation et à toute référence à la mythologie grecque. Lorsque Hölderlin tend à diviniser la nature et à la personnifier, selon la logique de mythologie grecque : „*Aber ich hatte dich einst göttlicher, schöner gesehn*[44]" (« Mais je t'avais vue jadis plus divine, plus belle »), Matthison retranscrit : „*Doch ich hatte dich einst hehrer und milder gesehn.*" (« Mais je t'avais vu jadis plus majestueuse et plus clémente »), préférant à la divinité de la nature son aspect sublime et puissant, célébré tant dans les œuvres poétiques que picturales et musicales du romantisme. Par ailleurs, Matthison supprime tout un passage très marqué par la mythologie grecque :

> *Ach ! hier schlang um die Erde den wärmenden Arm der Olymp nicht,*
> *Wie Pygmalions Arm um die Geliebte sich schlang.*
>
> Ha ! Point d'un bras réchauffant n'y ceignait l'Olympe la Terre,
> Ainsi que Pygmalion prit dans ses bras son aimée[45].

---

43 *Ibid.*, p. 348.
44 Hölderlin, t. I, 1992-1999, p. 185.
45 Hölderlin : Garrigue, 2005, p. 350.

Notons enfin que si Matthison procède de la première et non de la seconde version du poème, c'est soit parce qu'il ne connaît pas la seconde, soit parce qu'il préfère cette première version, bien plus simple et moins marquée par les néologismes et la syntaxe complexe, sinon alambiquée et même parfois incorrecte d'un point de vue grammatical que le poète a choisi d'intégrer dans son poème sous l'influence hellénique de Pindare, relevée dans notre premier ouvrage. Publiée en 1801, la seconde version précède de cinq ans la publication de Matthison et pourrait donc être connue de lui. Le participe présent *frischaufgrünend*[46] construit librement selon la logique d'un néologisme homérique, les négations insistantes et incorrectes : „*kein frischaufgrünender Wald nicht*[47]" (« *aucune forêt ne dressait son vert* nouveau »), „*Da bat ich um Wasser dich nicht*[48]" (« *Là, je ne t'ai pas priée pour l'eau* ») que le poète a sciemment ajoutées à sa première version plus correcte d'un point de vue grammatical, la structure hypotaxique des vers

Daß, wie ein Samkorn, du die eherne Schale zersprengest,
Los sich reißt du das Licht grüßt die entbundene Welt,
All die gesammelte Kraft aufflammt in üppigem Frühling,
Rosen glühen und Wein sprudelt im kärglichen Nord.

D'un pauvre sommeil tirée par son souffle caressant;
Alors, comme une semence, éclatant ta coque de bronze,
Un monde libéré va saluer la clarté,
Toute la force recueillie s'embraser en printemps fertile
Et roses flamber, vin pétiller au froid du nord[49].

préférée à la parataxe de la première version :

Und, wie ein Saamenkorn, durchbrichst du die eherne Hülse,

---

46 *Ibid.*, p. 580 : « son vert nouveau »

47 *Ibid.*

48 *Ibid.* Dans la première version, il s'agit d'une négation partielle, avec l'élément de la négation « nicht » placé devant l'élément nié, soit l'eau en l'occurrence : « *Nicht um Wasser rief ich dich an* », *ibid.*, p. 348 : « ce n'est pas l'eau que je t'ai demandée ». Cette négation partielle s'avère en effet plus correcte dans la mesure où le poète corrige lui-même plus loin avec insistance la négation : « *Um der Haine Gesang, ach ! um die Gärten des Vaters / Bat ich.* » (« J'ai les chants du bocage, hélas ! et les jardins du père / Demandé. ») Il faudrait sans doute traduire néanmoins avec plus d'insistance ce passage pour rendre compte précisément de la négation partielle : « Ce sont les chants du bocage, hélas, et les jardins du père que j'ai demandés. »

49 *Ibid.*, p. 582.

Und die knospende Welt windet sich schüchtern heraus.
Deine gesparte Kraft flammt auf in üppigem Frühling,
Rosen glühen und Wein sprudelt im kärglichen Nord.

Et comme semence tu vas briser ta coque de bronze,
Et le monde en bourgeon timidement s'ouvrira,
Ta force épargnée va s'embraser dans un printemps fertile
Et roses flamber, vin pétiller au froid du nord[50].

la personnification des villes : „*Städt' und Inseln sie sind trunken von Weinen und Obst*[51]" (« Villes et îles s'enivrant de vins et de fruits ») et l'invocation directe aux dieux : „*Ewige Götter ! mit euch brechen die Bande mir nie*[52]" (« Dieux éternels, avec vous mes liens sont indissolubles ») sont autant d'hellénismes que nous avons repérés dans notre premier ouvrage et qui n'apparaissent pas dans la première version que suit Matthison. De toute façon, qu'il ait connu ou non la seconde version, les simplifications opérées dans sa transcription du premier poème prouvent bien qu'il n'aurait jamais choisi de s'appuyer sur la seconde version s'il l'avait effectivement connue.

Cet arbitrage de Matthisson qui tend à gommer les innovations stylistiques de Hölderlin au profit d'une esthétique plus conventionnelle et plus adaptée au goût du public peut finalement s'expliquer par l'ambivalence stylistique de Matthisson. Otto zu Stolberg-Wernigerode situe en effet Matthisson entre le classicisme et le romantisme et tend même à appréhender son écriture plutôt sous un angle classique, ce qui rappelle, si besoin en était, la difficulté, sinon la vanité d'attribuer aux auteurs des étiquettes déterministes :

> *Dem dort [Stuttgart] herrschenden klassizistischen Geschmack entsprachen die formale Eleganz und die geläufig gewordenen Empfindsamkeitsgehalte der Matthissonschen Poesien mitsamt seinen gesellschaftlichen Talenten in so ausgezeichneter Weise, daß er zu einer Art Hofdichter avancierte. [...] Daß der Gegensatz zwischen schwäbischem Klassizismus (Weißer, Haug) und schwäbischer Romantik (Uhland, Kerner) nicht mit der gleichen Schärfe aufgebrochen ist wie der zwischen Weimarer Klassik und Jenaer Romantik, ist sicher nicht zum geringsten Teil Matthissons vermittelnder Wesens- und Geistesart zuzuschreiben*[53].

50 *Ibid.*, p. 350.
51 *Ibid.*, p. 582.
52 *Ibid.*, p. 584.
53 Stolberg-Wernigerode, 1990, p. 415. Au demeurant, H. Plard rappelle que « D. F. Strauss disait qu'Uhland était le classique du romantisme ». (Plard : Mossé, 1995, p. 613.) Cette remarque tend à souligner l'ambivalence du classicisme et du romantisme allemands.

> « À ce style classique qui y [à Stuttgart] régnait correspondaient l'élégance formelle et les contenus sentimentaux, devenus courants à l'époque, des poésies de Matthisson, ainsi que ses talents mondains, portés à une telle perferction qu'il devint une sorte de poète de cour. [...] Si le contraste qui oppose le classicisme souabe (Weißer, Haug) au romantisme souabe (Uhland, Kerner) n'est pas ausi tranché qu'entre celui qui oppose le classicisme de Weimar et le romantisme d'Iéna, c'est certainement dû, pour une part non négligeable, à la médiation exercée par le tempérament et l'esprit de Matthisson. »

Au fond, Matthisson serait davantage inspiré par une esthétique classique soucieuse de satisfaire l'attente de simplicité antique réclamée par Winckelmann (*edle Einfalt und stille Größe*[54]), quitte à sacrifier les références stylistiques et mythologiques au monde grec, habituellement prisées par les auteurs classiques. D'ailleurs, sans doute n'est-ce pas un hasard si Matthisson écrit à Haug cette lettre en faveur de l'élégie de Hölderlin. Haug n'est-il pas précisément classé ici par Otto zu Stolberg Wernigerode parmi les classiques souabes qui ont pu former sa sensibilité littéraire ? Enfin, l'indignation mentionnée plus haut de Vernhagen face à ce qu'il a désigné comme la « mutilation » de cette élégie confirme la réception controversée de cette adaptation. Ces remarques témoignent bien en tout état de cause de la complexité des nébuleuses romantiques et classiques qui tantôt se distinguent clairement l'une de l'autre et tantôt s'interpénètrent, en Allemagne en particulier.

Par ailleurs, un autre auteur, clairement revendiqué quant à lui comme romantique ou plutôt néo-romantique, un Français, a opté quant à lui pour un style emphatique dans ses traductions de Hölderlin. Il s'agit encore d'Armel Guerne. Le poète français élève en effet le verbe de Hölderlin à la hauteur d'une langue divine car si Hölderlin :

> écrit une sorte de sanskrit mystérieux, une langue d'où, finalement toute grammaire est absente et le vocabulaire calciné, c'est qu'il est à cette source même de devant les langages, au saint des saints de la parole, aux lieux exacts de cet ouragan par où l'éternité débouche dans le temps comme le Verbe s'est fait Chair[55].

Que cette divinisation soit comprise comme une conséquence de la folie ou des innovations syntaxiques, elle entraîne une métamorphose

54 Winckelmann, 1756, p. 21 : « Noble simplicité et calme grandeur. »
55 Guerne, 1950, p. 8.

de « l'allemand désolé de Hölderlin en éloquence », comme le signale Lacoue-Labarthe[56]. A. Guerne opte ainsi, au même titre que Matthison, pour l'amplification et la surenchère qui amène Ph. Lacoue-Labarthe à qualifier la traduction de « sur-poétique[57] ». Si Guerne traduit de cette manière les *Hymnes*, il en va de même pour les *Élégies.* Dans ses *Fragments*, le poète justifie indirectement ses choix de traduction. Jugeant la langue allemande inférieure au français à bien des égards, il estime que la traduction de l'allemand vers le français demeure forcément imparfaite – mais la réciproque ne serait pas vraie –, étant donné la richesse et la subtilité du français :

> L'allemand passe souvent, les yeux fermés, par un certain circuit du cœur (comme en musique) où l'on remplace par l'effusion ce que l'intelligence a cessé de suivre et d'articuler. Le cœur français n'est pas moins sensible, ni moins grand, mais la langue, elle, ne ferme pas les yeux. [...] *Le chemin courbe et cependant fleuri de tels passages où semble musarder l'original, dans la nouvelle géographie donnera un sentier âpre et périlleux, qui tourne en s'égarant au sein d'un paysage aussi visiblement contestable qu'il pouvait l'être, en effet spirituellement. L'allemand passe. Le français est arrêté, inquiété. Toute clarté se trouble. Et l'harmonie est cassée*[58].

La difficulté de passer de l'allemand au français justifierait ainsi cette tendance à « sur-poétiser » le texte original dans sa version française, ce qui l'amène également à contourner les hellénismes syntaxiques et lexicaux de Hölderlin. Tout germaniste ne peut que sourire devant un jugement de valeur aussi peu crédible. En effet A. Guerne se répand régulièrement en invectives violentes et injurieuses envers la langue allemande, affirmant avec des relents nationalistes la supériorité du français sur l'allemand et concluant ainsi à un échec stylistique de Hölderlin. Son traducteur français se sent alors appelé à corriger comme il se peut les faiblesses du poète allemand :

> le lien spirituel où devait se produire la chose [la poésie de Hölderlin], pour Hölderlin, était la langue allemande. Et là est le premier drame. [...] elle est un péril constant [...] Spirituellement lâche, matériellement fécal, ce verbe contrefait [...] sera comme une malédiction sur le poète authentique [...] « tué par la langue allemande » [...] à la moindre suggestion, au moindre signal

56 Lacoue-Labarthe, 1983, p. 185.
57 *Ibid.*
58 Guerne, 1985, p. 130-131. C'est nous qui soulignons.

> de cet ordre, à la moindre apparence d'un trouble, l'initié du verbe qu'était Hölderlin eût sursauté, se fût repris peut-être, mais la langue allemande passe outre et ne laisse rien voir. Elle pèse trop elle-même pour pouvoir peser ce qu'elle dit[59].

Le choix d'écriture d'A. Guerne qui en résulte et qui consiste à « sur-poétiser » le texte allemand selon l'expression de Ph. Lacoue-Labarthe, corrobore en réalité une tendance stylistique inhérente au courant romantique, compris au sens large. Cette traduction engagée correspond à un nouveau transfert culturel, marqué par un certain chauvinisme, sinon nationalisme, censé, dans l'esprit du traducteur, satisfaire un horizon d'attente. Observons deux élégies d'Armel Guerne caractérisées par cette « sur-poétisation » qu'A. Guerne justifie par rapport à la langue allemande et à son engagement romantique : « Stutgard » et « L'Archipel ».

STUTGARD

> Et le val *tout entier, revivant de la pluie, murmure et resplendit*
> Verdures hautes, la crue *rapide* emporte les ruisseaux, et les ailes
> Entravées se lancent toutes de nouveau dans le royaume du Chant.
> L'air est plein maintenant de *ces élans de joie* et la ville et le bois
> Sont tous auréolés de l'aise et de la joie de ces enfants comblés du ciel.
> Comme onaime à se rencontrer, alors errant ensemble ainsi
> Sans but et sans souci, car personne n'y manque, semble-t-il, nul n'est en trop !
> Et c'est ainsi ce que le cœur ordonne,
> Et c'est pour respirer les souffles
> De la grâce, ô les prédestinés ! dont un esprit divin leur a fait don.
> Mais aussi eux les voyageurs vont *un chemin de liesse*[60].

Commentons les choix de traduction mis en italique : l'expression « sous les couteaux de la lumière, frappés à mort » traduit ici le verbe *sengen* qu'il faudrait rendre simplement par « roussir » ou « brûler ». L'expression « Et le val tout entier, revivant de la pluie, murmure et resplendit » traduit : „*Und von Regen erfrischt rauschet das glänzende Tal*[61]". Le verbe « rafraîchir » eût sans doute été plus fidèle au texte allemand, et de toute façon l'ajout de l'épithète « tout entier » relève également de la sur-traduction. Le poète traduit par « élans de joie » l'adjectif

59 Guerne, 1977, p. 20-90. C'est nous qui soulignons.
60 Hölderlin, 1950, p. 34. Trad. d'A. Guerne.
61 Hölderlin, 1992-1999, t. 1, p. 281.

substantivé *Fröhliche*, censé davantage désigner les êtres surnaturels et quasi mythologiques qui émanent du divin et dispensent la joie. Enfin, le texte allemand n'évoque aucun « chemin de liesse », mais davantage un chemin qui « traîne et court » (*träget und eilet*). Il s'agit d'une réécriture, certes esthétique, mais en définitive d'un faux-sens.

Observons désormais une autre élégie :

L'ARCHIPEL

Quand le cœur des vivants se renouvelle et le premier amour
S'éveille au fond de l'homme avec le souvenir de l'âge d'or,
Je viens à toi, ô Archipel, et te salue, ô ancestral !
[...]
Les dieux aussi du ciel, ces potentats de la hauteur, eux tous, les impassibles,
Qui de la plénitude de leur force, versent le jour *et son éclat brûlant*,
Et le sommeil et sa suavité, et les pressentiments *les plus lointains*
Sur la tête *des hommes*, eux aussi, ces compagnons antiques[62].

Nous constatons d'emblée, par l'ajout de l'expression « ô Archipel », la volonté du poète de créer un parallélisme, certes propice au lyrisme, mais absent du texte allemand : *„Komm' ich zu dir und grüß' in deiner Stille dich, Alter*[63] !"Toutefois, c'est surtout à la fin du passage cité que nous observons le plus de changements et d'adaptations :

Auch die Himmlischen, sie, die Kräfte der Höhe, die stillen,
Die den heiteren Tag und süßen Schlummer und Ahnung
Fernher bringen über das Haupt der fühlenden Menschen
Aus der Fülle der Macht, auch sie, die alten Gespielen[64].

La joie ou la sérénité désignée par l'adjectif *heiter* devient « l'éclat brûlant » sous la plume d'A. Guerne. Le superlatif « les plus lointains » demeure absent du texte allemand. À l'inverse, il escamote l'épithète *fühlend*, évitant sans doute ainsi une répétition du terme « pressentiment » ou un vocable apparenté.

En définitive, il s'avère ainsi que de part et d'autre du Rhin, les hellénismes syntaxiques, lexicaux et les références mythologiques antiques n'aient guère séduit les Romantiques et leur nébuleuse,

62 Hölderlin, 1950, p. 56-57. Trad. d'A. Guerne.
63 Hölderlin, 1992-1999, t. 1, p. 253.
64 Hölderlin, 1950, p. 233-234.

plus favorables à une esthétique poétique traditionnelle qu'à une inspiration antique à la saveur exotique. Ce choix les amène à réécrire ponctuellement le texte et à le sur-poétiser et ainsi à dénaturer son esthétique initiale.

BILAN SUR LA RÉCEPTION DE L'HELLÉNISME ÉLÉGIAQUE DE DEUX POÈTES PAR LE ROMANTISME

Si nous voulons bien tenter de circonscrire plus précisément la réception romantique de l'hellénisme élégiaque de nos deux poètes, nous constatons une grande disparité et même une réelle contradiction dans le traitement des particularités helléniques. Si, de part et d'autre du Rhin, les émules romantiques de Hölderlin ont tendance à expliciter, voire illustrer le poème, quitte à le sur-poétiser, c'est-à-dire intensifier le style poétique de l'hypotexte pour amplifier son esthétique poétique et adapter l'exotisme hellénique de la langue à l'horizon d'attente des lecteurs, les Romantiques français n'hésitent pas à intégrer ces mêmes particularités stylistiques héritées de l'hellénisme de Chénier. De même, si la mythologie grecque de Hölderlin ne convainc guère les lecteurs romantiques, ces derniers apprécient au contraire le contexte culturel hellénique des *Élégies* de Chénier. Comment pouvons-nous expliquer cette approche contradictoire et quel enseignement pouvons-nous en tirer sur les rapports du romantisme à l'hellénisme ?

En réalité, si certains Romantiques se nourrissent de références helléniques, qu'elles soient contextuelles ou linguistiques, pour leur saveur exotique, d'aucuns préfèrent se détourner de l'hellénisme, notamment du domaine mythologique, à l'instar de Friedrich Matthison. Évoquant *Le Plus Ancien Programme Systématique de l'Idéalisme Allemand*, texte manifestement co-rédigé par les trois amis du *Stift* de Tübingen, Hegel, Hölderlin et Schelling, texte qui appelle à un renouvellement de la mythologie au nom d'une synthèse pédagogique de la philosophie et de la poésie, Brentano n'hésite pas, dès 1802, soit un an avant la publication de Matthison, à dénoncer dans *Godwi* cette nouvelle mythologie comme une utopie et à se détourner de toute forme de mythologie :

Eine neue Mythologie ist ohnmöglich, so ohnmöglich wie eine alte, denn jede Mythologie ist ewig; wo man sie alt nennt, sind die Menschen gering geworden, und die, welche von einer sogenannten neuen hervorzuführenden sprechen, prophezeien eine Bildung, die wir nicht erleben.

Sie meinen also, es gäbe keine Mythologie, sondern überhaupt nur Anlage zur Poesie, wirkliche gegenwärtige Poesie, und sinkende Poesie. Mythen sind Ihnen also nichts anderes als Studien der dichtenden Personalität überhaupt, und eine Mythologie wäre dann soviel, als eine Kunstschule, so wie eine hinreichende Mythologie, eine hinreichende Kunst, und eine letzte endliche Mythologie nichts als ein goldenes Zeitalter wäre, wo alles Streben aufhört und nichts mehr kann gewußt werden[65].

« Une nouvelle mythologie est impossible, aussi impossible qu'une mythologie ancienne car toute mythologie est éternelle ; là où on la qualifie d'ancienne, les hommes se sont affaiblis et ceux qui parlent de ce que l'on appelle une mythologie nouvelle qu'il faudrait mettre en œuvre prophétisent une civilisation dans laquelle nous n'évoluons pas.

Vous estimez donc qu'il n'y a pas de mythologie, mais que, de manière générale, il n'y a qu'une aptitude à la poésie, qu'une poésie réelle et actuelle, mais aussi une poésie décadente. Les mythes ne sont donc pour vous rien d'autre que des études de l'essence poétique en général et une mythologie ne serait rien de plus qu'une école artistique de même qu'une mythologie suffisante, un art suffisant et une ultime mythologie caractérisée par sa finitude ne seraient rien de plus qu'un âge d'or où cesserait toute aspiration et où plus rien ne pourrait être su parce que le savoir serait alors sa propre fin, le savoir lui-même ne saurait être su. »

Dans cet extrait, Godwi explique à son hôte Maria qu'il n'y a rien à attendre d'une ancienne mythologie, pas plus que d'une nouvelle. Par l'intermédiaire de son personnage Godwi, Brentano rejette tant le projet du *Plus Ancien Programme Systématique de l'Idéalisme Allemand*, que la mythologie antique qui, notamment sous l'influence classique de Winckelmann, exerce précisément une réelle fascination sur ses contemporains. Au-delà de la simple mythologie, c'est sans doute tout le contexte culturel de la Grèce antique que Brentano, par son personnage Godwi, appelle ici à bouder. Ce refus contribue vraisemblablement à expliquer le contournement par Matthison des références mythologiques de Hölderlin, la réticence à diviniser la nature à sa suite, mais aussi sa défiance vis-à-vis des hellénismes syntaxiques et lexicaux. Markus Schwering voit dans le refus romantique de la nouvelle mythologie l'impossibilité de concilier l'âge d'or avec le « savoir absolu » et

65 Brentano, 1975, p. 380.

considère ce passage de *Godwi* comme une expression auto-critique du romantisme[66]. D'ailleurs, lorsque Albert Béguin entreprend de distinguer Hölderlin des romantiques, il procède précisément des mythes grecs :

> Pour le séparer des romantiques, il ne suffit pas, sans doute, que Hölderlin ait cultivé en poésie des formes classiques et se soit proposé un idéal hellénique [...]. L'idéal hellénique, qui fut d'abord le sien, ne ressemble qu'en apparence à la Grèce weimarienne, et d'année en année, le drame hoelderlinien l'éloigna de ce classicisme. Son Hellade, de plus en plus, fut une Hellade complexe, où l'élément de beauté plastique et d'équilibre se complétait, s'enrichissait des profondeurs de l'ivresse dionysienne et de la souffrance tragique. Et s'il commence par une vive nostalgie de l'unité, il en arrive à concevoir que le monde est constitué par la présence de la douleur, des luttes intérieures, des antagonismes dont est faite la vie[67].

Ici, Albert Béguin adopte une démarche inverse de la nôtre : il part des Romantiques pour arriver à Hölderlin. Mais cette démarche n'est pas moins intéressante pour autant, loin s'en faut. Dans ce passage, il distingue Hölderlin des Romantiques et des Classiques pour le situer, à juste titre, à part de ces deux mouvements. En essayant d'accompagner Albert Béguin dans son raisonnement et de conclure sa réflexion, nous pourrions préciser que ce qui distingue Hölderlin des Romantiques, et même des Classiques, c'est l'actualisation du monde et de la civilisation helléniques qu'il vit dans sa propre chair et dans son esprit de poète. Hölderlin ne s'avère pas tiraillé entre un passé et un avenir qui seraient tous les deux idéalisés, mais il vit au présent cette Hellade marquée tant par la promesse du jour que la présence de la nuit. Et A. Béguin s'appuie précisément sur l'élégie „*Brot und Wein*" (« Pain et vin ») qui présente le pain et le vin comme des signes ou des preuves laissés par les dieux de leur séjour passé auprès des mortels et comme promesses matérielles de leur prochain retour ici-bas. Les Romantiques semblent

66 Schwering : Schanze, 2003, p. 391 : „*Die Kritik an der Neuen Mythologie geht bei Brentano indes zusammen mit dem Dementi, das der Idee vom Goldenen Zeitalter zuteil wird. Sie entlarvt er als Paradox, als logische Unmöglickeit : "Goldenes Zeitalter" und "absolutes Wissen" erweisen sich als unvereinbar. [...] liefert Godwi ein herausragendes Exempel für die Selbstkritik der Romantik.*" : « La critique de la nouvelle mythologie va cependant de pair chez Brentano avec le démenti réservé à l'idée de l'âge d'or. Il la dénonce comme un paradoxe, comme quelque chose qui serait impossible du point de vue de la logique : l'"âge d'or" et le "savoir absolu" s'avèrent être incompatibles. [...] *Godwi* fournit un exemple parfait de l'auto-critique réalisée par le romantisme. »

67 Béguin, 1991, p. 218-220.

précisément rejeter cette attitude marquée par l'espérance mélancolique qui caractérise l'hellénisme élégiaque de Hölderlin. À la différence de ce dernier, les Romantiques idéalisent en effet un âge d'or pour lequel ils nourrissent une véritable nostalgie. En outre, la nostalgie de la Grèce antique en particulier – à la différence par exemple de la nostalgie du Moyen-Âge – peut faire aussi l'objet d'un refus et d'une distanciation, comme nous venons de le voir chez Brentano ou Matthison, sans doute en effet selon une logique auto-critique.

À l'inverse, l'hellénisme peut également être pleinement assumé. Nous l'avons constaté avec la réception française du Chénier élégiaque dont la mélancolie élégiaque se prête particulièrement bien à la nostalgie d'un âge d'or. Cette nostalgie sert alors tant une atmosphère érotique qu'un mysticisme, tous deux prompts à séduire les Romantiques. Dans sa monographie consacrée à la littérature du XIXe siècle, Mario Praz souligne les liens qui existent entre les auteurs de ce siècle, l'érotisme, l'exotisme, tant spatial que temporel, et le mysticisme. L'exotisme permettrait de développer des fantasmes érotiques :

> C'est Mérimée qui a localisé en Espagne le type de la femme fatale ; vers la fin du siècle, il se situera plus volontiers en Russie : idéal exotique et idéal érotique vont de pair, et cela même constitue une preuve de plus d'une vérité assez évidente : l'exotisme est d'ordinaire la projection fantastique d'un besoin sexuel. C'est très évident dans le cas d'un Gautier et d'un Flaubert, qui se transposent en rêve dans un climat d'antiquité barbare et orientale, où peuvent s'assouvir tous les désirs les plus effrénés et prendre corps les plus cruelles fantaisies[68].

Cet aspect est corroboré par René Canat : « L'humanisme grec du début de la Restauration n'est pas toujours paresseux et fermé ; l'exotisme lui communique l'élan, le sens du mystère, la passion de la découverte[69]. » Dans le cas de Chénier et de Hölderlin, l'exotisme s'avère temporel : il correspond à l'Antiquité. L'évocation de l'Antiquité incite alors les Romantiques et leurs successeurs à développer certaines images érotiques. Si, à l'origine, dans l'élégie de Hölderlin, les références antiques n'ont pas vocation à suggérer quelque érotisme, leur saveur exotique en revanche développe sans doute l'imagination érotique de Brentano. Ces conclusions contradictoires sur la réception de l'hellénisme élégiaque

68 Praz, 1977, p. 172.
69 Canat, 1951, p. 98.

par les Romantiques allemands et français, lecteurs de nos deux poètes, confirment en tout état de cause la grande complexité du romantisme. Riches en particulier d'une distanciation critique avec eux-mêmes, les Romantiques peuvent en effet aller à l'encontre de leurs valeurs habituelles.

TROISIÈME PARTIE

L'ÉLÉGIAQUE HÖLDERLIN PERÇU COMME UN UTOPISTE, PROPHÈTE D'UN RENOUVEAU

INTRODUCTION
À LA TROISIÈME PARTIE

De la fin du XIXe à la première moitié du XXe siècle, du mouvement expressionniste au cercle de Stefan George en passant par les auteurs viennois, il existe un ensemble de courants littéraires, lesquels s'accordent à voir dans Hölderlin un auteur qui dénonce les manquements de la société. Si, dans les consciences, le poète élégiaque tend à s'effacer devant l'auteur des hymnes, son héritage élégiaque participe malgré tout à construire cette image. Dans ce dernier chapitre, nous entendons explorer la réception du Hölderlin élégiaque sous cet aspect. Toutefois, il semble que nous ayons atteint les limites de notre comparaison des deux poètes dans la mesure où Chénier a bénéficié essentiellement d'une réception romantique et parnassienne, et si Hölderlin a également retenu l'attention des Romantiques, comme nous avons pu le constater, sa réception au premier XXe siècle diffère largement de celle de Chénier.

Dans un article consacré à la réception de Hölderlin par Nietzsche, Gunter Martens présente le philosophe comme l'auteur qui, le premier, fait évoluer l'image que l'on se fait de Hölderlin au XIXe siècle[1]. Lorsque Nietzsche évoque Hölderlin, il fait en effet régulièrement allusion au réquisitoire lancé contre la civilisation allemande dans *Hypérion*, ainsi qu'au destin social du poète :

> *[…] man feierte im lauten Philisterkreise das Andenken eines wahren und ächten Nicht-Philisters, noch dazu eines solchen, der im allerstrengsten Sinne des Wortes an den Philistern zu Grunde gegangen ist : das Andenken des herrlichen Hölderlin, und der bekannte Aesthetiker hatte deshalb ein Recht, bei dieser Gelegenheit von den tragischen Seelen zu reden, die an der „Wirklichkeit" zu Grunde gehen, das Wort Wirklichkeit nämlich in jenem erwähnten Sinne als Philister-Vernunft verstanden. […] Er war eine der unbewaffneten Seelen, er war der Werther Griechenlands, ein hoffnungslos Verliebter, es war ein Leben voll Weichheit und Sehnsucht, aber auch*

1 Martens, 1982-1983, p. 54-78.

> *Kraft und Inhalt war in seinem Willen und Grösse, Fülle und Leben in seinem Stil, der da und dort sogar an Aeschylus gemant*[2].
>
> « On célébra au beau milieu des Philistins la mémoire d'un véritable et authentique opposant aux Philistins, la mémoire de l'un de ceux que les Philistins ont fait périr *stricto sensu*, celle du splendide Hölderlin, et le célèbre esthète eut de ce fait le droit de parler à cette occasion des âmes tragiques que la "réalité" fait périr, le mot réalité étant en effet compris en ce sens que nous avons déjà évoqué de raison philistine. [...] Il était une de ces âmes désarmées, il était le Werther de la Grèce, un amant désespéré, ce fut une vie pleine de mollesse et de désirs impérieux, mais il voulait aussi de la force et du contenu, et son style qui évoquait par-ci par-là Éschyle avait de la grandeur, de la plénitude et de la vie. »

Dans ce passage, Nietzsche évoque les deux aspects : l'auteur d'*Hypérion*, ainsi que son destin face à la société allemande, comme son histoire tragique avec Susette. Le lecteur retrouve alors les particularités du poète élégiaque : sa mélancolie, sa sensibilité, ainsi que sa fragilité, doublée toutefois d'une certaine force insoupçonnée. Au même titre que les Romantiques, Nietzsche, se forge ici une image du poète à partir de son destin, plus que de son œuvre. Plus loin, dans la même œuvre, point une allusion plus explicite au réquisitoire d'Hypérion : „*Unsere Hölderlin und Kleist und wer nicht sonst [...] hielten das Clima der sogenannten deutschen Bildung nicht aus*[3]." Là encore, Hölderlin est également cité pour son histoire personnelle, d'autant plus qu'il se voit intégré à une énumération d'auteurs proches de lui par leur devenir. Cependant, la mention de la culture allemande renvoie aussi sans ambiguïté à la fin du roman *Hypérion*. Au fond, que Nietzsche évoque son destin ou bien son roman, il le considère pour son aura élégiaque qui exprime sa souffrance face à une situation sociale et culturelle qu'il dénonce. C'est précisément cet aspect qui le distingue des Romantiques : si ces derniers se montrent surtout sensibles au destin élégiaque de Hölderlin, Nietzsche quant à lui, met l'accent sur le destin social. G. Martens présente justement le philosophe comme celui qui a légué au cercle de George et aux Expressionnistes l'image d'un Hölderlin en désaccord avec sa société et soucieux de la faire évoluer et de la régénérer, notamment sur le plan stylistique[4].

---

2 Nietzsche, 1999, p. 171-172.

3 *Ibid.*, p. 352 : « Nos Hölderlin et Kleist et je ne sais qui d'autre encore [...] ne supportèrent pas le climat de ce que l'on appelle la culture allemande. »

4 Martens, 1982-1983, p. 66 : „*George faßt die sprachschöpferische Leistung des schwäbischen Dichters mit Worten, die das Nietzschesche Muster in aller Deutlichkeit preisgeben.*" (« George

Cette médiation de Nietzsche ne saurait trop nous étonner, eu égard à l'ascendant exercé par le philosophe sur les Expressionnistes[5]. En effet, ces derniers apprécient en particulier chez Nietzsche sa démarche qui consiste à dénoncer et ruiner un système, puis à en construire un autre sur les ruines du précédent. Les Expressionnistes adoptent au fond une démarche similaire en développant des descriptions apocalyptiques tout en recherchant de nouvelles formes artistiques pétries d'une nouvelle religiosité. Toutefois, il convient selon nous de ne reconnaître à Nietzsche que le modeste rôle de médiateur entre les Romantiques et George qui, pour sa part, provoque un véritable changement dans la réception de Hölderlin. G. Martens rappelle justement les propos de George sur le renouvellement de la langue poétique entrepris par Hölderlin : „*Durch aufbrechung und zusammenballung ist er der verjünger der sprache und damit der verjünger der seele*[6].“ Puis, il insiste sur l'influence que sa langue poétique a pu exercer sur les poètes expressionnistes eux-mêmes :

> *[...] unmittelbare Anklänge oder Übernahmen Hölderlinscher Formulierungen lassen die Herkunft solcher Strukturen bei Heym, Trakl, Stadler, Becher und vielen anderen in aller Deutlichkeit erkennen. [...] Das Durchbrechen der gewohnten Sprachlogik, die kühne Bildgebung und die mythologische Szenerie nehmen sie als Ausdruck einer irrationalistischen Lebensmystik, verkennen jedoch, daß diese dichterischen Strukturen hervorgegangen sind aus einer höchst geistigen und zudem politisch engagierten Anstrengung, die Begrenzungen einer „dürftigen Zeit“, einer unfreien und „götterlosen“ Umwelt zu sprengen*[7].
>
> « Des échos immédiats ou l'emprunt de formules hölderliniennes font reconnaître très clairement l'origine de telles structures chez Heym, Trakl, Stadler, Becher et bien d'autres. [...] Ils voient dans la rupture de la syntaxe habituelle, l'audace des images et les décors mythologiques l'expression d'une mystique irrationnelle de la vie. Cependant, ils ignorent que ces structures poétiques sont le résultat d'un effort extrêmement intellectuel, politiquement engagé

---

désigne les créations linguistiques du poète souabe par des expressions qui révèlent très clairement le modèle nietzschéen. »)

5 Claude David insiste bien sur l'esprit nietzschéen qui prévaut au sein du mouvement expressionniste : « L'expressionnisme, tout en prétendant renier la tradition, se trouve des répondants dans les différentes périodes du passé. Outre ses inspirateurs immédiats de l'époque récente, comme Dostoïevski, Nietzsche ou Strindberg, il se sent des affinités avec des écrivains du *Sturm und Drang*, comme J. M. R. Lenz, du romantisme comme Kleist, de la restauration comme Büchner. » (David : Mossé, 1995, p. 871.)

6 George, 1998, p. 60 : « En brisant et en accumulant les structures, il renouvelle la langue et renouvelle ainsi l'*âme*. »

7 Martens, 1982-1983, p. 68.

> par ailleurs, pour lever les limites d'un "temps de détresse", d'un environnement captif et "impie". »

Le lecteur relève l'importance accordée par les Expressionnistes, selon le critique, à la mystique irrationnelle de l'œuvre du poète, ancrée dans le contexte de „*Brot und Wein*" (« Le Pain et le vin ») qui, nourrie de références helléniques, dénonce la fameuse détresse de son temps. Les élégies auraient ainsi bel et bien contribué à renouveler toute la réception du poète souabe.

L'intérêt porté à la langue et à l'œuvre du poète, connu jusqu'ici essentiellement pour sa folie et ses malheurs, trouve son origine également dans un texte théorique. Un autre philosophe nous paraît en effet très important comme intermédiaire entre la réception romantique de Hölderlin et celle réservée au poète par les auteurs du premier XXe siècle : il s'agit de Dilthey qui écrit en 1867 un texte intitulé „*Hölderlin und die Ursachen des Wahnsinns*" (« Hölderlin et les causes de sa folie »), dans lequel il réhabilite Hölderlin, le poète fou : il présente les années qui précèdent sa folie comme l'apogée de son écriture et explique ainsi la folie comme un facteur de maturation

> *An der Schwelle des Wahnsinns erschien sein Genie am mächtigsten. Ja, über diese Schwelle tritt sein Genius, ohne seinen Glanz auf einmal einzubüßen*[8].
>
> « C'est au seuil de la folie que son génie sembla le plus manifeste. Oui, son génie dépasse ce seuil sans brusquement perdre son éclat. »

Selon Walter Müller-Seidel, cette réhabilitation s'explique par le changement de regard porté sur la folie qui n'est plus dès lors considérée comme un obstacle à l'écriture poétique, mais bien plutôt comme un *stimulus*. Là encore, Nietzsche est cité comme exemple[9]. La folie n'est ainsi plus vue, comme par les Romantiques, tel un voile tragique dans

8 Dilthey, 1991, p. 111.

9 Müller-Seidel : Kurz & Lawitschka & Wertheimer, 1995, p. 66 : „*Aber der eigentliche Grund der Rehabilitierung, die Dilthey vornimmt, liegt im veränderten Verständnis psychischer Krankheit und im Absehen von monokausalen Ursachen. Krankheit wird nicht mehr als etwas der Dichtung in jedem Fall Abträgliches verstanden. Sie wird eher – man denkt an Nietzsche – als ein Stimulans der Steigerung aufgefaßt.*" (« Mais ce qui motive véritablement la réhabilitation entreprise par Dilthey c'est une manière différente d'approcher sa pathologie psychique et le fait d'ignorer les causes isolées. La pathologie n'est plus comprise comme quelque chose d'absolument préjudiciable *à la poésie. Elle est davantage conçue – on pense à Nietzsche – comme une stimulation* pour aller plus loin. »)

lequel se draperait la figure élégiaque de Hölderlin, mais bien davantage comme un seuil vers lequel tendrait toute l'œuvre et jusqu'où elle parviendrait à maturité. La folie est en quelque sorte mise de côté, au profit de l'œuvre elle-même. En résumé, si Nietzsche pose un nouveau regard sur Hölderlin en se concentrantsur le devenir social du poète, la nouvelle réception de Hölderlin consiste avant tout en un regain d'intérêt pour l'œuvre elle-même, au détriment des aspects purement biographiques. Nous sommes alors en droit de nous demander si la religiosité hellénisante qui sous-tend les élégies ne favorise pas cette nouvelle lecture de Hölderlin. Il nous appartient de vérifier cette hypothèse.

Eu égard à ce changement de donne, il nous faut déterminer ce qui, dans l'œuvre élégiaque de Hölderlin, a pu inspirer les auteurs du premier XXe siècle. Néanmoins, cette démarche s'avère difficile car si les émules de Hölderlin s'enthousiasment pour ses innovations poétiques, ils savent les apprécier dans toute l'œuvre du poète et ne cherchent pas forcément à distinguer la poésie élégiaque des autres genres adoptés par Hölderlin. Notre enquête doit par conséquent se concentrer sur l'originalité propre de ses élégies et sur ce que les auteurs du premier XXe siècle ont pu en tirer, tant sur le plan poétique et linguistique que spirituel. Cette problématique dépasse ainsi le cadre des seuls Expressionnistes et concerne également le cercle de George et les auteurs viennois. Concentrons-nous tout d'abord précisément sur les aspects formels, syntaxiques et lexicaux, puis nous pourrons considérer le contenu.

LES ÉLÉMENTS SYNTAXIQUES ET LEXICAUX DE HÖLDERLIN APPRÉCIÉS DES EXPRESSIONNISTES, UNE VOIE SANS ISSUE

Dans son article, nous l'avons vu, Gunter Martens signale que les Expressionnistes sont surtout marqués par le renouvellement de la langue opéré par Hölderlin. En quoi ce renouvellement concerne-t-il toutefois les élégies en particulier ? Kurt Bartsch insiste sur l'essor des enjambements depuis Hölderlin dans l'histoire du lyrisme allemand : *„In der Geschichte der deutschen Lyrik seit Hölderlin findet man Zeilensprünge nirgends in solcher Häufigkeit und Vielfältigkeit wie bei den Expressionisten*[1].“ Néanmoins, s'il est vrai que Hölderlin demeure l'un des premiers à multiplier les enjambements, sous l'influence de Pindare[2], il ne s'agit pas d'une particularité élégiaque. Dans sa thèse de doctorat, Ernst Bayerthal relève d'autres procédés stylistiques empruntés par Trakl à Hölderlin. Il insiste sur l'« emploi audacieux du comparatif absolu » (*„kühne Verwendung des absoluten Komparativs*[3]“). Pour illustrer son propos, il cite les vers suivants de l'élégie „Heimkunft“ (« Retour ») : *„Denn bacchantischer zieht drinnen der Morgen herauf*[4].“Afin de bien souligner l'apport de Hölderlin à Trakl, il cite ensuite un vers de ce dernier où l'inspiration de Hölderlin apparaît clairement : *„Denn strahlender immer erwacht aus schwarzen*

1 Bartsch, 1974, p. 62 : « Dans l'histoire du lyrisme allemand, on ne trouve nulle part ailleurs, depuis Hölderlin, d'enjambements aussi nombreux et aussi variés que sous la plume des Expressionnistes. »

2 Dans notre premier ouvrage *Le Renouvellement de l'écriture élégiaque sous la plume de Hölderlin et d'André Chénier*, nous avons insisté sur l'influence formelle exercée sur Hölderlin par Pindare qui morcelle ses vers. Nous avons montré que ce modèle pindarien était à l'origine des enjambements tant prisés par le poète allemand à une époque où ce choix stylistique tranchait avec les formes prônées par les classiques.

3 Bayerthal, 1926, p. 57 : « l'emploi audacieux du comparatif absolu. »

4 Hölderlin, t. I, 1992-1999, p. 291. C'est nous qui soulignons : « Car plus *bachique* encore voici que monte le matin. » Trad. de Deguy : Hölderlin, 1967, p. 815.

Minuten des Wahnsinns / Der Duldende an versteinerter Schwelle[5].“Puis, il insiste sur l'« emploi particulier du participe présent », („*eigentümliche Verwendung des participium Praesentis*[6]“). Il cite un vers de „*Der Archipelagus*“ (« L'Archipel ») : „*Grünen, ihr Holden ! Verbergt dem schauenden Tage die Trauer*[7] *!*“Il le rapproche alors d'une expression relevée dans le texte en prose de Trakl „*Traum und Umnachtung*“ (« Songe et folie ») : „*ein sagender Baum*[8]“. De même, il relève sous la plume des deux poètes la présence marquée d'adjectifs substantivés[9]. Il se réfère ainsi à „*Menons Klagen um Diotima*“ (« Ménon pleurant Diotima ») : „[...] *aber ein Freundliches muß / Fernher nahe mir sein, [...]Aber o du, die [...] Da ich versank vor dir, tröstend ein Schöneres wies*[10].“Puis, il propose plusieurs citations de Trakl où il adopte le même procédé : „*Über ein Träumendes neigt sich gerne grünes Gezweig ; [...] Sanfter ein Krankes nun und lauschend im Wahnsinn‹.› [...] Wer bist du Ruhendes unter hohen Bäumen*[11] *?*“Toutefois, Ernst Bayerthal ne se contente pas de ces passages élégiaques pour mener sa démonstration : il multiplie en effet les citations, tous genres confondus. Nous ne pouvons par conséquent retenir de cette analyse que l'intérêt porté par les Expressionnistes pour la langue en général, et non pour les élégies de Hölderlin en particulier. Le véritable héritage des élégies de Hölderlin semble se trouver ailleurs que dans ses innovations lexicales et syntaxiques que nous observons finalement dans l'ensemble de son œuvre. Si ni le lexique ni la syntaxe ne suffisent à déterminer le legs élégiaque de Hölderlin chez les auteurs du premier XXe siècle, il faut tenter de le saisir et de le mesurer à partir du contexte et de la tonalité.

5 Trakl, 2008, p. 79 : « Car toujours plus radieux, s'éveille des instants sombres de la folie, / Le patient sur le seuil pétrifié. » Il s'agit du poème „*Gesang des Abgeschiedenen*“ (« Chant du défunt »).

6 Bayerthal, 1926, p. 57.

7 Hölderlin, t. I, 1992-1999, p. 262. C'est nous qui soulignons : « Herbes tendres, cachez tout ce deuil au jour qui *regarde* et comprend ! » Trad. de Tardieu : Hölderlin, 1967, p. 830.

8 Trakl, 2008, p. 82 : « un arbre doué de parole ».

9 Bayerthal, 1926, p. 58 : „*Hölderlin sustantiviert das Neutrum des Adjektivums mit oder ohne unbestimmtem Artikel.*“ : « Hölderlin substantivise le neutre de l'adjectif avec ou sans article indéfini. »

10 Hölderlin, t. I, 1992-1999, p. 268-270. C'est nous qui soulignons : « Il faut que de très loin / Me soit venu *un signe*, [...] toi qui me montrais [...] / Consolante, quand je sombrai, *beauté plus haute.* » Trad. de Roud : Hölderlin, 1967, p. 795-797.

11 Trakl, 2008, p. 207-209-215 : « Au-dessus *d'un rêveur*, de vertes branches aiment à se pencher. [...] Plus tendrement maintenant *un malade*, l'oreille attentive dans sa folie <.> [...] Qui es-tu, toi qui *reposes* sous de hauts arbres ? » C'est nous qui soulignons.

Observons comment les termes empruntés aux élégies sont insérés dans les poèmes concernés et prêtons attention au jugement que les poètes émettent à propos des élégies.

L'HELLÉNISME ÉLÉGIAQUE DE HÖLDERLIN À LA SOURCE D'UNE MYSTIQUE POÉTIQUE SÉCULARISÉE

RÉCEPTION DES ÉLÉGIES DE HÖLDERLIN PAR GEORGE ET SON CERCLE
La synthèse culturelle et religieuse

Si l'approche purement formelle ne permet pas de déterminer réellement la spécificité de l'inspiration élégiaque, telle que la perçoivent les auteurs du premier XXᵉ siècle, nous devons nous concentrer sur le contenu dont découle la réception de la forme. Au fond, comme les Romantiques, ces mêmes auteurs voient dans l'œuvre de Hölderlin celle d'un prophète. Toutefois, ce prophète a cette fois-ci un message positif et constructif : il dénonce une société et annonce un renouvellement. Le poète qui, le premier, au tournant du siècle, après la révolution romantique, met de nouveau l'accent sur cette dimension prophétique se nomme Stefan George. Il écrit en effet dans un essai consacré à Hölderlin :

> *Uns heisst es ein greifbares wunder wenn durch menschenalter nicht beachtet oder nur als zarter erträumer von vergangenheiten plötzlich der grosse Seher für sein volk ins licht tritt. [...] Er bedurfte keines äusserlichen hinweises : ihm half das innere gesicht. Er riss wie ein blitz den himmel auf [...] viel war die rede vom liebenswürdigen schwärmer und klangreichen lautenschläger. Nicht aber vom unerschrockenen künder der eine andre volkheit als die gemeindeutliche ins bewusstsein rief. Noch vom unbeirrten finder der zum quell der sprache hinabtauchte*[1].
>
> « Nous parlons d'un miracle tangible lorsque, ignoré pendant des générations ou bien considéré comme un doux rêveur plongé dans le passé, *le grand visionnaire* soudain apparaît en plein jour à son peuple. [...] Il n'eut besoin

1 George, 1998, p. 59. C'est nous qui soulignons.

d'aucun signe extérieur : son regard intérieur lui vint en aide. Il déchira le ciel tel un éclair [...] on parla beaucoup de l'aimable exalté et du joueur de luth aux différents timbres. Mais pas de l'intrépide prophète qui faisait prendre conscience d'une autre manière de concevoir le peuple que celle communément admise. Ni de l'imperturbable inventeur qui puisait à la source de la langue. »

L'emploi de la majuscule est suffisamment rare sous la plume de George pour que nous le soulignions lorsqu'il y recourt : ici, George met une majuscule à *Seher* (devin, prophète) pour désigner Hölderlin comme un prophète. Il entend sans doute renforcer ainsi son propos. Nous voyons bien la différence avec l'interprétation qu'en donnent les Romantiques : si ces derniers considèrent également Hölderlin comme un prophète nimbé de sa folie et goûtent ses élégies qui leur semblent célébrer l'innocence perdue, ils ne voient pas en ses « prophéties » les prémices d'un « nouveau monde ». En revanche, George y lit l'annonce d'une nouvelle période, et c'est à ce titre qu'il le présente à son tour comme un prophète. George poursuit et approfondit en quelque sorte l'analyse des Romantiques. Si cette analyse vaut pour l'œuvre entière de Hölderlin, il convient alors dans notre enquête d'étudier ses conséquences sur la lecture des élégies.

RÉCEPTION MYSTIQUE DE HÖLDERLIN PAR GEORGE

Stefan George salue d'emblée la synthèse culturelle et religieuse opérée dans l'œuvre de Hölderlin, tout de suite après l'avoir célébré comme un prophète : „*Er bedurfte keines äusserlichen hinweises : ihm half das innere gesicht. Er riss wie ein blitz den himmel auf und zeigte uns erschütternde gegenbilder wie Herakles-Christos*[2]."Le rapprochement d'Héraclès et du Christ est tout à fait symptomatique de la lecture faite de Hölderlin. Certes, George ne s'appuie pas explicitement sur les élégies, mais il s'agit là d'une de leurs particularités. De même, George présente le poète comme un prophète, un visionnaire qui intercède avec une forme de divin :

Des sehers wort ist wenigen gemeinsam :
Schon als die ersten kühnen wünsche kamen
In einem seltnen reiche ernst und einsam
Erfand er für die dinge eigne namen –
[...]

2 *Ibid.* « Il n'eut besoin d'aucun signe extérieur : son regard intérieur lui vint en aide. Il déchira le ciel tel un éclair et il nous fit voir des images opposées bouleversantes comme *Héraclès et le Christ.* » C'est nous qui soulignons.

An derenb kraft und klang er sich ergezte,
Sie waren wenn er sich im höchsten schwunge
Der welt entfliehen unter träume sezte
Des tempels saitenspiel und heilge zunge[3].

« Le verbe du Voyant n'appartient au grand nombre :
Déjà quand les premiers désirs hardis naquirent
Dans un royaume rare. Austère et solitaire
Il avait inventé ses propres noms des choses
[…]
Il s'était délecté de leurs sons. de leur force.
Lorsque dans un suprême élan fuyant le monde
Il succomba au Songe ils devenaient pour lui
Une langue sacrée et la lyre du temple. »
(Trad. de Lehnen, *ibid.*, p. 231.)

Le terme de visionnaire (*seher*) correspond au jugement émis sur Hölderlin. La « langue » (*zunge*) du poète relève ici du sacré. Elle s'intègre ainsi dans une logique mystique, peu reconnue des autres mortels (*wenigen gemeinsam*), comme dans l'élégie „*Brot und Wein*" (« Le Pain et le vin ») de Hölderlin. Sans doute pouvons-nous voir dans le terme « harpe » (*saitenspiel*) un emprunt direct à cette même élégie.

Par ailleurs, George retient des élégies non pas tant une mélancolie élégiaque que l'attente messianique d'un bonheur à venir, comme le souligne Maurice Boucher[4]. Le poème „*Rückkehr*" (« Retour ») évoque cet aspect :

Ich fahre heim auf reichem kahne,
Das ziel erwacht im abendrot,
Vom maste weht die weisse fahne
Wir übereilen manches boot.
Die alten ufer und gebäude
Die alten glocken neu mir sind,
Mit der verheissung neuer freude
Bereden mich die winde lind[5].

« Je rentre à bord d'un riche navire

3 George, 2009, p. 230.

4 Boucher : George, 1941, p. 156 : « Dans la tristesse des maîtres il entre donc aussi un sentiment de vide et de privation. Elle n'est même pas le regret élégiaque d'un bonheur qui se serait enfui, pas plus que les exhortations à écouter la musique des heures n'étaient de l'anacréontisme ou de l'idylle : le bonheur ne s'est pas enfui, il n'est pas encore venu. »

5 George, 1941, p. 238.

Le but s'éveille au rouge du couchant
Le pavillon blanc s'ébat aux zéphyrs
Et nous dépassons maint bateau plus lent.
Les anciens rivages. les bâtiments
Et les clochers sont comme neufs pour moi.
De la promesse de nouvelles joies
La brise me persuade doucement. »
(Trad. de Lehnen, *ibid.*, p. 239.)

Le bonheur est ici promis en termes messianiques. En effet, si le mot « temple » dans la citation précédente évoque plutôt un contexte païen, hellénique, les termes de « cloches » (*glocken*), d'« appel » (*verheissung*), de « joie » (*freude*) relèvent d'une mystique toute chrétienne. Nous retrouvons une sorte de synthèse religieuse, comprenant à la fois des éléments grecs et chrétiens. Notons en outre que le titre de ce poème évoque l'élégie de Hölderlin : „*Heimkunft*" (« Retour »). D'ailleurs, le poème débute par le motif rousseauiste de la barque qui apparaît tant dans le roman *Hypérion* que dans ce même poème : „*Landesleute ! Für euch, indessen wiegte der See mich, / Und der Ruderer saß ruhig und lobte die Fahrt*[6]."Le lecteur de Hölderlin se rappelle enfin que les éléments naturels n'ont pas plus oublié le moi lyrique de l'élégie „*Heimkunft*"[7] (« Retour ») que celui de „*Rückkehr*" (« Retour ») :

Da taucht aus grünen wogenkämmen
Ein wort, ein rosenes gesicht :
Du wohntest lang bei fremden stämmen,
Doch unsre liebe starb dir nicht.

Du fuhrest aus im morgengrauen
Und als ob einen tag nur fern
Begrüssen dich die wellenfrauen
Die ufer und der erste stern[8].

---

6 Hölderlin, t. I, 1992-1999, p. 293 : « Gens de mon pays ! Pour vous, et cependant le lac me berçait / Et le rameur, assis, tranquille, louait le voyage. » Trad. de M. Deguy : Hölderlin, 1967, p. 816.

7 *Ibid.*, p. 293 : „*Heimzugehn, wo bekannt blühende Wege mir sind, / Dort zu besuchen das Land und die schönen Tale des Neckars, / Und die Wälder, das Grün heiliger Bäume, wo gern / Sich die Eiche gesellt mit stillen Birken und Buchen, / Und in Bergen ein Ort freundlich gefangen mich nimmt.*" (« À retourner où sont connus de moi des chemins en fleurs, / À revoir le pays et les belles vallées du Neckar / Et les forêts, le vert des arbres sacrés où volontiers / Le chêne s'allie à la paix des bouleaux et des hêtres, / Et dans les monts un lieu ami me tient captif. » Trad. de M. Deguy : Hölderlin, 1967, p. 817.)

8 George, 1941, p. 238.

« Alors de la couronnne des flots verts
Un Verbe surgit. visage de roses :
Longtemps tu vis en tribus étrangères
Mais notre faveur t'est toujours éclose.

À l'aube du matin tu mis la voile :
Comme après une journée vagabonde
Te saluent les femmes de ces ondes
Les rivages et la première étoile. »
(Trad. de Lehnen, *ibid.*, p. 239)

Ces quelques éléments nous permettent ainsi d'appuyer l'hypothèse d'une inspiration hölderlinienne, en particulier quant à l'esprit messianique et synthétique.

Enfin, la mystique gréco-chrétienne de George peut procéder de la figure éthérée de Diotima, centrale dans l'élégie „*Menons Klagen um Diotima*" (« Ménon pleurant Diotima »), seule pièce de Hölderlin à avoir trouvé asile dans son anthologie *Deutsche Dichtung. Das Jahrhundert Goethes* (*Poésie allemande. Le siècle de Goethe*)[9]. Le titre du cycle „*Jahr der Seele*" (« Année de l'âme ») pourrait d'ailleurs fort bien être directement emprunté à la dernière strophe de cette élégie, comme le signale le germaniste français Claude David[10]. Toutefois, son jugement ne fait pas l'unanimité et est contredit par Ernst Morwitz. En effet, selon son témoignage, George ignorait qu'il s'agissait d'une expression hölderlinienne[11]. Contrairement aux Romantiques, les élégies de Hölderlin n'inspirent pas à George de motifs érotiques. La figure de Diotima conjure en effet toute inspiration érotique, et nous pouvons penser avec H. G. Gadamer que Diotima demeure, dans l'inspiration de George, intimement liée au personnage de Maximin, lui-même idéalisé, voire divinisé :

So sehr er sich selbst „darstellte", seine eigentliche Prägung gewann seine Gestalt durch eine ähnliche Erfahrung von etwas Höherem, wie die, die Hölderlin an Diotima erfuhr :

9 George & Wolfskehl, 1995, p. 38-42.

10 David, 1952, p. 147 : « On sait que le titre du recueil de George est emprunté à un poème de Hölderlin *Lamentations de Ménon*. Diotima est morte ; le jeune homme s'abandonne d'abord à la douleur, puis retrouve le courage de vivre. »

11 Morwitz, 1960, p. 107 : „*Als Stefan George diese Worte wählte, und sie in die deutsche Sprache übertrug, war er sich – wie er mir sagte – nicht bewußt, daß Hölderlins "Menons Klagen um Diotima" mit dem Vers geschlossen hatte : "Und von neuem ein Jahr unserer Seele beginnt."*" (« Lorsque Stefan George choisit d'employer ces termes et les transposa en allemand, il n'avait pas conscience, me dit-il, que "Ménon pleurant Diotima" de Hölderlin se terminait sur le vers : "Et recommence une nouvelle année de notre âme." »)

seine Begegnung mit Maximin. Die Zeugnisse zeigen es deutlich, daß nicht so sehr die Verzauberung durch die Gegenwart des Jünglings als die Trennung und die Trauer, die sein früher Tod brachte, dem Ganzen die religiöse Tönung verlieh. Insofern ist das Maximin-Erlebnis eine Entsprechung zu Hölderlins Diotima-Erlebnis. [...] Wie aus dem Schmerz der Trennung die atemberaubende Inständigkeit seines hymnischen Werks aufstieg, so hat auch Stefan George in der Begegnung mit Maximin eine neue Begründung seiner ganzen gefährdeten Existenz erfahren[12].

« Il avait beau se "mettre en scène", sa véritable facture prit forme grâce à l'expérience qu'il a faite de quelque phénomène supérieur, similaire à celle que Hölderlin a connue avec Diotima : sa rencontre avec Maximin. Les témoignages l'attestent clairement : ce n'est pas tant l'enchantement produit par la présence du jeune homme que la séparation et le deuil, engendrés par sa mort précoce, qui ont conféré au tout sa tonalité religieuse. C'est dans cette mesure que l'expérience avec Maximin correspond à l'expérience avec Diotima. [...] De même que l'intensité à couper le souffle de son œuvre hymnique émane de la douleur causée par la séparation, Stefan George, en faisant la rencontre de Maximin, a de nouveau justifié toute la précarité de son existence. »

Le cycle « Maximin » de *Der Siebente Ring* (*Le Septième Anneau*) s'appuie en effet sur le personnage de Maximin quasi divinisé pour suggérer, comme Hölderlin par le truchement de Diotima, une quête spirituelle, la recherche de nouvelles valeurs[13]. Le poème qui témoigne le mieux de cette divinisation demeure sans doute „*Auf das Leben und den Tod Maximins*" (« Sur la vie et la mort de Maximin ») dont le premier volet répète plusieurs fois le terme de dieu :

Auf das Leben und den Tod Maximins

Das erste

Ihr hattet augen trüb durch ferne träume
Und sorgtet nicht mehr um das heilige lehn.
Ihr fülltet endes-hauch durch alle räume –

12 Gadamer, 1967-1968, p. 81.

13 Lehnen : George, 1941, p. 812 : « Cette "unité intérieure", qui manque selon George cruellement à la "société" moderne, le cycle *Maximin* a pour but d'en démontrer allégoriquement sur quels principes elle pourrait désormais reposer, à une époque résolument post-chrétienne, selon le poète qui, tout en vénérant le catholicisme ancestral, s'est souvent réclamé de son "paganisme". Avec une hardiesse qui – jusqu'à nos jours n'a pas manqué de provoquer, George y entreprend la quasi-divinisation de l'humain ; [...] George avait été fasciné par la beauté et les dons poétiques précoces du jeune homme et il pressentait en lui une sorte d'héritier. Sa mort l'avait d'autant plus fortement ébranlé. »

Nun hebt das haupt! Denn euch ist heil geschehen.

In eurem schleppenden und kalten Jahre
Brach nun ein frühling neuer wunder aus.
Mit blumiger hand. Mit schimmer um die haare
Erschien ein gott und trat zu euch ins haus.

Vereint euch froh da ihr nicht mehr beklommen
Vor lang verwichner pracht erröten müsst :
Auch ihr habt eines gottes ruf vernommen
Und eines gottes mund hat euch geküsst.

Nun klagt nicht mehr – denn auch ihr wart erkoren –
Dass eure tage unerfüllt entschwebt…
Preist eure stadt die einen gott geboren!
Preist eure zeit in der ein gott gelebt[14] *!*

« Sur la vie et la mort de Maximin
Le premier
Vos yeux étaient voilés par des rêves lointains
Et vous ne soigniez plus la donation sacrée.
L'espace était rempli du souffle de la fin –
Ores levez vos yeux ! car vous êtes sauvés.
Dans votre année pesante et figée dans le gel
Maintenant a percé un printemps de merveilles.
Avec des mains fleuries et un rayon au front
Un *dieu* est apparu et vint dans vos maisons.
Affranchis de l'angoisse. unissez vous joyeux
Sans plus rougir devant les splendeurs du passé :
Car vous aussi avez perçu l'appel d'un *dieu*
Et la bouche d'un *dieu* vous avait embrassés.
Lors ne vous plaignez plus – car vous êtes élus ! –
Que privés de bonheur vos jours soient révolus…
Célébrez votre ville où était né un *dieu* !
Célébrez votre siècle où a vécu un *dieu* ! »
(Trad. de Lehnen, *ibid.*, p. 479)

La mention du baiser démontre toutefois que l'érotisme demeure au moins à l'arrière-plan, comme refoulé au profit d'une sublimation et d'une idéalisation. Maximin, nimbé de lumière, n'est pas en effet sans évoquer quelque dieu antique. Néanmoins, malgré la dimension utopique de ses poèmes et contrairement à Hölderlin, George peut garder un ton

14 *Ibid.*, p. 478. C'est nous qui soulignons.

tragique. Son moi lyrique souffre en effet d'une grande solitude que Maurice Boucher interprète comme le lot du prophète[15]. Nous le voyons notamment dans le vers déjà cité „*Des sehers wort ist wenigen gemeinsam*[16]". Nul n'est prophète en son pays. La parole du poète ne se partage guère, comme il en convient dans le distique suivant : „*Lieder wie ich gern sie sänge / Darf ich Freunde noch nicht singen*[17]."En résumé, la mystique inspirée des élégies à George consiste en une vision prophétique du poète, une attente messianique et utopique, ainsi qu'une rencontre spirituelle du paganisme grec et du christianisme. Afin de mesurer le rayonnement de sa nouvelle réception de Hölderlin, nous pouvons considérer la lecture que ses disciples font du Hölderlin élégiaque.

RÉCEPTION MYSTIQUE DE HÖLDERLIN PAR LE CERCLE DE GEORGE

La préface aux œuvres de Hölderlin par Hellingrath, disciple de George, témoigne de la nouvelle lecture des élégies ou des textes à tonalité élégiaque en général. En effet, Hellingrath tend à lire l'œuvre de Hölderlin dans un sens utopique. Il s'interroge sur la lecture de l'avant-dernière lettre de *Hypérion*, la fameuse *Scheltrede*, la diatribe, un texte satirique et élégiaque qui, dirigé contre les Allemands et caractérisé par une profonde amertume, marque tout le XIXe siècle. Or, selon son analyse, ce texte élégiaque n'empêche nullement de lire l'œuvre de Hölderlin dans un sens utopique, plutôt que de lui donner un sens mélancolique et passéiste, et la référence à l'antiquité grecque devient paradoxalement un moyen de se tourner vers l'avenir :

> *Das Lob Germaniens widerruft keineswegs die Strafrede des Hyperion ; es ist eine neue Bejahung auf höherer Stufe als dass es die frühere Verneinung berühren könnte : es ist die gleiche, wenn man will, die gleich einseitige Bejahung, aus der heraus er zuerst, angeblich ein Romantiker, die Vergangenheit Athens, jetzt eine deutsche Zukunft preist*[18].

15 Boucher : George, 1941, p. 154 : « C'est peut-être que le chef, comme le mage et le voyant doivent nécessairement rester seuls. Ce qui lui vient à l'esprit, il ne peut pas, il ne doit pas encore le dire [...] le vrai langage du poète est mystérieux. »

16 *Ibid.*, p. 170 : « Ce qu'un voyant profère est ineffable aux foules. » Trad. de Boucher, *ibid.*, p. 171.

17 *Ibid.*, p. 154 : « Des chansons comme celles que j'aimerais chanter, / Je ne peux pas encore, amis, en chanter. »

18 Hellingrath, 1913, p. XI.

> « Les louanges chantées à la gloire de la Germanie ne désavouent aucunement la diatribe d'Hypérion. C'est une nouvelle approbation, située à un niveau supérieur à celui qu'eût pu atteindre l'ancienne désapprobation. C'est la même approbation, si l'on veut, l'approbation pareillement unilatérale, au nom de laquelle il a tout d'abord, dit-on en romantique, glorifié le passé d'Athènes, avant de célébrer aujourd'hui l'avenir des Allemands. »

Nous pouvons ainsi voir avec Henning Bothe un déplacement d'accent dans la réception de Hölderlin et qualifier la lecture qui en est faite non plus tant d'élégiaque, comme au XIXe siècle, mais bien plutôt d'utopique[19]. Claudia Albert voit précisément se confirmer dans les travaux de Hellingrath la représentation prophétique de Hölderlin[20]. À partir de ce changement de cap, l'accent est alors davantage mis sur l'aspect hymnique des élégies que sur leur mélancolie.

Afin de comprendre la lecture que les auteurs du premier XXe siècle, et en particulier George et ses émules, font des élégies de Hölderlin, il nous paraît intéressant de prêter attention à un autre travail théorique, rendu célèbre pour son analyse qui fit date dans la réception de Hölderlin. Il s'agit d'un article de Friedrich Gundolf, précisément membre du cercle de Stefan George, qui salue à sa manière la dimension prophétique de „*Der Archipelagus*" (« L'Archipel »). Claudia Albert rapproche également cette étude des travaux de Hellingrath pour expliquer la représentation prophétique du Hölderlin élégiaque. Gundolf s'intéresse en particulier à l'hommage rendu par le poète à la Grèce antique. Cependant, il tient à distinguer son chant d'une quelconque nostalgie romantique : „*Sein Hellas hat also nichts mit Ruinen-Sentimentalität, auch nicht [...] mit romantischer Sehnsucht zu tun, die aus der Leere kommt und durch Traum ersetzt,*

19 Bothe, 1992, p. 112 : „*Dadurch wird das Bild des elegischen Sängers, das das gesamte 19. Jahrhundert hindurch dominierte, ersetzt durch das des Dichters der utopischen Verheißung, an welches sich die meisten Deutungen des 20. Jahrhunderts gehalten haben.*" (« C'est ainsi que l'image du chantre élégiaque qui domina absolument tout le XIXe siècle se vit remplacée par celle du poète aux promesses utopiques, image à laquelle sont demeurées fidèles, dans leur majorité, les interprétations du XXe siècle. »)

20 Albert, 1994, p. 193 : „*Hellingraths Entdeckung des Hölderlinschen Spätwerks im Jahre 1910 und Gundolfs Antrittsvorlesung zum "Archipelagus" am 26.4.1911 sind Kristallisationspunkte für die Inthronisation Hölderlins als Leitfigur des Kreises und als Präfiguration des in George inkarnierten Seherdichters.*" (« La découverte par Hellingrath de l'œuvre tardive de Hölderlin en 1910 et le cours inaugural de Gundolf sur "L'Archipel" du 26 avril 1911 sont des points sur lesquels se cristallisent l'intrônisation de Hölderlin comme figure emblématique du cercle et comme préfiguration du poète visionnaire incarné en George. »)

was die Wirklichkeit versagt[21]." Au fond, Gundolf ne lit pas de mélancolie ou de nostalgie romantique dans ce poème, mais il y salue l'effort de ressusciter le monde hellénique :

> *Was Hölderlin von jener Romantik trennt, ist seine angeborene Orphik. Sie befähigt ihn, den überkommenen Mythus in seinen eigenen, morgendlich neuen zu verwandeln, alles Historische, Vergangene daran umzuschmelzen in seinem gegenwärtigsten Feuer*[22].
>
> « Ce qui sépare Hölderlin de ce romantisme, c'est l'orphisme qui lui est inné. Il le rend à même de s'approprier et renouveler le mythe ancestral, de refondre tout ce qui relève de l'histoire et du passé dans le plus contemporain de ses foyers. »

La démarche orphique mentionnée ici par Gundolf consiste à ses yeux en un langage symbolique, censé faire ressurgir au temps présent les réalités helléniques :

> *Der „vielgebietende Perse" ist Sinnbild für die geistlose Macht überhaupt, der Athener für den Genius überhaupt. [...] Darum bedeutet der Sieg der Athener über Xerxes für Hölderlin nicht bloß ein erfreuliches Faktum der Historie, sondern eine sinnfällige Offenbarung der göttlichen Kraft, durch die und für die er selber existierte. Sein Jubel über den Sieg bei Salamis ist die reinste Frömmigkeit, ist ein Danklied an seine eigenen Götter, kein historisches Hochgefühl...Religiöses Entzücken schwingt in dem Vers „Aber an Salamis Ufern, o Tag! An Salamis Ufern." [...] seine Verse sind Psalmen oder wenn man will, Epinikien – jedenfalls, dies kann man nicht genug betonen, religiösen, nicht historisch-sentimentalen Ursprungs, an eine Gegenwart, nicht an eine Vergangenheit gerichtet*[23].
>
> « Le "grand commandeur des Perses" est le symbole de toute puissance dénuée d'esprit, l'Athénien de tout génie. [...] C'est pourquoi la victoire des Athéniens sur Xerxès ne représente pas pour Hölderlin un simple événement historique dont on peut se réjouir, mais une révélation évidente de la puissance divine, par laquelle et pour laquelle il existait lui-même. La joie jubilatoire que lui procure la bataille de Salamine relève de la piété la plus pure, elle est une action de grâce adressée à ses propres dieux, il ne s'agit pas d'une euphorie pour l'histoire... Le ravissement religieux transparaît dans le vers "Mais aux bords de Salamine, ô Jour aux bords de Salamine !" [...] ses vers sont des *psaumes* ou si l'on veut des épinicies – en tous les cas, et on ne pourra pas assez le souligner, ils relèvent *d'une inspiration religieuse, et non de quelque attachement pour l'histoire, ils s'adressent à un présent et non à un passé.* »

---

21 Gundolf, 1961, p. 8. (« Son Hellade n'a donc rien à voir avec quelque tendresse pour les ruines, ni [...] avec quelque nostalgie romantique qui émanerait du néant pour substituer le rêve à ce que refuse la réalité. »)

22 *Ibid.*, p. 8-9.

23 *Ibid.*, p. 12. C'est nous qui soulignons.

Cet extrait de son article témoigne de la lecture mystique qu'il fait du poème : Hölderlin y rend grâce selon lui à ses dieux d'avoir offert la victoire aux Hellènes. Gundolf n'hésite pas à comparer le poème aux Psaumes. Hölderlin honore ainsi le rôle d'un prophète, dépositaire d'un savoir divin :

> *Nicht weils ihm in seiner Welt mißfiel, fand er die Griechenwelt schön, sondern weil er ein schönes Hellas lebendig in sich wußte, mußte er seine Umgebungen dürftig finden. Er war in die Welt gesandt als der Träger und Seher eines um ihn her nicht gültigen, aber deswegen nicht minder wirklichen und starken Glaubens und Weltgefühls*[24].

> « Ce n'est pas parce que son univers lui déplaisait qu'il jugeait beau l'univers hellénique, mais c'est parce qu'il se savait habité par une belle et vivante Hellade qu'il ne pouvait pas ne pas juger indigent son environnement. Il fut envoyé en ce monde comme le réceptacle et le *devin* d'une foi et d'une compréhension du monde auxquelles n'adhère pas son entourage, mais qui ne sont pas moins réelles et intenses pour autant. »

Le savoir divin de Hölderlin désenchanté par le départ des dieux serait alors exprimé dans le cadre de l'élégie avec une réelle amertume, un certain courroux aux accents tragiques, toutefois apaisé par la certitude du retour contenue dans ce même savoir. Cette amertume lénifiée constituerait par conséquent, à la place de la traditionnelle mélancolie, tout le suc de l'élégie puisque Gundolf, comme plus tard F. Beißner et nous à sa suite, lit ce poème précisément comme une élégie :

> *Dies Wissen ist die Mitte von Hölderlins Leben und Gedicht, das Wissen um ein unverlierbar Göttliches, die Qual in seiner Zeit nimmer die Offenbarung. Mit seinem Sehertum ist er in eine entgötterte Welt gestellt, das ist Ahnung eines tragischen Untergangs [...] Aber trotzdem ist seine Elegie und sein Zürnen voll von fast entzückter Zuversicht, als sei er nicht umsonst bei den heiligen Schatten drunter gewesen, als hätten ihm die Versunkenen tröstliche Kunde gebracht*[25].

> « Ce *savoir* est au centre de la vie et du poème de Hölderlin, le *savoir* au sujet d'une réalité divine impossible à perdre, les tourments de son époque ne seront jamais la révélation. Sa sagacité l'a placé dans un *monde déserté par les dieux*, c'est le *pressentiment d'un déclin tragique* [...] Mais pourtant, *son élégie et son courroux emplis d'une confiance presque ravie*, comme si son séjour parmi les saintes ombres ici-bas n'avait pas été vain, comme si les défunts lui avaient délivré un message de consolation. »

---

24 *Ibid.*, p. 13. C'est nous qui soulignons.
25 *Ibid.*, p. 14-15. C'est nous qui soulignons.

Dans l'élégie, le lecteur trouve ainsi un concentré d'émotions fortes et contradictoires : désenchantement – au sens d'amertume, mais aussi d'absence divine : *entgötterte Welt* –, colère, ravissement – *entzückte Zuversicht* – et c'est ce choc des émotions qui ravit Gundolf, à même d'en goûter l'intensité mystique. Au fond, sa réaction prouve que Hölderlin a su renouer avec la tradition même de l'écriture élégiaque qui suppose, comme nous l'avons déjà expliqué dans notre premier ouvrage[26], d'une part l'expression d'une certaine affliction, et d'autre part l'atténuation de l'amertume par le recul que prend l'auteur élégiaque avec le passé. Le temps a en effet pansé les plaies. Cependant, si Hölderlin parvient au même résultat en exprimant à son tour une amertume atténuée, il se montre original en inversant le point de vue traditionnel du genre élégiaque : il apaise ici l'amertume non pas tant par le recul qu'il prendrait face au passé – il ne se résigne pas et ne s'accommode pas de l'absence des dieux – qu'au contraire, par l'espoir religieux d'un retour des dieux. Les élégies de Hölderlin n'adoptent pas la structure cyclique d'un retour sur le passé, mais bien une structure linéaire tendue vers le renouveau. La logique s'avère ainsi inversée : elle est messianique. Toutefois, elle aboutit au même résultat : la rencontre de deux sentiments contradictoires et leur fusion en une sensation subtile et raffinée. Gundolf ne se trompe pas : il peut apprécier Hölderlin et l'ensemble de son œuvre pour plusieurs raisons, mais c'est l'intensité émotionnelle, née de ces contradictions, qui le séduit dans les élégies de Hölderlin. Une telle adhésion à son écriture élégiaque l'amène alors à savourer l'essence même de l'élégie.

Cette étude de Gundolf, centrée sur la résurgence d'une mystique antique, a en réalité un antécédent universitaire qui a fait date dans la réception des élégies de Hölderlin. Il s'agit d'une réaction à la réhabilitation de Hölderlin par Dilthey. En 1896, un professeur de lycée, Emil Petzold, publie une longue et minutieuse étude sur l'élégie „*Brot und Wein*" (« Le Pain et le vin »). Dans son introduction, il refuse catégoriquement d'interpréter comme un signe avant-coureur de folie les passages jugés incompréhensibles :

26 En Allemagne, Thomas Abbt et Moses Mendelssohn théorisent effet l'idée selon laquelle l'élégie reposerait sur des « sensations mêlées », tristesses et joies, et en France, Mancini-Nivernois évoque une « douleur amortie » pour définir l'émotion élégiaque qui suppose que le temps a pansé les plaies.

[...] es handelt sich da nicht darum, ob ein lyrisches Product aus dem Curiositätencabinet der Literatur in ihre Ehrenräume zu versetzen ist, [...] sondern darum, ob nicht Bedenken zu erheben wären gegen ein traditionelles Vorurtheil, das einer sachlichen Würdigung Hölderlins nicht in diesem einen Punkt bloss im Wege steht. Ich meine die Gewohnheit, das pathologische Moment bei der Betrachtung des Dichters stets in den Vordergrund zu schieben, wenn das Verständnis seiner Gedichte auf Schwierigkeiten stösst, überhaupt seine dichterische Eigenart a priori mit seinem Schicksal in einen engen, fast selbstverständlichen Zusammenhang zu bringen[27].

« Il ne s'agit pas de savoir si un produit du lyrisme doit quitter le cabinet de curiosités de la littérature pour retrouver ses lettres de noblesse, [...] mais plutôt de savoir s'il ne faudrait pas nourrir des soupçons à l'encontre d'un préjugé traditionnel qui, sur ce point précis, ne s'oppose tout simplement pas à une valorisation objective de Hölderlin. Je pense à l'habitude de ceux qui étudient le poète à mettre sans cesse en avant le facteur pathologique lorsque la compréhension des poèmes se heurte à des difficultés, à établir *a priori* un rapport étroit et quasi évident entre ses particularités poétiques et son destin. »

Or ce qui l'intéresse, c'est précisément la rencontre synthétique du christianisme et du paganisme hellénique :

Damit hoffe ich das Nöthigste zur vorläufigen Begründung der Annahme zusammengetragen zu haben, daß in „Brod und Wein" ein Versuch vorliegen kann, das heiligste Geheimnis der christlichen Religion mit dem heiligsten des hellenischen Göttercultus im poetischen, nur den Wissenden deutbaren Bilde in Verbindung zu bringen[28].

« J'espère ainsi avoir fait le nécessaire pour justifier temporairement l'hypothèse, selon laquelle dans "Le Pain et le vin" peut se profiler la tentative de mettre en rapport le mystère le plus sacré de la religion chrétienne avec le mystère le plus sacré du culte hellénique des dieux dans l'image poétique, accessible uniquement aux initiés. »

Cet intérêt se vérifie au fond chez plusieurs auteurs du premier XXe siècle qui continuent, à l'instar des Romantiques, à rechercher une certaine mystique dans les élégies de Hölderlin. Toutefois, cette mystique se distingue d'une religiosité chrétienne traditionnelle, telle que la goûte un auteur romantique comme Brentano. Les auteurs du premier XXe siècle apprécient davantage la synthèse religieuse et culturelle. Il s'agit au fond d'une évolution logique puisque cette donnée échappe à Brentano qui ne connaît notamment que la première strophe de l'élégie *„Brot und Wein"* (« Le Pain et le vin »). À l'inverse, les auteurs du premier XXe siècle

27 Petzold, 1967, p. 5.
28 *Ibid.*, p. 50.

bénéficient d'un certain recul, notamment grâce aux travaux éditoriaux de Hellingrath, et ont une vue d'ensemble sur les poèmes de Hölderlin. Cette synthèse doit être prise au sens large du terme : il peut désigner tant le rapprochement religieux de la Grèce et du monde chrétien qu'un rapprochement simplement culturel, ou encore une recherche spirituelle, athée ou non, destinée à suggérer de nouvelles valeurs à la société. Toutefois, cette rencontre peut prendre la forme d'une synthèse plus affirmée encore sous la plume d'autres auteurs, comme Hofmannstahl et Kasack en particulier.

LA « SYNTHÈSE » GERMANO-HELLÉNIQUE DE HOFMANNSTAHL INSPIRÉE DE HÖLDERLIN

Comme d'autres auteurs du premier XXe siècle, Hofmannsthal ne se montre pas complètement indifférent aux élégies de Hölderlin. Hofmannstahl s'avère pour sa part sensible à l'aspect mystique de son écriture élégiaque en général, sans doute plus qu'à ses élégies en particulier. Ce qui intéresse précisément Hofmannstahl, c'est la synthèse culturelle, soit le rapprochement des cultures allemande et hellénique que Hölderlin opère. Cet intérêt se manifeste lorsque Hofmannsthal travaille avec Strauß à la mise en scène de la pièce *Die Ruinen von Athen* (*Les Ruines d'Athènes*) de Kotzebue, mise en musique par Beethoven, puisqu'il cherche à concilier de façon symbolique l'Antiquité grecque et l'époque de Beethoven et à les évoquer toutes deux de manière suggestive. Il se concentre alors sur l'artiste allemand et l'idée qu'il retient est finalement d'incarner ce personnage dans la figure du randonneur ou de l'errant (*Wanderer*), comme en témoigne une lettre adressée au musicien viennois le 25 mai 1922 :

> *Ich habe mir den Kopf eine Weile zerbrochen und bin, glaube ich, zu einer Lösung gekommen, wie man auf eine gute, geschmackvolle Art die Geschöpfe des Prometheus in das Balletfestspiel Die Ruinen von Athen einbeziehen kann, so daß Ihr Wunsch nach einer größeren Länge des Ganzen erfüllt wird. Indem ich nämlich den Wanderer oder Fremdling als eine Art Idealgestalt des deutschen Künstlers jener halbvergangenen Zeit auffasse, und ihm jenen Vers „das Land der Griechen mit der Seele suchend" sozusagen zum Leitwort gebe, lasse ich, wie er so auf dem einsamen Athenischen Platz*

> *den Trümmern der Vergangenheit nachsinnt, ihn nach Goethes Vorbild von einem prometheischen, bildnerischen, schöpferischen Gefühl durchzuckt sein [...] kurz, ich lasse ihn selber zum Prometheus werden*[29].
>
> « Je me suis creusé les méninges pendant un certain temps et j'ai résolu, je crois, le problème de savoir comment intégrer avec bon goût les *Créatures de Prométhée* au ballet *Les Ruines d'Athènes* pour satisfaire votre souhait de voir l'ensemble s'allonger. En effet, si je considère l'errant ou l'étranger comme un type idéal de l'artiste allemand, pour cette période à moitié révolue, et si je lui fais dire, en quelque sorte comme *leitmotiv*, ce même vers "son âme cherchant la terre des Grecs", lorsque ainsi sur la place isolée d'Athènes, il médite sur les ruines du passé, il est, de mon fait, envahi par une sensibilité prométhéenne, créatrice, démiurgique sur le modèle de Goethe [...] bref, je le fais devenir lui-même Prométhée. »

Certes, la référence retenue dans cette citation demeure Goethe. Cependant, le mot *Wanderer* (« l'errant ») peut évoquer aussi bien Goethe que l'élégie de Hölderlin intitulée précisément „Wanderer" (« l'errant »). En outre, l'allusion à ce dernier ne tarde guère et apparaît dans le script de la mise en scène : *„Der Fremdling, ein deutscher Künstler, tritt auf. (im Costüm jener Zeit. Idealgestalt. Erinnerung an Goethe, Herder, Hölderlin.)*[30]" Mais surtout, Hofmannstahl rapproche cette figure idéale d'Hypérion, le héros éponyme de Hölderlin, en particulier lorsqu'il est question de faire se rencontrer le personnage idéal et la déesse Athena, soit au moment où doit intervenir une fusion entre les deux cultures allemande et classico-romantique d'une part et grecque ancienne d'autre part. Manfred Hoppe explique les raisons de cette évolution dans l'article qu'il consacre à la question :

> *Wenn der Fremde, der Wanderer, der deutsche Künstler [...] jetzt die Synthese von Deutschem und Griechischem zu tragen hat, so muß sein Wesen deutlicher herausgestellt werden. Für den Wanderer des "Szenars" genügte es, wenn der Zuschauer an Goethe in Italien, Hölderlin in Frankreich [...] irgendwie erinnert wurde. Der Wanderer war eine Suggestionsfigur ohne eigene Tiefe. Nun erhob sich die Frage : was aber ist "das Deutsche" an diesem deutschen Künstler*[31].
>
> « Si l'étranger, l'errant, l'artiste allemand [...] doit maintenant assumer la synthèse de la germanité et de l'hellénisme, son caractère doit être mis davantage

29 Hofmannsthal, 1985, p. 281.

30 *Ibid.*, p. 271 : « L'étranger, un artiste allemand, entre en scène (habillé en costume d'époque. Figure idéale. Souvenir de Goethe, Herder, Hölderlin.) »

31 Hoppe, 1982, p. 333.

> en valeur. Pour l'errant du "scénario", il suffisait que le spectateur se souvînt, d'une manière ou d'une autre, [...] de Goethe en Italie, de Hölderlin en France. L'errant n'était qu'un personnage évocateur sans réelle profondeur. La question se posa dès lors de savoir ce que cet artiste allemand a d'"allemand". »

Ainsi, Hofmannsthal entend donner à la figure du *Wanderer* (« *l'errant* ») *une réelle consistance et une véritable identité germanique pour permettre la rencontre des deux cultures. Hofmanns*tahl appelle cette synthèse la *konservative Revolution* (« Révolution conservatrice »)[32]. Or il choisit précisément de placer le personnage dans le contexte élégiaque d'*Hypérion*. En effet, il place dans la bouche d'Athéna des citations du roman. Ainsi, Athéna s'adresse au *Wanderer* en ces termes, extraits du roman :

> *Es ist so selten, daß ein Mensch so mit einem Mal, im kleinsten Punkt, so schnell, so tief das ganze Schicksal seiner Zeit empfindet – und dass es unaustilgbar in ihm haftet, dies Gefühl, weil er nicht rauh genug ist, um es auszustoßen – und nicht schwach genug es auszuweinen*[33].
>
> « Il est bien rare qu'un homme ressente, d'un coup, dans le moindre détail, aussi brièvement et aussi profondément, les destinées entières de son temps et que ce sentiment s'enracine définitivement en lui parce qu'il n'est pas assez brutal pour le rejeter, ni assez faible pour le dissoudre en pleurs. »

Notons que le texte de Hölderlin diffère légèrement[34]. Cette citation, quoique libre, indique que Hofmannsthal décide bel et bien de rapprocher

---

32 *Ibid.*, p. 356 : „*Die Synthese von Griechischem und Deutschem in unserem Jahrhundert [...] Die Synthese, die Hofmannsthal erhoffte, die "konservative Revolution"* [...]" (« La synthèse de l'hellénisme et de la germanité en notre siècle [...] La synthèse en laquelle Hofmannstahl mettait ses espoirs, la "Révolution conservatrice". ») Hofmannstahl écrit : „*Ich spreche von einem Prozeß, in dem wir mitten inne stehen, einer Synthese, so langsam und großartig [...] der Prozeß, von dem ich rede, ist nichts anderes als eine konservative Revolution von einem Umfange, wie die europäische Geschichte ihn nicht kennt. Ihr Ziel ist Form, eine neue deutsche Wirklichkeit, an der die ganze Nation teilnehmen könnte.*" (Hofmannstahl, 1955, p. 412-413, c'est nous qui soulignons.) (« Je parle d'un processus au milieu duquel nous nous trouvons, d'une synthèse si lente et si imposante [...] le processus dont je parle n'est rien d'autre *qu'une révolution conservatrice*, d'une ampleur sans précédent dans l'histoire européenne. Elle aspire à une forme, à une nouvelle réalité allemande à laquelle toute la nation pourrait prendre part. »)

33 Hofmannsthal, 1985, p. 273. Nous avons, dans cette traduction, calqué le texte de Philippe Jaccottet qui suit dans la note 34 pour essayer de mettre en valeur les différences qui existent entre le texte de Hölderlin et celui de Hofmannstahl. La comparaison entre les deux textes allemands permet toutefois de mieux juger la différence entre les deux textes.

34 Hölderlin, t. II, 1992-1999, p. 143 : „*es ist so selten, daß ein Mensch mit dem ersten Schritt ins Leben so mit Einmal, so im kleinsten Punkt, so schnell, so tief das ganze Schicksal seiner Zeit empfand, und daß es unaustilgbar in ihm haftet, dies Gefühl, weil er nicht rauh genug ist, um*

le *Wanderer* (« l'errant ») de Hölderlin, et par extension, du personnage éponyme de son élégie. En outre, ce n'est pas un hasard si Hofmannsthal a choisi un extrait du roman élégiaque. En effet, l'écriture élégiaque rapproche avec d'autant plus de facilité deux périodes différentes que son ton mélancolique permet d'évoquer avec force le passé. Le lecteur perçoit ce ton mélancolique lorsque le *Wanderer* (« errant »), désireux de percevoir la présence d'Athéna, lui adresse cette prière :

> *Hinauf zu deiner Burg, meine Göttin – Empfängst du mich mit dem ganzen Licht deines Abends ? Lässest du mich mein Antlitz spiegeln in deinem goldenen Schild, – daß ich mir selber entschwinde und schön und unverwelklich werde vor dir – einer von den deinigen ?*
>
> *Oder soll ich hier unten an deines Abends Schatten mich stillen, göttliche Herrin, der ich ein Kind des Abends bin und zu später Stunde den heiligen Jugendpfad der Welt betrete – scheu wie die nachgeborne Waise, demütig unterm Abendstern, daß er mir die Herrlichen zusammenführe, die Götter der Erde, die der grausame Morgen mit rosigen Händen mir immer wieder zerstückelt–*[35].

> « Montons à ta forteresse, ma déesse – M'accueilleras-tu de toute ta lumière vespérale ? Me laisseras-tu refléter ma face dans ton bouclier d'or pour que j'échappe à mes propres regards et que, face à toi, je gagne en beauté et ne me fane pas, pour que je devienne l'un des tiens ?
>
> Ou bien dois-je m'apaiser ici-bas, à l'ombre de ton crépuscule, divine maîtresse, moi qui suis un enfant du crépuscule et qui, à une heure tardive, emprunte le saint sentier de la jeunesse pour parcourir le monde –, suivant avec la timidité de l'orphelin puîné, et avec humilité l'étoile du berger, pour qu'elle rassemble à mon attention les Magnifiques, les dieux de la terre, que l'aube cruelle, de ses mains rosées, ne cesse de mettre en pièces sous mes yeux. »

Manfred Hoppe signale un rapprochement thématique possible avec *Iphigénie en Tauride* de Goethe[36]. Toutefois, il voit dans la prière un ton proche du style élégiaque d'*Hypérion* :

---

es auszustoßen, und nicht schwach genug, es auszuweinen." Nous soulignons dans la version allemande les différences entre le texte de Hölderlin et celui de Hofmannsthal que les traductions ne permettent pas bien de mettre en valeur. La différence demeure ténue. Elle se réduit à l'expression chez Hölderlin « du premier pas dans la vie » et du choix du prétérit (*empfand*), auquel Hofmannsthal préfère le présent (*empfindet*) (« Il est bien rare en effet qu'un homme, *dès son premier pas dans la vie, ressente* ainsi d'un coup, en un aussi bref éclair et aussi profondément, les destinées de son temps, et que ce sentiment s'enracine en lui à ce point, parce qu'il n'est pas assez brutal pour le rejeter, ni assez faible pour le dissoudre en pleurs. » Trad. de Jaccottet : Hölderlin, 1967, p. 245.)

35 Hofmannsthal, 1985, p. 54.

36 Hoppe, 1982, p. 350 : „*Den ersten Satz kann man nicht lesen, ohne an den Einleitungsmonolog der Iphigenie erinnert zu werden : "hinaus in eure Schatten !" Daß Goethe den Ton angibt,*

> *Dieser Ton der Klage führt hinüber in den Hyperion-Ton, der aus den ersten Aufzeichnungen, die Hofmannsthal sich zu der Gestalt gemacht hatte, noch nachklingt. Es ist schwer zu beschreiben, worin dieser Hyperion-Nachklang besteht. Es ist weniger das Vokabular der Sätze, obwohl es deutlich auf Hölderlin verweist, als der Fall der Sätze, wie er aus der Lektüre des Romans im Ohr liegt [...] Es ist das Eigentümliche dieser Prosa, daß sie die Satzanfänge beschwert und dann den Satz wie erschöpft absinken läßt, was ihr den Charakter heroischer Schwäche, ihren seelischen Charakter gibt, einen Zug, wie ihn auch der Wanderer aufweist. [...] Hofmannsthal instrumentalisiert diesen Ton voller als Hölderlin das Fallen des Satzes*[37].
>
> « Ce ton de la plainte mène au ton d'Hypérion que l'on perçoit encore dans les premières notes que Hofmannsthal avait rédigées pour lui-même sur ce personnage. Il est difficile de dire en quoi consiste cet écho d'Hypérion. C'est moins le vocabulaire des phrases, bien qu'il renvoie clairement à Hölderlin, que la chute des phrases que le lecteur du roman a gardée en mémoire. [...] Ce qui caractérise cette prose, c'est qu'elle alourdit le début des phrases et ensuite provoque la chute de la phrase comme si celle-ci était épuisée, ce qui lui confère le caractère d'une faiblesse héroïque, son caractère moral, un trait commun également à l'errant. [...] Hofmannstahl instrumentalise davantage ce ton que n'accentue Hölderlin la chute de la phrase. »

D'ailleurs Hofmannsthal emploie lui-même le terme d'élégie pour désigner le ton mélancolique sur lequel l'« Allemand » s'exprime :

> *Der Fremde tritt wieder auf den dämmernden Platz heraus, scheut sich vergewissernd, ob er nun allein ist. Das strahlende Abendlicht fällt von oben herab und umspielt auch noch den letzten Winkel mit Leben. Alle Schatten werden durchsichtig in dieser zauberischen Luft und dem Deutschen löst eine unstillbare Sehnsucht die Lippen zu einer Rede, halb Elegie, halb Gebet. Was er verlangt, ist schließlich das Unerreichliche : denn die sehnsüchtigsten und geheimsten Wünsche sind ohne Grenzen. Daß er das Herrliche wahrnehme mit wachen Sinnen, ungebrochen, nicht einzelne Trümmer, sondern das Ganze*[38].

---

ist richtig, denn er hatte auch bei der Konzeption der Figur des Wanderers im Hintergrund gestanden. Mit Iphigenie gemeinsam ist dem Wanderer die Situation – das Betreten eines der Göttin (hier Pallas Athene, dort Diana) geweihten Bezirks. Gemeinsam ist beiden, daß ihre erste Äußerung eine Klage ist, daß beide die verlorene Heimat "mit der Seele suchen"." (« On ne peut pas lire la première phrase sans se remémorer le monologue d'introduction d'Iphigénie : "Sortez et retournez dans vos ténèbres !" Il est juste de dire que c'est Goethe qui donne le la car il se trouve lui aussi être à l'origine de la conception de ce personnage qu'est l'errant. L'errant partage le sort d'Iphigénie – en pénétrant un sanctuaire consacré à la déesse (ici Pallas Athéna, là Diane). Ils ont pour point commun de se plaindre tous les deux, dès la première tirade, de "chercher de toute leur âme" la patrie perdue. »)

37 *Ibid.*

38 Hofmannsthal, 1985, p. 290, c'est nous qui soulignons.

« L'étranger sort à nouveau sur la place qui plonge dans l'obscurité, s'assure avec inquiétude qu'il est bien désormais seul. Le rayon de la lumière crépusculaire tombe d'en haut et donne encore quelques instants de vie au dernier recoin. Toutes les ombres deviennent transparentes dans cet air enchanté et une irrésistible nostalgie anime les lèvres de l'Allemand pour produire un discours situé *aux confins de l'élégie et de la prière*. Ce qu'il demande, c'est finalement l'impossible car les désirs les plus empreints de nostalgie et les plus secrets ne connaissent pas de limites. Il désire, de ses sens éveillés, percevoir l'excellence dans son ensemble, non pas par bribes isolées, mais intégralement. »

Ainsi, Hofmannsthal imite bel et bien le style élégiaque de Hölderlin pour permettre au *Wanderer* (« l'errant ») allemand d'évoquer les dieux grecs dans une mélancolie toute poétique. Si Manfred Hoppe renvoie ses lecteurs à *Hypérion*, nous signalons que la prière adressée par le *Wanderer* (« l'errant ») à Athéna peut également être rapprochée des premiers vers de *„Der Archipelagus"* (« L'Archipel ») :

Immer gewaltiger! lebst du noch und ruhest im Schatten
Deiner Berge, wie sonst; mit Jünglingsarmen umfängst du
Noch dein liebliches Land[39].

« Car tu vis, ô Puissant ! Et toujours sans vieillir tu reposes dans [l'ombre]
De tes monts, comme alors, et toujours étreignant de tes bras [de jeune homme]
La terre que tes vagues entourent. »
(Trad. de Tardieu : Hölderlin, 1967, p. 823.)

Pourquoi ne pas avoir choisi directement et systématiquement des emprunts aux élégies ? Sans doute Hofmannsthal préféra-t-il intégrer la prose élégiaque de Hölderlin dans un texte théâtral, la jugeant plus proche d'un discours spontané.

En résumé, pour permettre la rencontre des cultures allemande et hellénique, Hofmannsthal a créé un personnage qui évoque notamment une élégie de Hölderlin, et il a adopté un style élégiaque. Certes, son écriture reste également très proche de Goethe et les élégies de Hölderlin n'apparaissent qu'en filigrane. Cependant, la référence au Hölderlin élégiaque demeure et rend cohérente la juxtaposition des deux cultures, d'un point de vue thématique – Hölderlin est connu pour rassembler les deux cultures – comme sur le plan stylistique, le ton élégiaque étant plus propice à l'évocation des temps passés et des civilisations englouties.

39 Hölderlin, t. I, 1992-1999, p. 253.

Nous pouvons parler ici d'un transfert culturel dans la mesure où la culture grecque vient en quelque sorte s'agréger à la culture allemande pour, à travers le symbole du personnage voyageur, suggérerla dimension « syncrétique » du Hölderlin élégiaque, capable de fédérer la culture païenne grecque et la culture allemande. Contrairement à George, tourné vers l'attente messianique de „*Brot und Wein*" (« Le Pain et le vin »), Hofmannsthal privilégie ici le regard rétrospectif du genre élégiaque traditionnel. Notons qu'il a choisi lui aussi de placer la référence au Hölderlin élégiaque dans un contexte mystique puisque la figure du *Wanderer (« l'errant »)* rencontre non sans émotion la déesse Athéna.

LES AUTEURS EXPRESSIONNISTES ET LA MYSTIQUE ÉLÉGIAQUE DE HÖLDERLIN
Les exemples de Kasack, Rilke et Trakl

D'autres auteurs du premier XXe siècle se montrent sensibles à la dimension « syncrétique » et mystique des élégies de Hölderlin. Il s'agit ressentiellement d'auteurs expressionnistes. Intéressons-nous aux cas de Kasack, Rilke et Trakl.

KASACK

K. Bartsch cite dans son ouvrage un passage du texte qui servit à Hermann Kasack de départ à un projet de thèse. Il s'intitule *Die drei Sprachschichten in der Lyrik Friedrich Hölderlins* (*Les Trois registres langagiers du lyrisme de Hölderlin*). Ce texte qui date de 1921 ne fut pas publié. K. Bartsch y eut accès grâce à la famille de l'auteur[40]. Le passage cité affirme la conciliation des contraires par les élégies :

> *Es vollziehe sich noch einmal ein Wandel, und zwar in den Elegien, in denen die „Aussöhnung der Gegensätze" zum „Urerlebnis des Dichters" werde. [...] Hölderlin*

40 Bartsch, 1974, p. 150 : „*An dieser Stelle möchte ich Frau Maria Kasack und Herrn Professor Wolfgang Kasack dafür danken, daß sie mir erlaubten, das Typoskript einzusehen und für meine Arbeit auszuwerten.*" (« Ici, j'aimerais exprimer ma gratitude à madame Maria Kasack et au professeur Wolfgang Kasack qui m'autorisèrent à consulter le tapuscrit et de l'exploiter pour mon travail. »)

schlage durch die Kontinuität des ewig-lebendigen [!], „das in allen Zeiten als Wirklichkeit und Wirksamkeit des Göttlichen erscheint, die Brücke über alle Zeiten und Zonen hin. Mit dieser großen inneren Synthese, die wir als Versöhnung zu bezeichnen haben, ist nun eine Basis für eine neue Welt gegeben, in der eben die guten Kräfte : der Gemeinschaftsgeist, der Ausgleich der Zeiten, die faktische Versöhnung vor allem von Christentum und Hellas (Christus und Dionysos) Gestaltung werden können[41]."

« On lit qu'il s'opère à nouveau un changement, et ce dans les élégies où la "*réconciliation des contraires*" devient "l'expérience originelle du poète". [...] On lit que Hölderlin établit une transition entre toutes les époques et toutes les régions grâce à la pérennité de ce qui est éternellement vivant qui, "à toutes les époques, apparaît comme la réalité et l'efficacité *du divin.* Cette grande synthèse intérieure que nous devons appeler *réconciliation* jette les bases d'un nouveau monde où peuvent se former justement les forces bonnes, *l'esprit de communauté, la compensation des époques, la réconciliation effective, en particulier du Christianisme et de l'Hellade (Christ et Dionysos)*". »

Hermann Kasack souligne à son tour ici le pouvoir des élégies de Hölderlin de concilier deux cultures jugées même antagonistes. L'opposition réside en effet dans le caractère religieux de ce rapprochement. Il s'agit d'une véritable synthèse qui repose sur la fusion de la religion païenne des Hellènes et du christianisme, au nom de la pérennité du divin. Il évoque en particulier le rapprochement du Christ et de Dionysos qui renvoie tout particulièrement à „*Brot und Wein*" (« Le Pain et le vin »). Ce qu'il apprécie dans les élégies de Hölderlin, c'est donc là aussi leur caractère fédérateur, leur pouvoir de jeter des « ponts » entre les époques, les cultures, les religions. Pourquoi H. Kasack a-t-il à son tour retenu les élégies plutôt que les odes qui évoquent également la Grèce et sa culture ? La raison semble être la même que pour Hofmannsthal : la tonalité mélancolique accompagne le regard jeté en arrière, vers d'autres civilisations et permet l'évocation mélancolique de divinités païennes comme Dionysos, ainsi que celle plus récente de Jésus. Le pain et le vin sont en effet des signes laissés par les dieux destinés à matérialiser la promesse de leur retour :

Brot ist der Erde Frucht, doch ists vom Lichte gesegnet,
Und vom donnernden Gott kommet die Freude des Weins.
Darum denken wir auch dabei der Himmlischen, die sonst
Da gewesen und die kehren in richtiger Zeit[42].

41 *Ibid.* C'est nous qui soulignons.
42 Hölderlin, t. I, 1992-1999, p. 290.

« Le pain est fruit de terre, et la lumière cependant doit le [bénir,]
Il faut le dieu tonnant pour que le vin donne sa joie. »
(Trad. de Roud : Hölderlin, 1967, p. 813.)

Nous retrouvons au fond le raisonnement élaboré à partir du texte de Hofmannsthal. En outre, l'étude de l'œuvre de Kasack permet de constater que cet auteur s'est inspiré en particulier de „*Brot und Wein*" (« Le Pain et le vin ») pour nourrir la mélancolie de ses écrits. Ainsi, sa pièce *Die Schwester : Eine Tragödie in acht Stationen*, s'ouvre sur une scène extrêmement sombre dont la mélancolie évoque clairement l'élégie de Hölderlin :

Nicht mehr die Finsternis einsamer Nächte,
Da ich da-saß, allein, gegenüber dem Chaos,
Um das Rätsel der Erde auszusinnen,
Nicht mehr die Finsternis verzehrt mich.
[...]
Da milde und gerecht die Trauer uns umfließt,
[...]
Wie endlich nun und wirklich
Die Finsternis verbleicht, das Warten,
Das unerträglich schien und unerträglich war,
Da wir hier sitzen, und die Nächte
In schweren Wein umformen, und –
Trink ! Trink[43] !

« Ce ne sont plus les ténèbres des nuits solitaires
Où je demeurais assis là, seul, face au chaos,
Pour méditer sur l'énigme de la terre,
Ce ne sont plus les ténèbres qui me consument.
[...]
Comme l'affliction nous entoure de ses doux et justes flots
[...]
Que le pâlissement des ténèbres paraît désormais fini et réel, [l'attente]
Qui semblait insupportable et était insupportable,
Maintenant que nous sommes assis ici et que les nuits Métamorphosent en un vin capiteux et que –
Bois ! Bois ! »

Le lecteur retrouve le motif des ténèbres, de la nuit, du chaos et de l'attente. Toutefois, lorsque Hölderlin insiste sur l'espoir mystique de

43 Kasack, 1920, p. 9-10.

l'attente, Kasack lui confère un aspect désespéré. Nous voyons bien à la lumière de cet extrait que le poète expressionniste s'inspire de la mélancolie élégiaque de Hölderlin pour donner à ses écrits une tonalité bien sombre. Cette caractéristique se vérifie dans un poème intitulé *Fremdling* (« Étranger »), où le motif de la nuit devient synonyme de douleur :

Tiefer noch als Nacht
schattet Schmerz.
Oh ! Welches Dunkel[44] !

« Plus profonde encore que la nuit,
La douleur crée de l'ombre.
Oh ! Quelle obscurité ! »

Le lecteur reconnaît dans le titre le terme *Fremdling* (« Étranger ») que Hölderlin emploie dans son élégie „*Brot und Wein*" (« Le Pain et le vin ») à propos de la nuit, toutefois dans une forme féminine plutôt surprenante (*Fremdlingin*[45]). Kasack, en optant pour le masculin, se montre moins original, mais il signale ainsi son inspiration hölderlinienne.

RILKE

Un autre grand auteur germanophone entérine cette lecture des élégies : il s'agit de Rilke. Ému par la lecture des élégies découvertes dans un volume de Hellingrath, le poète esquisse sur un ton élégiaque des chants de guerre dans le même volume[46]. C'est le dieu de la guerre nouvellement apparu qui provoque un chaos et ainsi, paradoxalement, ravive dans un premier temps le sens de la communauté entre le passé et le présent, déjà observé dans la quatrième strophe de „*Brot und Wein*" (« Le Pain et le vin »)[47] :

44 Kasack, 1918, p. 68.
45 Hölderlin, t. I, 1992-1999, p. 286 (« l'Étrangère »).
46 Beißner, 1936, p. 42 : „*Diese Bevorzugung schließlich des elegischen Tones vor dem hymnischen Rhythmus […] entwickelt sich allmählich schon in den fünf Kriegsgesängen, die Rilke in sein Hölderlin-Exemplar geschrieben hat.*" (« Finalement, le ton élégiaque est progressivement privilégié par rapport au rythme de l'hymne dans les cinq chants de guerre que Rilke a écrits dans son exemplaire de Hölderlin. »)
47 Hölderlin, t. I, 1992-1999, p. 288 : „*Vater Äther ! So riefs und flog von Zunge zu Zunge / Tausendfach, es ertrug keiner das Leben allein ; / Ausgeteilet erfreut solch Gut und getauschet, mit Fremden, Wird's ein Jubel, es wächst schlafend des Wortes Gewalt / Vater ! Heiter ! Und hallt, so weit es gehet, das uralt / Zeichen, von Eltern geerbt, treffend und schaffend hinab. / Denn so*

[...] *Wir aber hoben die heile*
Leier anderen zu : welchen kommenden Göttern ?
Und nun aufstand er : steht : höher
als stehende Türme, höher
als die geatmete Luft unseres sonstigen Tags.
Steht. Übersteht. Und wir ? Glühen in Eines zusammen,
in ein neues Geschöpf, das er tödlich belebt.
So auch bin ich nicht mehr ; aus dem gemeinsamen Herzen
schlägt das meine den Schlag, und der gemeinsame Mund
bricht den meinigen auf[48].

« Mais nous entonnâmes le sain
Refrain pour d'autres : pour quels dieux à venir ?
Et le voilà qui se leva : il est debout : plus haut
Que des tours debout, plus haut
Que l'air respiré en nos jours habituels.
Il est debout. Il fait saillie. Et nous ? Incandescents, nous nous [fondons]
En une seule et même créature nouvelle, à laquelle il donne une [vie mortelle.]
Moi de même, je ne *suis* plus. Du cœur *commun*
Le mien bat la chamade, et la bouche *commune*
Ouvre la mienne. »

Rémy Colombat souligne l'héritage de „*Stutgard*" (« Stuttgart ») dans ce « rêve d'une communauté des hommes » : « Hölderlin n'y est pas étranger ; elle se forme autour d'un dieu commun, *der gemeinsame Gott* comme il est dit dans le poème *Stutgard*[49]. » Le lecteur retrouve un contexte mystique puisque la guerre est envisagée comme un dieu funeste. L'allégorie apparaît d'ailleurs dès les vers liminaires de ce recueil : „*Zum ersten Mal seh ich dich aufstehn / hörengesagter fernster unglaublicher Krieger-Gott*[50]." Toutefois, l'allégorie semble prendre une allure exclusivement païenne, plutôt que syncrétique. En outre, comme le souligne B. Böschenstein,

---

kehren die Himmlischen ein, tiefschütternd gelangt so / Aus dem Schatten herab unter die Menschen ihr Tag." (« *Éther, ô Père* ! Ainsi montait le cri par mille et mille lèvres / Multiplié ; nul n'était seul à supporter la vie. Car un tel bien, / C'est par l'échange et le partage avec les inconnus qu'il donne joie. / Une allégresse éclate ; il s'accroît en dormant, le pur pouvoir / Du mot *Père !* Et voici le legs de nos parents, *le très antique / Signe qui retentit au loin, frappe et féconde ! / Car c'est ainsi que les Divins prennent demeure et qu'ébranlant / Les profondeurs, trouant l'ombre, leur Jour descend parmi les hommes.* » Trad. de Roud : Hölderlin, 1967, p. 810-811.) La parole du poète fait ici le lien entre le passé et le présent pour rappeler le prochain retour des dieux. C'est nous qui soulignons.

48 Rilke, t. II, 1996, p. 108. C'est nous qui soulignons.

49 Colombat : Pollet & Saint-Gilles, 1996, p. 183.

50 Rilke, t. II, 1996, p. 106 : « Je te vois te lever pour la première fois / Incroyable et si lointain dieu de la guerre dont on a entendu parler. »

ce sens de la communauté, mène à la destruction funeste et à la mort[51]. Aussi Rilke adopte-t-il un ton élégiaque lorsqu'il déplore précisément la destruction de cette communauté de valeurs entre le passé, le présent et le futur par la guerre elle-même :

> *Rühmend : denn immer wars rühmlich,*
> *nicht in der Vorsicht einzelner Sorge zu sein, sondern in einem*
> *wagenden Geiste, sondern in herrlich*
> *gefühlter Gefahr, heilig gemeinsam. [...]*
> *Rühmt ohne Wehleid den Schmerz, daß wir die künftigen nicht*
> *waren, sondern verwandter*
> *allem Vergangenen noch : rühmt es und klagt*[52].
>
> « En glorifiant : car il a toujours été glorieux
> De ne pas demeurer dans la prudence du souci individuel, mais plutôt dans *un*
> Esprit audacieux, mais dans un danger
> Pressenti dans sa splendeur, dans une sainte communauté [...]
> Glorifiez sans souffrir la douleur que nous éprouvons à ne pas avoir été l'avenir
> Mais d'être apparentés
> Encore à tout ce qui est passé : glorifiez cela et chantez une complainte. »

Le poète dénonce finalement l'impossibilité de prendre ses distances par rapport au passé, si distinct du présent et encore plus du futur. Cette distinction opérée entre les trois temps devient en effet l'objet d'une complainte, conséquence de la guerre[53], comme le suggèrent les premiers vers du cinquième poème :

---

51 Böschenstein, 1970, p. 53 : *„Rilke überläßt sich dem großen Eindruck von "Brot und Wein", indem er den Rausch des Gemeingeists aus der 4. Strophe in verändertem Kontext aufgreift. Das vom donnernd herabkommenden Vater Aether Hölderlins erweckte Wort der neuerwachten Gemeinde wird von Rilke in eine "tödliche" Form der Belebung transponiert.*" (« Rilke se livre à la grande impression de "Le Pain et le vin" en reprenant dans un contexte différent l'ivresse de l'esprit commun, présente dans la strophe 4. La parole de la communauté, récemment éveillée, qu'a suscitée le père Éther de Hölderlin, lequel, avec le tonnerre, descend du ciel, est transposée par Rilke en une forme "mortelle" de la vie en mouvement. »)

52 Rilke, t. II, 1996, p. 109.

53 Beißner, 1936, p. 46 : *„So hat sich der hymnische Jubel über den endlich erschienenen Gott, über das sichtbar gewordene heilig gemeinsame Gefühl nun in entsagende Klage gewandelt, weil die Gemeinsamkeit der Kriegsnot, die "tödlich belehrte", nicht die errungenen Werte der Vergangenheit in sich aufnehmen kann, sondern sie zerstören muß.*" (« L'exaltation hymnique provoquée par le dieu qui finit par apparaître, par le sentiment d'appartenance sacrée rendu manifeste, s'est désormais muée en une plainte pleine d'abnégation parce que la détresse engendrée par la guerre, commune à tous, celle qui fut "enseignée par la mort" ne peut pas intégrer les valeurs acquises du passé, mais doit les détruire. »)

Auf, und schreckt den schrecklichen Gott! Bestürzt ihn.
Kampf-Lust hat ihn vor Zeiten verwöhnt. Nun dränge der Schmerz euch,
dränge ein neuer, verwundeter Kampf-Schmerz
euch seinem Zorne zuvor[54].

« Levez-vous, et effrayez *le terrible dieu* ! Consternez-le.
Le plaisir du combat l'a prématurément gâté. Que la douleur Vous soumette,
Qu'une nouvelle douleur née des blessures du combat vous Soumette à sa colère. »

Au fond, le lecteur retrouve la même logique que dans les élégies de Hölderlin qui auraient ici inspiré Rilke : le poète déplore la disparition d'un lien entre au moins le passé – qui serait l'Antiquité grecque pour Hölderlin – et le présent, comme dans la quatrième strophe de „*Brot und Wein*" (« Le Pain et le vin »)[55]. Toutefois, ce qui distingue ici Rilke de Hölderlin, c'est un réel scepticisme, alors que les élégies de Hölderlin, tout en déplorant le départ des dieux, célèbrent l'espoir et la certitude de leur retour. Rilke, pour sa part, doute réellement d'une possible union entre les trois temps. Le lecteur peut retrouver ce doute dans une question posée par Malte Laurids Brigge : „*Ist es möglich, daß es Leute giebt, welche "Gott" sagen und meinen, das wäre etwas Gemeinsames*[56] ?" Nous en concluons malgré tout qu'à l'instar de Hofmannsthal, et contrairement à George, Rilke privilégie ici le ton élégiaque pour exprimer un regret propice au regard rétrospectif. R. Colombat convient également de l'inspiration élégiaque de ces *Fünf Gesänge* (*Cinq chants*), insistant précisément sur « le projet de conciliation élégiaque de la vie et de la mort », ainsi que sur « l'attitude didactique » du poète[57].

---

54 Rilke, t. II, 1996, p. 110. C'est nous qui soulignons.

55 Hölderlin, t. I, 1992-1999, p. 287 : „*Aber die Thronen, wo ? die Tempel und wo die Gefäße, / Wo mit Nektar gefüllt, Göttern zu Lust der Gesang ? / Wo, wo leuchten sie denn, die fernhintreffenden Sprüche ? / Delphi schlummert und wo tönet das große Geschick ? / Wo ist das schnelle ? Wo brichts, allgegenwärtigen Glücks voll / Donnernd aus heiterer Luft über die Augen herein ?*" (« Mais les trônes, où sont-ils donc ? Les temples ? Où, les urnes / De nectar, et le chant qui doit réjouir le cœur des dieux ? / Où brillent-ils, où donc, les oracles frappant au loin comme l'éclair ? / Delphes dort, et la voix du grand Destin, où, de quels cieux en fête / Jailli, frappe-t-il les regards de sa splendeur tonnante ? » Trad. de Roud : Hölderlin, 1967, p. 810.)

56 Rilke, t. III, 1996, p. 469 : « Est-il possible qu'il y ait des gens qui disent "dieu" en s'imaginant qu'il s'agit là de quelque chose de commun ? »

57 Colombat : Pollet & Saint-Gilles, 1996, p. 189 : « Mais alors que Trakl, à d'autres endroits (et notamment dans *Klage II*) détruit la forme historique de l'élégie en attribuant au présent une valeur négative péremptoire, Rilke n'abandonnera jamais le projet de conciliation

Les élégies de Hölderlin trouvent enfin un autre écho chez Rilke. Ce dernier partage en effet l'idée de Hölderlin selon laquelle les dieux demeureraient dépendants des mortels. C'est ce que suggère un passage de l'essai Über den jungen Dichter (*Sur le jeune poète*) : „*Aber so groß ist die Unüberlegtheit des Himmlischen, daß es in dieses unverläßliche Gefäß seine Ströme ergießt*[58]." Herbert Singer affirme en effet que l'image vient de Hölderlin, et en particulier de „*Brot und Wein*" (« Le Pain et le vin »). Toutefois, la perspective serait légèrement modifiée dans la mesure où, chez Rilke, les mortels s'avèrent indépendants des dieux et ces derniers dépendants des mortels, alors que la dépendance se caractérise par une certaine réciprocité chez Hölderlin[59]. Cette idée serait inspirée des vers 60 et 61 de „*Der Archipelagus*" (« L'Archipel ») : „*Immer bedürfen ja, wie Heroën den Kranz, die geweihten / Elemente zum Ruhme das Herz der fühlenden Menschen*[60]." C'est ainsi que Stefan Zweig interprète précisément ces deux vers. Dans son essai consacré à Hölderlin, il insiste sur l'interdépendance des dieux et des mortels :

> *Auch die Götter oben, die „selig wandernden im Licht", sind nicht glücklich, sie fühlen sich nicht, solange sie nicht gefühlt werden : „Immer bedürfen [...] der fühlenden Menschen."So drängt das Unten zum Oben, das Obere zum Untern, Geist zum Leben und Leben empor in den Geist : alle Dinge der unsterblichen Natur sind ohne Sinn, solange sie nicht von Sterblichen erkannt, solange sie nicht irdisch geliebt werden [...] Wie der Mensch das Göttliche, um nicht zu vergehen, ebenso braucht das Göttliche, um wahrhaft zu sein, den Menschen*[61].

élégiaque de la vie et de la mort, dont l'appel à la douleur agissante est une sorte de variante. La restauration de l'élégie s'accompagne logiquement d'une réhabilitation de la fonction "auctoriale" du poète, d'une attitude didactique parfois pontifiante qui est particulièrement sensible dans les *Gesänge* et affleure encore dans les *Élégies*. Rien de tel ne subsiste chez Trakl. »

58 Rilke, t. IV, 1996, p. 673 : « Mais le Céleste est irréfléchi au point de verser ses fleuves dans ce vase auquel on ne peut se fier. »

59 Singer, 1957, p. 60 : „*Das Bild kommt von Hölderlin. Aber die Akzente sind verschoben ; trotz seiner Unverläßlichkeit ist der Mensch der Stärkere ; er kann ohne Götter leben, aber die Götter nicht ohne ihn. Mit bereitwilligster Zustimmung nimmt er Rilkes Gedanken von der Bedürftigkeit der Götter auf.*" (« L'image vient de Hölderlin. Mais les accents sont déplacés ; même si l'homme ne se montre pas fiable, il est le plus fort ; il peut vivre sans dieux, mais les dieux ne peuvent pas vivre sans lui. L'approuvant parfaitement, il reprend l'idée rilkéenne d'une indigence des dieux. »)

60 Hölderlin, t. I, 1992-1999, p. 255 : « Ah ! de même qu'il faut aux héros des couronnes, / Il faut aux divins éléments la gloire que donnent les hommes ! » Trad. de Tardieu : Hölderlin, 1967, p. 825.

61 Zweig, 2004, p. 56.

> « De même les dieux d'en haut, "ceux qui errent bienheureux dans la lumière", ne sont pas heureux, ils ne se perçoivent pas eux-mêmes tant qu'ils ne sont pas perçus : "Il faut […] la gloire que donnent les hommes." C'est ainsi que le bas pousse vers le haut, le haut vers le bas, l'esprit vers la vie et la vie s'élève vers l'esprit : toutes choses de l'immortelle nature sont dépourvues de sens, tant qu'elles ne sont pas reconnues des mortels, tant qu'elles ne sont pas aimées sur terre […] Au même titre que l'homme a besoin du divin pour ne pas trépasser, le divin a besoin de l'homme pour être véridique. »

Au fond, ces remarques soulignent un aspect assez secondaire de l'héritage élégiaque de Hölderlin. Cependant, elles insistent encore une fois sur sa portée mystique.

Enfin, nous aimerions proposer une piste de réflexion sur une autre réception éventuelle des élégies de Hölderlin par Rilke : il s'agit du concept „*das Offene*"– l'Ouvert –. Ce terme apparaît en effet dans la huitième élégie de Duino : „*Mit allen Augen sieht die Kreatur / Das Offene*[62]." Nous ne pouvons affirmer avec certitude qu'il s'agit d'un emprunt à Hölderlin, mais la proximité avec le texte du poète souabe demeure très proche : „*Komm ! Ins Offene*[63]."Cet éventuel emprunt témoigne à nouveau d'une certaine inspiration mystique que Rilke a puisée dans les élégies de Hölderlin. Signalons par ailleurs que le thème de l'amour des *Élégies de Duino* (*Duineser Elegien*) et l'emploi du néologisme *Gefühlin*[64] dans la septième élégie, proche du néologisme hölderlinien *Fremdlingin* („*Voll mit Sternen und wohl wenig bekümmert um uns, / Glänzt die Erstaunende dort, die Fremdlingin unter den Menschen*[65]") témoignent d'une inspiration commune.

TRAKL

Trakl se nourrit également de la dimension mystique des élégies de Hölderlin. Toutefois, il se montre bien moins intéressé par leur dimension syncrétique. Il se trouve que Trakl glisse volontiers dans ses poèmes l'expression „*Brot und Wein*", directement empruntée à l'élégie „*Brot und Wein*" (« Le Pain et le vin »). B. Böschenstein a beau y voir le

62 Rilke, t. I, 1996, p. 714 : « De tous ses yeux, la créature voit / l'ouvert. »

63 Hölderlin, t. I, 1992-1999, p. 276. C'est nous qui soulignons : « Viens dans l'*Ouvert* », trad. de Jaccottet : Hölderlin, 1967, p. 803.

64 Rilke, *Werke*, t. I, 1999, p. 709.

65 Hölderlin, t. I, 1992-1999, p. 286. C'est nous qui soulignons : « Peuplée d'étoiles, et tout indifférente à notre vie ; / La Donneuse d'émerveillements, *l'Étrangère* parmi les hommes […]. » Trad. de G. Roud : Hölderlin, 1967, p. 808.

symbole d'une union entre l'Antiquité, le christianisme et le présent du poète, nous ne jugeons pas son analyse convaincante[66]. Nous adhérons davantage à l'analyse de Jean-Michel Palmier qui interprète plus cet emprunt à Hölderlin comme une référence plus ou moins explicite au christianisme qu'à une allusion à la Grèce ancienne, même si les poèmes demeurent peu ou prou vidés de leur sens chrétien[67]. Nous avons entrepris de relever tous les emprunts de Trakl à Hölderlin, et en particulier toutes les occurrences de l'expression „*Brot und Wein*" (« Le Pain et le vin »). Certes, il est très difficile, voire hasardeux d'attester un emprunt de façon catégorique et formelle. Néanmoins, la notoriété de Hölderlin auprès des Expressionnistes, et en particulier celle de son élégie „*Brot und Wein*" (« Le Pain et le vin »), autorisent à supposer que Trakl n'emploie pas innocemment certaines expressions. Par ailleurs, lorsque plusieurs expressions plus ou moins insolites de Hölderlin apparaissent dans un même poème, le doute n'est plus possible.

Or Trakl emploie régulièrement des expressions précisémentoriginales de l'élégie „*Brot und Wein*" (« Le Pain et le vin ») qui donnent tout lieu à penser que Trakl s'en est directement inspiré. Il en va ainsi du syntagme „*Brot und Wein*" (« Le Pain et le vin ») lui-même, régulièrement employé par Trakl dans ses poèmes. Notre enquête tend en réalité à démontrer que Trakl ignore parfaitement le sens païen au profit de la tradition chrétienne. Cependant, il sécularise progressivement le symbole chrétien pour ne lui donner qu'un sens essentiellement temporel. Certes, l'expression renvoie directement à la Cène dans le poème „*Die tote Kirche*" (« l'Église morte »). Toutefois, elle dénonce précisément l'absence divine et spirituelle :

> [...] *Der Priester schreitet*
> *Vor den Altar; doch übt mit müdem Geist er*

---

66 Böschenstein, 2006, p. 251 : „*Die Versöhnung von Antike, Christentum und eigen geschauter Gegenwart konzentriert sich bei Trakl in der Formel "Brot und Wein", deren reiche Hölderlinische Konnotationen hier miterklingen.*" (« La réconciliation de l'Antiquité, du Christianisme et du présent observé par lui-même se concentre chez Trakl dans la formule "Le Pain et le vin" dont les fortes connotations hölderliniennes se font ici entendre. »)

67 Palmier, 1972, p. 195 : « L'horizon à partir duquel Trakl pense l'origine de ces symboles est encore plus que Hölderlin le christianisme. Mais le pain et le vin ont aussi dans les poèmes une dimension païenne et sont loin d'être les symboles du Corps et du Sang du Christ. Toutefois, Trakl ne les rapporte jamais à Bacchus, mais bien à Jésus [...] Et pourtant la signification ultime du Pain et du Vin n'est pas celle de la communion chrétienne. »

Die frommen Bräuche – ein jämmerlicher Spieler,
Vor schlechten Betern mit erstarrten Herzen,
In seelenlosem Spiel mitBrot und Wein[68].

« Le prêtre s'avance
Vers l'autel ; cependant, d'un esprit las, il
Éxécute les pieux rites – un comédien pitoyable,
Face à de mauvaises prières issues de cœurs endurcis,
Dans une pantomime exécutée sans âme autour du *pain et du vin.* »

À l'inverse toutefois, l'expression peut renvoyer directement à la notion chrétienne de l'amour, comme dans le poème „*Geistliches Lied*" (« Chant religieux ») :

Hört' im Dorf sich viele freun,
Gärtner an der Mauer mäht,
Leise eine Orgel geht,
Mischet Klang und Schein.
Liebe segnet Brot und Wein[69].

« J'en ai entendu beaucoup se réjouir au village,
Le jardinier au pied du mur tond la pelouse,
Doucement retentit un orgue
Il mêle le son à l'apparence.
L'amour bénit *le pain et le vin.* »

Il s'agit d'un des trois poèmes où point l'allusion au sacrement. L'amour n'est-il pas le principe divin par excellence selon les Évangiles ? Cependant, le poète ne mentionne pas explicitement la transcendance. Le deuxième poème concerné s'intitule „*Gesang des Abgeschiedenen*" (« Chant du défunt »). La notion de sacrement s'applique directement aux deux espèces : „[…] *denn geheiligt ist Brot und Wein / Von Gottes Händen*[70]." Enfin, dans „*Im Winter*" (« En hiver »), le poète évoque à nouveau le sacrement : „*Der mit Engeln stumm gerungen, / Langt von heiligem Schmerz bezwungen / Still nach Gottes Brot und Wein*[71]."Le poème correspond à la première version de „*Ein Winterabend*" (« Une soirée en hiver »). Ces trois poèmes

68 Trakl, 2008, p. 151. C'est nous qui soulignons.
69 *Ibid.*, p. 19. C'est nous qui soulignons.
70 *Ibid.*, p. 79, c'est nous qui soulignons : « […] car sanctifiés sont *le pain et le vin* / Des mains de Dieu. »
71 *Ibid.*, p. 210. (« Celui qui s'est battu silencieusement avec des anges, / Contraint par une sainte douleur, / Saisit calmement de Dieu *le pain et le vin.* ») C'est nous qui soulignons.

attestent l'importance accordée au sens chrétien. Toutefois, ce sens tend à s'effacer au profit d'un traitement sécularisé des deux espèces. Dans la version définitive, l'expression suggère tout simplement une chaleureuse convivialité :

Wanderer tritt still herein;
Schmerz versteinerte die Schwelle.
Da erglänzt in reiner Helle
Auf dem Tische Brot und Wein[72].

« L'errant entre silencieusement ;
Sa douleur pétrifia le seuil.
Alors resplendit dans sa pure clarté
Sur la table *le pain et le vin.* »

Le lecteur retrouve ce sens dans *„Elis"* (« Elis ») :

Ein heiterer Sinn
Wohnt in der Winzer dunklem Gesang,
Der blauen Stille des Ölbaums.
Bereitet fanden im Haus die Hungernden Brot und Wein[73].

« Une certaine sérénité
Habite le chant obscur des vignerons,
La tranquillité bleue de l'olivier.
Les affamés trouvèrent, préparés dans la demeure, du pain et du vin. »

Ici, le pain et le vin remplissent même leur simple fonction alimentaire. Par ailleurs, dans le poème *„Herbstseele"* (« Âme automnale »), le pain et le vin incarnent le travail sain et juste de l'homme aux yeux de Dieu :

Rechten Lebens Brot und Wein,
Gott in deine milden Hände
Legt der Mensch das dunkle Ende,
Alle Schuld und rote Pein[74].

« *Le pain et le vin* de la vie juste,
Dieu dans tes mains clémentes
L'homme place le bout obscur
Toute faute et le tourment rouge. »

---

72 *Ibid.*, p. 58. C'est nous qui soulignons.
73 *Ibid.*, p. 205.
74 *Ibid.*, p. 61. C'est nous qui soulignons.

Ici, dans la relation de l'homme à Dieu, Trakl ne s'intéresse plus au point de vue divin, mais bien à la perspective de l'homme. Au fond, ce texte constitue une transition par rapport à des poèmes où l'expression s'avère davantage sécularisée. Dans „*Der Spaziergang*" (« La Promenade »), le pain et le vin renvoient en effet à la peine du cultivateur :

Und Brot und Wein sind süß von harten Mühn.
Nach Früchten tastet silbern deine Hand.
Die tote Rahel geht durchs Ackerland.
Mit friedlicher Geberde winkt das Grün[75].

« Et *le pain et le vin* ont la douceur des durs efforts.
Ta main argentée cherche à tâtons des fruits.
Rachel la défunte traverse les terres cultivées.
La verdure fait un geste pacifique. »

Toutefois, la mention de la défunte Rachel renvoie à la Bible, à l'Ancien comme au Nouveau Testament – Genèse 29, 1-35/ Ruth 4,11/ Matth 2, 18 –, même si la référence au sacrement demeure absente. Ce sens apparaît également dans le poème „*Helian*" (« Helian ») : „*In kahlen Gezweigen feiert der Himmel. / In reinen Händen trägt der Landmann Brot und Wein / Und friedlich reifen die Früchte in sonniger Kammer*[76]."Trakl insiste à nouveau sur les mains du cultivateur, sanctifiées quant à elles par le produit de leur travail. Enfin, dans un poème intitulé „*An Angela*" (« À Angela »), l'auteur présente, dans la deuxième version, le pain et le vin comme des produits de la terre nourricière : „*So Brot und Wein, genährt am Fleisch der Erde*[77]."

D'autres expressions mystiques empruntées aux élégies de Hölderlin par Trakl subissent le même processus de sécularisation. Il en va ainsi du terme *Fremdlingin*, précédemment évoqué à propos de Rilke. Certes, Trakl emploie régulièrement le mot *Fremdling* (« étranger ») qui, en soi, ne s'avère guère original. En revanche, sa version féminine, extrêmement rare, évoque immédiatement l'élégie „*Brot und Wein*" (« Le Pain et le vin ») : „*Voll mit Sternen und wohl wenig bekümmert um uns, / Glänzt die*

75 *Ibid.*, p. 27. C'est nous qui soulignons.

76 *Ibid.*, p. 41. (« Le ciel festoie dans les branchages dénudés. / De ses mains pures, l'agriculteur porte *le pain et le vin* / Et pacifiquement, les fruits mûrissent dans une pièce ensoleillée. ») C'est nous qui soulignons.

77 *Ibid.*, p. 166, c'est nous qui soulignons : « Tel *le pain et le vin*, nourris de la chair terrestre. »

Erstaunende dort, die Fremdlingin unter den Menschen[78].“En outre, Trakl applique la métaphore également à la nuit :

> *Seltsam sind die nächtigen Pfade des Menschen. Da ich nachtwandelnd an steinernen Zimmern hinging und es brannte in jedem ein stilles Lämpchen, ein kupferner Leuchter, und da ich frierend aufs Lager hinsank, stand zu Häupten wiederder schwarze Schatten der Fremdlingin*[79].
>
> « Les sentiers nocturnes de l'homme sont étranges. Lorsque, me promenant la nuit, je passai devant des chambres de pierre, et dans chacune d'entre elles étaient allumés une petite lampe discrète, un chandelier de cuivre, et lorsque, transi de froid, je m'écroulai sur ma couche, se trouvait de nouveau à la hauteur de nos têtes *l'ombre noire de l'étrangère.* »

D'ailleurs, cette métaphore désigne à nouveau la nuit dans un fragment de drame : *„singende Fremdlingin – Finsternis wogt im Herzen mir.*"[80] Trakl intègre cette métaphore précisément à un texte en prose aux allures mystiques. Le texte s'intitule *„Offenbarung und Untergang*" (« Révélation et déclin »). Les deux termes du titre renvoient directement à l'*Apocalypse* : *Offenbarung*, la « révélation », correspond à la traduction allemande du terme biblique et *Untergang* qui signifie le déclin, voire la fin du monde, renvoie au sens second donné au terme « apocalypse ». Le titre suggère d'ores et déjà le sens sécularisé du texte car, si la Bible suppose certes la fin du monde, elle insiste plus sur la révélation (*Offenbarung*) que cette fin du monde suppose. La traduction luthérienne se montre ainsi fidèle au titre grec puisque c'est là le véritable sens du titre biblique. En ajoutant le mot *Untergang*, il insiste sur l'emploi contemporain et sécularisé du terme apocalypse. En effet, le texte n'a pas un contenu religieux, mais il se caractérise malgré tout par une tonalité mystique. Il contient de nombreuses allusions aux démons de l'auteur lui-même, que ce soit le décès du père[81], le spectre de la sœur[82] et de ses relations

---

78 Hölderlin, t. I, 1992-1999, p. 286. C'est nous qui soulignons : « Peuplée d'étoiles, et tout indifférente à notre vie ; / La Donneuse d'émerveillements, *l'Étrangère* parmi les hommes. » Trad. de Roud : Hölderlin, 1967, p. 808.

79 Trakl, 2008, p. 95. C'est nous qui soulignons.

80 *Ibid.*, p. 253, c'est nous qui soulignons : « Une étrangère qui chante – les ténèbres s'agitent en mon sein. »

81 *Ibid.* : *„In dieser Stunde war ich im Tod meines Vaters der weiße Sohn.*" (« À cette heure, j'étais, dans la mort de mon père, le fils blanc. »)

82 *Ibid.*, p. 95-97 : *„Aus verwesender Bläue trat die bleiche GeHölderlin, 1943-1985,lt der Schwester [...] und leise rann aus silberner Wunde der Schwester das Blut und fiel ein feuriger Regen auf*

incestueuses avec elle ou bien encore la tentation du suicide[83]. Et ces allusions se fondent dans un contexte de tranquillité (*Stille*) qui n'est pas sans rappeler la quiétude piétiste qui règne dans l'élégie de Hölderlin[84] :

> *[...] ein stilles Lämpchen [...] Minute schimmernder Stille [...] ein Wild, das stille steht im Frieden des alten Hollunders [...] Zur Seite geleitet stille die grüne Saat [...] und es ängstigt in schwarzer Windesstille die blaue Klage des Wildbachs. [...] umfing mich die hyazinthene Stille der Nacht [...] Stille brannte ein Leuchter darin* [...][85].
>
> « Une petite lampe *discrète* [...] une minute de *tranquillité* chatoyante [...] un gibier qui se tient *tranquille* dans la paix du vieux sureau [...] la semence verte mène *doucement* sur le côté [...] et dans la noire *tranquillité* du vent, la plainte bleue du torrent angoisse. [...] la *tranquillité* de la nuit, digne de la jacinthe m'enveloppa [...] un luminaire y éclairait *tranquillement.* »

Dans un autre poème, intitulé „*An die Nacht*" (« *À la nuit* »), la nuit se voit affublée d'une autre image : „*Mönchin schließ mich in dein Dunkel*[86]." Le mot *Mönchin* n'existant pas, la terminaison féminine en *in* évoque à nouveau le néologisme *Fremdlingin*[87]. La métaphore se veut réellement ancrée dans un contexte mystique. Néanmoins, si le poème insiste sur l'isotopie mystique, son contenu ne s'avère guère orthodoxe... Il ne s'agit à nouveau que d'une mystique sécularisée.

Enfin, Trakl retient également deux autres vers de „*Brot und Wein*" (« Le Pain et le vin ») : „*Aber das Saitenspiel tönt fern aus Gärten ; vielleicht,*

---

mich. [...] hob sich auf mondenen Flügeln über die grünenden Wipfel, kristallene Klippen das weiße Antlitz der Schwester." (« Du bleu putréfié se détacha la pâle figure de la sœur [...] et discrètement, le sang s'échappa de la plaie argentée de la sœur et une pluie de feu s'abattit sur moi. [...] s'éleva par des ailes lunaires au-dessus des cimes verdoyantes, d'écueils cristallins, la face blanche de la sœur. »)

83 *Ibid.*, p. 96 : „*Töte dich* !" (« Tue-toi ! »)

84 Hölderlin, t. I, 1992-1999, p. 285-290 : „[...] *still wird die erleuchtete Gasse [...] Still in dämmriger Luft ertönen geläutete Glocken, [...] Als erschienen zu letzt ein stiller Genius [...] aber es lebt stille noch einiger Dank.*" C'est nous qui soulignons. (« [...] la rue éclairée devient *calme* [...] Dans l'air crépusculaire retentit le *doux* son des cloches, [...] Lorsque finalement un *calme* génie fit son apparition [...] mais demeurent quelques *calmes* remerciements. »

85 Trakl, 2008, p. 94-97. C'est nous qui soulignons.

86 *Ibid.*, p. 229 : « Moinesse, enferme-moi dans ton obscurité. »

87 K. Bartsch argue pour sa part de la chronologie pour appuyer la thèse d'un emprunt à Hölderlin : Bartsch, 1974, p. 97 : „*es ist sehr wahrscheinlich, daß Trakl hier von Hölderlin vorbildnerisch beeinflußt ist, um so mehr, als die Entlehnung von "Fremdlingin" in etwa die gleiche Zeit fällt mit der Prägung des Wortes "Mönchin"*" (« il est très probable que Trakl ait été ici influencé par le modèle de Hölderlin, d'autant plus que l'emprunt du mot "l'étrangère" correspond à peu près au moment où le mot "moinesse" a été créé. »)

daß / Dort ein Liebendes spielt oder ein einsamer Mann[88]." Trakl s'en inspire dans deux poèmes différents, intitulés „*An Novalis*" (« À Novalis ») et „*Untergang*" (« Déclin »). Dans le premier, Trakl donne à l'expression de Hölderlin un sens mystique :

In zarter Knospe
Wuchs dem Jüngling der göttliche Geist,
Das trunkene Saitenspiel[89].

« Dans un tendre bourgeon
Le jeune homme a vu se développer en lui l'esprit divin,
Le jeu de guitare ivre. »

En effet, ici, le jeu de la « guitare[90] » est assimilé grâce à une apposition à l'« esprit divin ». En revanche, dans le second poème, Trakl demeure fidèle au contexte galant de Hölderlin, du moins dans sa troisième version : „*Vergangener tönen die Lüfte am einsamen Hügel, / Eines Liebenden trunkenes Saitenspiel*[91]." Au fond, cette sécularisation du contenu mystique demeure une caractéristique de l'écriture expressionniste : de nombreux Expressionnistes entreprennent de retrouver la place de l'homme dans un monde envahi par la science et déserté par la religion. Ils n'hésitent pas à exprimer leur quête de sens existentiel dans un vocabulaire pétri de religiosité, même s'ils ne rétablissent pas nécessairement le sens initial de ce vocabulaire. Ce qui en outre séduit les Expressionnistes dans l'œuvre élégiaque de Hölderlin, c'est, d'une part, l'immanence du salut envisagé et, d'autre part, son ouverture sur l'avenir qui le distingue des Romantiques tournés vers le passé, ainsi que le suggère Kurt Bartsch[92].

---

88 Hölderlin, t. I, 1992-1999, p. 286 : « Mais au cœur des jardins s'éveille et tremble une musique lointaine, / Là-bas joue un amant, qui sait ? ou peut-être un homme saisi de solitude », trad. de Roud : Hölderlin, 1967, p. 808.

89 Trakl, 2008, p. 183.

90 Trad. de Lefebvre : Lefebvre, 1993, p. 475.

91 Trakl, 2008, p. 213 : « Issu d'un passé plus lointain, le souffle de l'air résonne sur la colline isolée, / Le jeu de guitare ivre d'un amant. »

92 Bartsch, 1974, p. 32-35 : „*Ähnlich wie Hölderlin, der seine Götter im Diesseits ansiedeln möchte, zielt auch die expressionistische Religiosität nicht auf eine transzendente Erlösung und Beglückung des Menschen, sondern auf eine irdische. Man könnte deshalb in beiden Fällen von einer säkularisierten Religiosität sprechen. [...] Ihre [Hölderlin und die Expressionisten] Dichtungen sind durchdrungen vom Willen zur Änderung,* [...]" (« Comme celle de Hölderlin qui aimerait situer ses dieux dans ce bas monde, la religiosité expressionniste ne vise pas, elle non plus, un salut et un bonheur transcendants pour l'homme, mais un bonheur et un salut terrestres. On pourrait ainsi parler dans les deux cas d'une religiosité sécularisée. [...]

Sur cette lecture de Hölderlin, les Expressionnistes s'avèrent très proches du cercle de George. Toutefois, lorsque K. Bartsch, en comparant Hölderlin aux Expressionnistes, assimile la mystique de Hölderlin à une « religiosité sécularisée », nous qualifierions, quant à nous, sa religiosité de personnelle car, au fond, comme le souligne F. Gundolf à propos de *„Der Archipelagus"* (« L'Archipel »), Hölderlin n'emploie pas les références aux religions dans un but purement rhétorique ou philosophique, mais bien plutôt avec conviction et piété[93].

En résumé, si Trakl, à nos yeux, se distingue des autres auteurs du premier XXe siècle dans sa lecture des élégies de Hölderlin en ne se focalisant pas sur l'union « syncrétique » des cultures et religions païennes et chrétiennes, il les rejoint bel et bien par l'inspiration profondément mystique qu'il puise de ces mêmes élégies. Au fond, la réception de l'hellénisme élégiaque demeure certes très limitée sous la plume de Trakl, mais son refus caractérisé de cet hellénisme témoigne d'une évolution sécularisée de cette mystique qui, à certains égards, par ce glissement sémantique, pourrait évoquer celle observée sous la plume de Roud.

Leur poésie [celle de Hölderlin et celle des Expressionnistes] est marquée par la volonté d'un changement, [...]. »)

93 Gundolf, 1961, p. 9 : *„Diese vermenschlichten Kräfte nicht literarisch-dekorativ aus der antiken Mythologie übernommen, keine Barock- oder Rokoko-Gottheiten, als Staffage in eine gepflegte Kulturlandschaft gestellt [...] nein, die sichtbare Natur [...] ist hier [bei Hölderlin] wiedergeboren als ein Kreis von vergötterten, d. h. für Hellenen : leibgewordenen Kräften. [...] Unwillkürlich verdichtet er alle inneren Vorgänge zu bewegten Gestalten und empfindet er das Gestalltete, das er schaut, als Sinnbild von Bewegungen oder Kräften. Dieses Hin- und Widerfluten von Formen zu Kräften, von Kräften zu Formen ist heidnisch-hellenischer Pantheismus, das heißt Pananthropismus. Denn nur unter der Form des Menschen nahm der Hellene – und Hölderlin – das Göttliche wahr. Darum war aber für ihn das Menschliche nicht entgöttert, der menschliche Leib das oberste Sinnbild alles Lebens."* (« Ces forces anthropomorphisées ne sont pas des décors littéraires tirés de la mythologie antique, pas des divinités baroques ou rococo, placées comme ornements dans un paysage culturel soigné [...] non, la nature visible [...] renaît ici [sous la plume de Hölderlin] sous la forme de forces divinisées, c'est-à-dire pour les Grecs, de forces incarnées [...] Dans sa poésie, il présente machinalement tous les processus intérieurs comme des figures animées et il perçoit ce qu'il a élaboré et ce qu'il contemple comme le symbole d'émotions ou de forces. Ce va-et-vient des formes et des forces relève du panthéisme païen des Hellènes, c'est-à-dire du pananthropisme. Car ce n'est que sous la forme de l'homme que l'Hellène – et avec lui Hölderlin – percevait le divin. C'est pourquoi cependant les réalités humaines n'étaient pas pour lui désertées par les dieux, et le corps humain représentait ainsi à ses yeux le symbole le plus noble de toute la vie. ») Remarquons toutefois que Jean-Marie Valentin préfère, pour désigner la spiritualité de Hölderlin, le terme krausien de « panenthéisme » au concept de « panthéisme », afin de rappeler la transcendance relative des dieux qui, paradoxalement, contiennent le monde (Valentin, 2009, p. 85).

LA QUESTION MÉTRIQUE

Enfin, l'élégie constitue un genre poétique qui suppose une certaine métrique bien structurée. Nous sommes ainsi en droit de nous demander si les auteurs du premier XXe siècle retiennent certains éléments métriques des élégies de Hölderlin. Au tournant du siècle, Dilthey souligne l'apport formel des vers élégiaques de Hölderlin, dans son fameux recueil de 1905 *Das Erlebnis und die Dichtung* (*L'Expérience et la poésie*), compilation d'articles rédigés vers la fin du XIXe siècle :

> *Er weiß dem Hexameter und dem elegischen Versmaß ganz eigene Wirkungen abzugewinnen. Die symmetrische Verteilung der Trochäen und Daktylen bringt in seinen Hexametern eine Bewegung hervor, in der das Gefühl wie in Wellen dahingetragen wird. Indem er die erste Hebung des Pentameters häufig abschwächt, erweckt er dann einen Eindruck des Anschwellens, der seiner Anwendung des elegischen Versmaßes seinen eigenen Reiz gibt, wie dies Menons Klage besonders schön zeigt. Assonanzen dienen glücklich dem Wohlklang und der Verstärkung und der Verbindung von gleichklingenden Hebungen. Ebenso wirken Alliterationen verbindend*[94].

> « Il sait tirer de l'hexamètre et du mètre élégiaque des effets qui lui sont tout à fait propres. La distribution symétrique des trochées et des dactyles reproduit dans ses hexamètres un mouvement où la sensibilité est portée comme par des vagues. En affaiblissant régulièrement la première syllabe accentuée du pentamètre, il suggère une enflure qui donne à son application du mètre élégiaque tout son charme, comme le montre très bien "Ménon pleure Diotima". Les assonances servent une heureuse euphonie et renforcent, tout en les liant, les syllabes accentuées qui ont le même son. Des allitérations produisent exactement le même effet. »

Ce passage du recueil de Dilthey consacré à Hölderlin contient plusieurs informations sur sa réception des élégies de Hölderlin. Tout d'abord, Dilthey salue l'équilibre rythmique et phonique du distique qui permet à Hölderlin de restaurer l'esthétique des élégies grecques et romaines : par ce travail, le poète satisferait le principe de *mimesis* car il suggérerait ainsi les sentiments naturellement exprimés par le genre élégiaque. En revanche, il ne reconnaît pas cette vertu au poème „*Der Archipelagus*" (« L'Archipel »), composé uniquement en hexamètres. De ce fait, contrairement à Beißner, il n'intègre pas ce poème aux élégies de Hölderlin. Ce sont alors les aspects métriques que Dilthey retient des élégies. Toutefois, il s'agit là de la seule remarque qui ait été faite à

94 Dilthey, 1905, p. 308-312.

notre connaissance au sujet de la métrique dans les élégies de Hölderlin. Tous les autres poètes ou philosophes touchés par les élégies, à cette époque, passent sous silence cet aspect pourtant central de son œuvre élégiaque. Néanmoins, les poètes expressionnistes et post-expressionnistes manifestent régulièrement leur attachement aux formes poétiques, qu'il s'agisse de la forme du poème, de sa versification ou bien de sa métrique.

Dans une étude consacrée à l'héritage de Hölderlin et Rimbaud chez Trakl, B. Böschenstein remarque que Trakl n'intègre pas à ses poèmes nourris des élégies de Hölderlin les particularités métriques de ces dernières. Sa remarque porte précisément sur l'élégie „*Brot und Wein*“ (« Pain et vin ») :

> [...] *die elegisch-hymnische Sprache von Brot und Wein ist in Trakls Nachhall nicht mehr in ihrer hexametrisch-pentametrischen Vollzähligkeit und nicht mehr mit dem "strömenden Wort" des Freudengotts Dionysos gegenwärtig, sondern nur noch in schweigend abbrechenden Restbeständen, deren leisere und schwermütigere Tönung sich in den kürzeren, weicheren, prosanäheren Rhythmen und elliptischeren Satzgefügen äußert*[95].
>
> « La langue élégiaque et hymnique de *Le Pain et le vin*, dans ce qu'elle a engendré chez Trakl, n'est plus présente sous sa forme alternée de l'hexamètre et du pentamètre, ni même dans la "parole abondante" du dieu des plaisirs Dionysos, mais elle n'est plus que dans les traces qui s'interrompent dans le silence et dont la tonalité plus discrète et plus mélancolique s'exprime à travers les rythmes plus brefs, plus tendres et plus proches de la prose et dans des phrases complexes plus elliptiques. »

Les élégies de Hölderlin n'auraient ainsi influencé Trakl ni par l'aspect métrique du distique, ni par ses longues périodes, mais plutôt au contraire par une syntaxe elliptique et suggestive, plus proche déjà d'une forme prosaïque. Il est certain que les distiques élégiaques brillent par leur absence dans la poésie de Trakl et que ses phrases demeurent bien plus courtes et évoquent davantage la prose à laquelle il s'est d'ailleurs ponctuellement voué : le cycle *Sebastian im Traum* (*Sébastien en rêve*) aboutit par exemple à un texte en prose : „*Traum und Umnachtung*“ (« Rêve et aliénation »).

Observons un exemple révélateur, le poème „*Untergang*“ (« Déclin ») où Trakl emprunte à Hölderlin le mot *Saitenspiel* (« jeu de la guitare »)[96].

95 Böschenstein, 2006, p. 235.
96 Hölderlin, t. I, 1992-1999, p. 286.

Si son lecteur veut bien observer de plus près les cinq versions du poème „*Untergang*" (« Déclin »), il constate qu'il s'agit toujours d'un poème court. La cinquième version en fournit la preuve : le poème repose sur onze vers, et hormis la première et la troisième phrase qui s'étendent chacune sur uniquement deux vers, toutes les autres n'occupent qu'un seul vers. En outre, dans cette dernière version qui devait sans doute satisfaire davantage le poète que les quatre autres, la parataxe règne et la disparition presque complète de la versification – si nous voulons bien faire abstraction des *répétitions finales de Nacht* (« nuit ») et du son *ogen* –, évoque la prose. Dans la troisième version, plus proche de Hölderlin en notre sens, l'absence de toute versification et la longueur irrégulière des douze vers globalement courts rapprochent également le poème d'un texte en prose. Or, si nous suivons l'analyse de B. Böschenstein, ce serait la brièveté et le style lapidaire de certains vers de Trakl qui suggéreraient le legs élégiaque de Hölderlin. Toutefois, cette conclusion ne nous convainc guère car ces caractéristiques stylistiques se trouvent précisément aux antipodes de l'écriture élégiaque de Hölderlin, identifiée par une réelle rigueur métrique et des strophes longues et nombreuses, à l'image de leurs périodes. L'héritage de Hölderlin nous semble situé ailleurs, comme nous avons essayé de le démontrer. En revanche, notre analyse nous permet de confirmer la remarque de Böschenstein, selon laquelle la métrique élégiaque de Hölderlin n'est pas retenue par Trakl, même lorsqu'il s'inspire du poète souabe. Dans sa thèse, Klaus Weißenberger analyse également l'héritage élégiaque de Hölderlin sous la plume de différents poètes, Mörike, Trakl, et enfin Rilke[97]. Il met alors l'accent

97 Weißenberger, 1969, p. 94 : „*Wie sehr dieser Rhythmus von Mörike ["Erinna an Sappho"] beabsichtigt ist, zeigt die Satzkonstruktion, die an die "harten Fügungen"* Hölderlins erinnert." (« La construction syntaxique qui évoque les "enchaînements durs" de Hölderlin montre à quel point ce rythme ["Erika à Sappho"] est recherché par Mörike. ») À propos du poème „*Jahr*" (« Année ») de Trakl, il écrit, à la p. 102 : „*Es entstehen auch "harte Fügungen" durch das Prinzip der asyndetischen Reihung, das fast für jeden Vers gilt, ebenso durch verblose Sätze und das Fehlen von Artikeln.*" (« Les "enchaînements durs" sont également engendrés par le principe de l'énumération en asyndète qui se vérifie presque pour chaque vers, comme par les phrases dépourvues de verbe et l'absence d'article. »). Enfin, il insiste sur la proximité des *Élégies de Duino* (*Duineser Elegien*) avec les élégies de Hölderlin, suggérée par les mêmes *harte Fügungen* (« enchaînements durs » ou anacoluthes). Il écrit notamment sur la première élégie, aux p. 112-113 : „*Im Satzbau sind es "harte Fügungen", die den Versfluß beim einzelnen Wort stocken lassen [...] Ganz eindeutig steht diese prosodische Form in der Nähe von Hölderlins Formwillen in "Menons Klagen um Diotima"*." (« Dans la construction des phrases, ce sont les anacoluthes qui interrompent le flot des vers sur un mot isolé [...]

sur les *harte Fügungen* (« enchaînements durs »). En revanche, il ne signale aucune réception de son distique.

Observons toutefois le cas de Rilke, célèbre par son attachement aux formes traditionnelles, notamment au sonnet. N'a-t-il pas lui aussi écrit des élégies ? N'a-t-il pas pour sa part reconnu Hölderlin pour modèle ? Toutefois l'analyse de K. Weißenberger sur sa réception formelle du Hölderlin élégiaque nous semble avérée, même si elle nécessite quelques nuances : certes, l'influence formelle de Hölderlin demeure faible, en particulier dans les *Élégies de Duino.* Comme le souligne F. Beißner,

> *[D]as Metrum nachzuahmen, war Rilkes Absicht freilich nicht. Aber die nicht fünffüßigen daktylischen Verse, die manchmal auch zu regelrechten Hexametern werden, verraten das große Vorbild. Auch der Pentameter wird zuweilen gesucht, wie etwa folgender Vers zeigt : „da sie Jahrtausende nicht unseres Fühlns überfülln" (III, 291). Bezeichnend ist es, daß die zuletzt entstandene Elegie, die fünfte, in ihrem Verlauf den eigentlich elegischen Rhythmus immer mehr aufgibt und in demBewußtsein, dem Engel gegenüber in eigener, irdischer Kraft zu beruhen, hymnischer klingt. Diese Verse unterscheiden sich gänzlich von dem Ton hölderlinischer Gesänge*[98].
>
> « Rilke n'entendait certes pas imiter le mètre. Mais les vers dactyliques qui n'ont pas cinq pieds et qui parfois évoluent en véritables hexamètres révèlent le grand modèle dont il s'est inspiré. Même le pentamètre est ponctuellement recherché, comme le montre par exemple le vers suivant : "puisqu'ils n'emplissent pas les millénaires de notre sensibilité." (III, 291). Il est symptomatique que l'élégie écrite en dernier, la cinquième, abandonne de plus en plus au fil des strophes le rythme vraiment élégiaque et semble plus proche de l'hymne dans la conscience de demeurer face à l'ange en sa propre force terrestre. Ces vers se distinguent pleinement du ton des chants hölderliniens. »

Le décompte des vers n'est pas aisé à faire, en raison des irrégularités métriques que F. Beißner évoque ici. Cependant nous pouvons remarquer avec lui que certains couples de vers tendent à reproduire le schéma du distique élégiaque. C'est notamment le cas des tout premiers vers de la première élégie :

Cette forme prosodique se trouve être proche de la forme voulue par Hölderlin dans "Ménon pleurant Diotima". ») À propos de la neuvième élégie, il précise à la p. 116 : *„Die rhythmische Form im großen und ganzen nähert sich stark dem Schluß von "Menons Klagen um Diotima", in dem der stauende Rhythmus durch klangliche, vereinheitlichende Elemente und gehäufte Zensuren überspielt wird und in den Hymnus einmündet."* (« La forme rythmique dans son ensemble se rapproche beaucoup de la fin de "Ménon pleurant Diotima" où la stagnation du rythme est dissimulée par des éléments sonores qui harmonisent le tout, ainsi quel'accumulation des césures, pour finalement aboutir à l'hymne. »)

98 Beißner, 1936, p. 50.

Wer, wenn ich schriee, hörte mich denn aus der Engel
Ordnungen ? Und gesetzt selbst, es nähme
einer mich plötzlich ans Herz ; ich verginge von seinem
stärkeren Dasein. Denn das Schöne ist nichts [...][99].

« Qui, si je criais, m'entendrait depuis l'ordre
Des anges ? Et mettons même que l'un d'entre eux
Me prenne soudain sur son cœur ; je disparaîtrais de son
Existence supérieure. Car le beau n'est rien. »

Ces dactyles, quoique irréguliers, semblent en effet observer l'alternance de vers longs et courts, comme pour imiter la claudication élégiaque. L'exemple cité ici par F. Beißner est également symptomatique. Il se situe vers la fin de la septième élégie : „[...] *diese / unseren Räume. (Was müssen sie fürchterlich groß sein, / da sie Jahrtausende nicht unseres Fühlns überfülln.)*[100]" Cet exemple est tout à fait probant car le second vers réduit effectivement son nombre de syllabes accentuées en renonçant, par un artifice visible, à la dernière syllabe des deux derniers mots : „*Fühlns überfülln*" (« emplissent de notre sensibilité »). En revanche, la cinquième élégie, écrite en dernier, repose sur une structure différente. Nous ne retrouvons pas le modèle du distique élégiaque. Lorsque le lecteur tente de distinguer un distique, il se rend souvent compte que le premier vers est quantitativementmoins riche que le second. Prenons pour exemple la seconde strophe :

Ach und um diese
Mitte, die Rose des Zuschauns :
blüht und entblättert. Um diesen
Stampfer, den Stempel, den von dem eignen
blühenden Staub getroffnen, zur Scheinfrucht
wieder der Unlust befruchteten, ihrer
niemals bewußten, – glänzend mit dünnster
Oberfläche leicht scheinlächelnden Unlust[101].

« Ah et autour de ce
Cœur, la rose de l'assistance :
fleurissez et perdez vos pétales. Autour de ce
Pilon, de cette estampille, marquée de son propre

99 Rilke, t. I, 1955, p. 685.
100 *Ibid.*, p. 712 : « [...] ces / espaces qui sont *les nôtres*. (Que leur grandeur est effrayante, / puisqu'ils n'emplissent pas les millénaires de notre sensibilité.) »
101 *Ibid.*, p. 701-702.

pollen, de nouveau fécondé en son fruit apparent,
pour le déplaisir, pour leur
déplaisir jamais conscient au [sourire éclatant]
légèrement hypocrite,
extrêmement superficiel. »

La lecture de cette strophe montre bien que seul le troisième distique semble observer la tendance inverse. Rilke fait éclater ici le modèle du distique élégiaque. Cette remarque se vérifie dans la neuvième et la dixième élégie. Dans la neuvième, la première strophe contient des distiques dont le premier vers semble quantitativement moins riche que le second, à l'exception du dernier distique :

Warum, wenn es angeht, also die Frist des Daseins
hinzubringen, als Lorbeer, ein wenig dunkler als alles
andere Grün, mit kleinen Wellen an jedem
Blattrand (wie eines Windes Lächeln) – : warum dann
Menschliches müssen - und Schicksal vermeidend,
sich sehnen nach Schicksal[102] *?*

« Pourquoi, quand il s'agit donc de vivre le délai de l'existence
En qualité de laurier, un peu plus sombre que toute
autre verdure, légèrement ondulé sur le
bord de chaque feuille (tel le sourire d'un vent) – pourquoi [alors]
faut-il connaître les réalités humaines – et, évitant le destin, aspirer au destin ? »

Dans la dixième élégie, la strophe suivante confirme la tendance d'un distique au premier vers pauvre :

Nur die jungen Toten, im ersten Zustand
zeitlosen Gleichmuts, dem der Entwöhnung,
folgen ihr liebend. Mädchen
wartet sie ab und befreundet sie. Zeigt ihnen leise,
was sie an sich hat. Perlen des Leids und die feinen
Schleier der Duldung.- Mit Jünglingen geht sie
Schweigend[103].

« Seuls les jeunes morts, dans le premier état
de sérénité atemporelle, celui du sevrage
la suivent, amoureux. Les filles,
attendez-la et trouvez lui des amis. Montrez leur discrètement.

102 *Ibid.*, p. 717.
103 *Ibid.*, p. 723.

> ce qu'elle a en soi. Des perles de la souffrance et les fins
> voiles de la tolérance.
> Avec les jeunes hommes, elle sort
> Silencieuse. »

Il semblerait donc bel et bien que Rilke abandonne progressivement la structure du distique élégiaque au profit d'une plus grande liberté métrique.

En conclusion de cette étude sur la réception de l'hellénisme élégiaque par les lecteurs de Hölderlin au premier XXe siècle, nous constatons que ces derniers se sont distingués des Romantiques en se détournant partiellement de la tonalité mélancolique au profit de la tonalité hymnique, propre à célébrer un syncrétisme pagano-chrétien hérité de l'hellénisme élégiaque de Hölderlin, de plus en plus sécularisé, notamment sous la plume de Trakl. Cette synthèse religieuse permet en effet de célébrer dans un chant renouvelé quelque utopie sociale ou spirituelle, véritable métaphore d'un idéal différent d'un auteur à l'autre. En revanche, en ce qui concerne le modèle métrique des élégies de Hölderlin, nous pouvons affirmer que ce dernier n'a certes eu qu'une réception limitée. Si Rilke a pu se montrer sensible dès les premières *Duineser Elegien* (*Élégies de Duino*) au mètre antique, il l'abandonne progressivement, tandis que ses contemporains ne s'avèrent guère réceptifs à ce modèle. Cette évolution métrique de l'hellénisme élégiaque de Hölderlin confirme la sécularisation d'un genre dont l'impérative forme antique inspirait jusqu'ici un sens du sacré.

Nous avons pu voir que, de part et d'autre du Rhin, les Romantiques, et en France les Parnassiens, se montrent sensibles à la dimension érotique, soit réelle dans le cas de Chénier, soit potentielle pour Hölderlin, des deux œuvres élégiaques. À l'inverse des Romantiques et des Parnassiens, les auteurs germanophones dupremier XXe siècle rejettent l'érotisme et préfèrent idéaliser les rares éléments susceptibles d'érotisation, privilégiant ainsi un certain mysticisme en réalité commun à tous les auteurs sensibles aux élégies de Hölderlin depuis le romantisme. Nous parvenons ici aux limites de notre comparaison entre ces écrivains germanophones et les Parnassiens français. Lorsque ceux-ci vouent un culte à la beauté érotisée, ceux-là préfèrent demeurer dans le ciel des idées. Toutefois ce choix demeure intimement lié précisément à l'exotisme antique, si nous voulons bien suivre le raisonnement de Mario Praz :

> Il y a une certaine similitude entre l'"exotiste" et le mystique : ce dernier se projette hors du monde, dans un climat de transcendance où il s'unit à la divinité ; l'autre se transporte en imagination hors du temps et de l'espace actuels, et croit voir dans ce qui est passé et lointain le climat idéal au bonheur de ses sens [...] alors que le vrai mysticisme tend à la négation de l'expression et de l'art, l'exotisme, par sa nature même, tend à s'extérioriser dans le sensuel et dans l'artistique ; le premier culmine dans un monde ineffable, le second réussit à prendre si bien corps dans cette région éloignée dans l'espace ou dans le temps (ou dans les deux à la fois), qu'il donne à l'artiste l'illusion d'avoir réellement vécu une existence antérieure dans ce climat qu'il idolâtre[104].

L'exemple de George et de sa fascination pour Maximin démontre que l'idéalisation repose sur un érotisme latent. La mystique et l'érotisme demeurent ainsi intimement liés *via* l'exotisme antique que suppose la divination de Maximin, présenté sous les traits d'un dieu aux allures antiques. Dans le cas des auteurs germanophones qui nous intéressent, la réception des élégies de Hölderlin repose de même sur l'alliance d'une lecture mystique et d'un goût marqué pour l'hellénisme, que nous pouvons derechef considérer ici comme une forme d'exotisme. Cette distinction s'explique par les motivations premières de ces mouvements artistiques et littéraires : les Parnassiens s'intéressent d'emblée à la forme et à la beauté, tandis que les Expressionnistes cherchent à renouveler les valeurs de leur société et donc son esprit.

104 Praz, 1977, p. 175-176.

CONCLUSION

Parvenu au terme de notre étude, nous pouvons désormais apporter des réponses aux questions que nous nous posions en préambule. En comparant les réceptions des deux esthétiques élégiaques, nous constatons que du XIXe siècle où on les a découvertes, jusqu'au moins le début du XXe siècle, ce sont surtout le ton mélancolique et ses incidences stylistiques qui ont été retenus. L'originalité perçue dans les deux œuvres élégiaques consiste en leur mélancolie qui sert les deux grandes traditions du genre : l'érotisme et la déploration, notamment funèbre. Par ailleurs, les deux sensibilités mélancoliques permettent de rapprocher l'Antiquité de la période où vivent les « auteurs-réceptacles », nourris de l'écriture élégiaque, au profit d'une fusion des horizons d'attente quant à l'Antiquité. Les scenarii, les expressions, les images et les tournures linguistiques renvoient le lecteur à un passé lointain, propice à des réflexions mélancoliques, à un exotisme temporel et culturel qui autorise les fantasmes érotiques, que l'hypotexte soit érotique, comme celui de Chénier, ou qu'il ne le soit pas, comme celui de Hölderlin. La réception de la mélancolie élégiaque des deux auteurs se réalise à travers l'emprunt de termes et d'expressions, véhiculés selon le principe de l'intertextualité littéraire. Dans le cas de Hölderlin, l'emprunt se veut la plupart du temps explicite et est parfois revendiqué, souvent réinvesti dans un contexte très différent, mais le ton mélancolique demeure, même s'il sert d'autres causes. À l'inverse, l'emprunt de Chénier n'est quasiment jamais reconnu. Les poètes qui ont pu s'inspirer de ce dernier ont du mal à reconnaître leurs dettes envers un homme de lettres mort avant d'avoir atteint la pleine maturité de son œuvre. La flexibilité des textes qui accueillent ces emprunts est telle que le lecteur de Chénier ne peut que pressentir l'influence, quoique avec la plus grande certitude, sans pour autant l'attester. Les emprunts demeurent discrets et fort bien intégrés, surtout lorsqu'il ne s'agit que de termes ou d'expressions. L'emprunt d'intrigues dramatisées semble en revanche moins douteux.

Les premières réactions à l'érotisme élégiaque de Chénier témoignent d'un positionnement pas très clair des critiques français vis-à-vis de l'érotisme, lu davantage comme un manque de pudeur plutôt que comme un exercice de style et un lieu commun du genre élégiaque. Davantage préparés par Goethe et ses *Élégies romaines* à l'ambiguïté érotique d'une confession trop intime, les critiques allemands goûtent davantage l'érotisme de Chénier et n'hésitent pas à se livrer à une lecture quasi ethnocentrique de ses *Élégies*, auxquelles ils appliquent la grille de lecture qui prévaut tantôt au *Sturm und Drang*, tantôt au classicisme allemand, réalisant ainsi ce qu'il convient d'appeler un véritable transfert culturel. Assimilé par les romanistes tantôt à un *Stürmer*, tantôt à un Classique et tantôt à un Romantique, Chénier est finalement rapproché en Allemagne de Hölderlin dont le caractère inclassable semble évoquer la particularité transitoire du poète français.

L'hellénisme des deux poètes, donnée centrale de leur œuvre élégiaque, demeure alors une source d'inspiration principale pour la postérité, qu'il nourrisse la mélancolie ou l'érotisme. Il séduit en particulier les Romantiques et les Parnassiens, mais aussi les expressionnistes et les auteurs germanophones du premier XXe siècle en général. Au bénéfice d'un changement d'horizon d'attente perceptible en Allemagne avec le mouvement expressionniste, l'hellénisme permet à la postérité d'assimiler et d'intégrer l'écriture élégiaque de Hölderlin selon la dualité nietzschéenne du dionysiaque et de l'apollinien et ainsi de dépasser la double veine élégiaque de l'érotisme et de la mélancolie au profit d'une inspiration mystique, véritable syncrétisme pagano-chrétien, progressivement sécularisé dont le caractère poétique et philosophique suggère finalement un idéal indéterminé et flexible, mais réel.

Qu'il nous soit permis maintenant d'esquisser pour conclure quelques pistes de recherches futures qui pourraient s'inscrire dans le prolongement de notre étude. Il serait ainsi intéressant de poursuivre notre recherche, comme nous l'avions esquissé dans un premier temps au sein de notre travail doctoral, au-delà du premier XXe siècle et même au-delà de 1945. Toutefois, cette approche concernerait essentiellement Hölderlin, étant donné la réception limitée dans le temps de Chénier. Dans la perspective de cette approche, nous souhaiterions nous concentrer en particulier sur la réception des élégies de Hölderlin par l'école heideggerienne. Ce sont des pistes de travail que nous avions explorées au cours de notre thèse, mais il conviendrait de les approfondir, en cernant dans un premier temps la lecture que Heidegger réalise du poète, avant de s'intéresser à sa réception par les disciples du philosophe. Une approche comparatiste s'avèrerait alors nécessaire pour distinguer l'approche des heideggeriens allemands de leurs homologues français, et, pourquoi pas, élargir notre étude à d'autres aires européennes, notamment italienne et russe.

Au-delà de la simple approche de Hölderlin dont les limites temporelles peuvent paraître frustrantes dans le cadre du présent travail, il conviendrait d'étendre notre étude de la réception aux différentes histoires de la poésie européenne. Nous nous proposons de le faire notamment pour les pays anglophones. Nous nous rappelons que Francis Scarfe rapproche Chénier de Keats. C'est là une piste à ne pas négliger. Son approche de la Grèce antique et de la mélancolie pourrait en effet suggérer un certain intérêt de sa part pour les *Élégies* de Chénier[1]. Cependant, de même que Chénier et Hölderlin ont partagé une inspiration commune sans avoir eu connaissance l'un de l'autre, il se pourrait également que le poète anglais, tout en n'ayant jamais entendu parler de Chénier, ait connu une inspiration similaire. Dans ce cas, nous pourrions malgré tout, comme dans le cadre de cette étude, établir une comparaison entre les deux écritures et en tirer des conclusions sur l'inspiration hellénique en Europe qui corroborerait éventuellement notre présente analyse, tout en lui apportant quelques nuances. Par ailleurs, s'il peut se révéler judicieux de comparer Keats à Chénier, une comparaison avec Hölderlin serait d'autant plus intéressante que le poète anglais a également nourri son inspiration hellénique de la figure d'Hypérion[2]. Le rapprochement entre les deux poètes est d'ailleurs suggéré par Stefan Zweig[3].

---

1 Les deux poètes se rassemblent sur plusieurs points communs. Tous les deux d'origine modeste, ils ne comptent dans leur entourage que des personnalités fortunées. Adversaires de l'exhibition littéraire, ils se plaisent à se comporter comme des ermites au milieu du monde, mais choquent malgré tout la postérité par leur inspiration érotique. Accumulant pendant leur enfance des déceptions, voire des chagrins, ils éprouvent tous les deux à l'âge adulte un amour dévorant pour une certaine Fanny et sont déchirés entre le sentiment amoureux et la pratique poétique. Notons finalement que la mort vient interrompre prématurément leur œuvre poétique. Enfin, n'oublions pas que Keats compose ses grandes odes en 1819, l'année où paraît l'édition de Latouche, ce qui suppose qu'il ait pu s'inspirer de Chénier.

2 J. Keats a notamment composé un poème intitulé "Hyperion", tout simplement traduit en français par « Hypérion ». Notons qu'à l'heure où nous préparons l'édition de ce second volume, nous avons déjà composé une première étude comparative de la figure mythologique d'Hypérion, chez Hölderlin et Keats : Buffet, 2017, p. 63-76.

3 Zweig, 2004, p. 118 : „*Poesie ist ihm [Hölderlin] (wie Novalis, wie Keats, wie all den Genien, den frühgestorbenen) Überwindung der Schwerkraft, Zergehen des Ausdrucks in Klang, Heimkehr*

Outre la comparaison avec Keats, notre réception croisée de Chénier et de Hölderlin en France et en Allemagne appelle de toute façon une extension aux aires anglophones. En ce qui concerne Hölderlin, la traduction anglaise de ses œuvres par Michael Hamburger[4], exilé par les Nationaux-Socialistes, puis par David Constantine[5], Nick Hoff[6], et enfin Ross Benjamin[7] mériterait une étude approfondie pour illustrer sa réception en terre anglophone. La question du mètre et de sa restitution en anglais représente ainsi une donnée intéressante qu'il conviendrait d'étudier. En tous les cas, il conviendrait de se demander si la réception britannique diffère de la réception états-unienne, et éventuellement d'en tirer une première conclusion sur la spécificité européenne de leur réception[8]. Hölderlin fait en effet l'objet d'une réception importante outre-Atlantique, notamment sous la plume du comparatiste Paul de Man[9].

En outre, nous aimerions nous intéresser de près au cas russe, en particulier pour Hölderlin, car jusqu'ici nous n'avons pas découvert d'étude approfondie sur sa réception en Russie, et encore moins sur la réception de son œuvre élégiaque. Si des ébauches ont été réalisées sur la réception russe de Chénier en général et du Chénier élégiaque en particulier[10], nous pourrions tenter d'approfondir la question et comparer la réception russe des deux poètes. Par ailleurs l'existence de travaux similaires sur la réception de Chénier en Roumanie[11] ou bien en Italie[12] et

ins flutende Element." (« La poésie est pour lui [Hölderlin] (comme pour Novalis, comme pour Keats, comme pour tous les génies, ceux qui sont morts jeunes) le dépassement de la pesanteur, la dissolution de l'expression dans le son, le retour à l'élément fluide. »)

4 Hamburger, 1994.

5 Constantine, 1990.

6 Hoff, 2008.

7 Benjamin, 2008.

8 Notons ainsi l'existence de l'article que Michael Hamburger a consacré à la réception anglaise de Hölderlin : Hamburger, 1965-1966, p. 20-34. Précisons également qu'à l'heure où nous préparons l'édition du présent ouvrage, nous avons proposé une étude comparative des traductions françaises et anglaises de Hölderlin lors du XXIe congrès de l'AILC, tenu à Vienne : Buffet a, 2020.

9 De Man, 1971, p. 246-266.

10 Gretchanaïa, 1995, et ensuite Gretchanaïa, 2001 : « La présence d'André Chénier dans le premier recueil poétique de Pouchkine ». Précisons également qu'à l'heure où nous préparons l'édition du présent ouvrage, nous avons proposé une étude de la réception de Hölderlin par la poétesse russe Marina Tsvetaïeva lors du XXIe congrès de l'AILC, tenu à Vienne : Buffet b, 2020.

11 Marasescu, 2001.

12 Carocci, 1982.

de Hölderlin en Espagne, au Portugal et en Italie, ainsi qu'aux Pays-Bas et en Scandinavie doit nous inciter à poursuivre les études de réception européenne[13]. Enfin, un rapprochement avec deux poètes italiens pourrait se révéler tout à fait judicieux : Foscolo, en particulier en raison de son intérêt pour la Grèce antique et également à cause de son écriture sépulcrale, et Leopardi, pour sa mélancolie et son désespoir[14]. Nous avons pu constater que les romanistes allemands avaient déjà pressenti un rapprochement possible entre ce dernier, Chénier et Hölderlin. Il nous intéresserait d'explorer davantage ce dernier aspect. De ce bilan, il appert qu'une synthèse approfondie de chaque réception européenne pourrait faire l'objet de deux nouvelles monographies. Pourquoi ne pourrait-on pas envisager en effet une étude de la réception européenne de Hölderlin ou bien de celle de Chénier ? Les travaux qui existent à ce sujet devraient être approfondis et complétés et nécessiteraient une synthèse analytique qui aiderait à déterminer le rayonnement européen de chacun de ces deux poètes. Puisse en tout cas la contribution présente avoir au moins mis en lumière une certaine manière européenne de composer des élégies au XVIIIe siècle et de les appréhender au profit d'œuvres ultérieures.

13 Les résultats d'un colloque consacré à Lisbonne au poète allemand ont été publiés dans Maria Manuela Gouveia Delille : Delille, 1994. De même, le *Hölderlin-Jahrbuch* 29 (1994-1995) s'intéresse aux traductions du poète, notamment en Espagne, mais aussi au Portugal et en Grèce. Mentionnons l'ouvrage de Bevilacqua, 2007. La revue *De Revisor 2* de 1987 a pour thème principal la réception de Hölderlin aux Pays-Bas. Enfin, il existe un article de Roland Fleming dans le *Hölderlin-Jahrbuch* 1975-1977 qui renseigne sur la réception de Hölderlin en Scandinavie.

14 Signalons l'existence de l'ouvrage suivant : Doering & Neumeister, 2011.

BIBLIOGRAPHIE

CORPUS

ŒUVRE D'ANDRÉ CHÉNIER

CHÉNIER, André, *Œuvres complètes*, notice introductive par Henri de Latouche, Paris, Librairie constitutionnelle de Baudouin frères : Foulon et compagnie, 1819, 1833, 1839.

CHÉNIER, André, *Œuvres posthumes d'André Chénier augmentées d'une notice historique* (vol. 2), publiées par Henri de Latouche, Paris, Guillaume, 1826.

CHÉNIER, André, *Poésies*, Paris, Gallimard, éd. de Louis Becq de Fouquières, 1994 [1862].

CHÉNIER, André, *Œuvres poétiques*, avec une notice et des notes par M. Gabriel de Chénier, Paris, A. Lemerre, 1874.

CHÉNIER, André, *Œuvres complètes*, publiées d'après les manuscrits par Paul Dimoff, Paris, Delagrave, 1908-1911.

CHÉNIER, André, *Œuvres complètes*, Paris, Gallimard, Pléiade, éd. établie et commentée par Gérard Walter, 1940, 1958.

CHÉNIER, André, *Œuvres poétiques*, t. 1, éd. critique par Georges Buisson et Édouard Guitton, Orléans, Paradigme, 2005.

ŒUVRE DE FRIEDRICH HÖLDERLIN

Texte allemand

BECK, Adolf (Hg.), *Hölderlins Diotima Susette Gontard*, Frankfurt am Main, Insel Verlag, 1980.

HÖLDERLIN, Friedrich, *Sämtliche Werke*, N. Hellingrath (Hg.), München, G. Müller, 1913.

HÖLDERLIN, Friedrich, *Sämtliche Werke*, Text der kritisch-historischen Ausgabe von Franz Zinkernagel, Leipzig, Insel Verlag, 1941.

HÖLDERLIN, Friedrich, *Sämtliche Werke, Stuttgarter Hölderlin-Ausgabe*, F. Beißner (Hg.), J. G. Cotta's Nachf., puis W. Kohlhammer Verlag, Stuttgart, 1943-1985.

HÖLDERLIN, Friedrich, *Sämtliche Werke*, D.-E. Sattler (Hg.), Frankfurt am Main, Roter Stern, Basel, Stroemfeld-Roter Stern, 1975.

HÖLDERLIN, Friedrich, *„Befestigter Gesang" Die neu zu entdeckende hymnische Spätdichtung bis 1806*, D. Uffhausen (Hg.), Stuttgart, J. B. Metzler, 1989.

HÖLDERLIN, Friedrich, *Sämtliche Werke*, J. Schmidt (Hg.), Frankfurt am Main, Deutscher Klassiker Verlag, 1992-1999.

HÖLDERLIN, Friedrich, *Sämtliche Werke und Briefe*, M. Knaupp (Hg.), München, Wien, Hanser, 1992.

Texte français

BIANQUIS, Geneviève, *Hölderlin, Friedrich, Poèmes*, éd. bilingue, Paris, Aubier, 1943.

FAYE, Jean-Pierre, *Hölderlin, Poèmes*, Paris, GLM, 1965.

FÉDIER, François, *Hölderlin, douze poèmes*, Paris, La Différence, 1989.

HÖLDERLIN, Friedrich, *Poèmes de Hölderlin*, version française de Gustave Roud, Lausanne, Mermod, 1942.

HÖLDERLIN, Friedrich, *Œuvres*, P. Jaccottet (dir.), Paris, Gallimard, bibliothèque de la Pléiade, 1967.

HÖLDERLIN, Friedrich, *Odes, Élégies, Hymnes*, préface de Jean-François Courtine, Paris, Gallimard, 1993.

HÖLDERLIN, Friedrich, Œuvre poétique complète, M. Knaupp (dir.), trad. de François Garrigue, éd. bilingue, Paris, la Différence, 2005.

ÉTUDES CONSACRÉES À FRIEDRICH HÖLDERLIN

BIOGRAPHIES

Biographie en allemand

HÄRTLING, Peter, *Hölderlin, ein Roman*, München, Deutscher Taschenbuch Verlag, 2005 [1976].

Biographies en français

ALTER, André, *Hölderlin, le chemin de lumière*, Seyssel, Champ Vallon, 1992.

BERTAUX, Pierre, *Hölderlin ou le temps d'un poète*, Paris, Gallimard, 1983.

L'ŒUVRE

Articles

ADORNO, Theodor W., „Parataxis Zur späten Lyrik Hölderlins", Über Hölderlin, J. Schmidt (Hg.) Frankfurt am Main, Insel Verlag, 1970, p. 339-378.

ALMHOFER, Werner, „"Wildniß" und Vergnügen : Hölderlins mythologische Bildersprache in den späten Korrekturen von *Brod und Wein*", *Hölderlin-Jahrbuch* (1988-1989), p. 162-174.

BABILAS, Wolfgang, „Aragon und Hölderlin", *Hölderlin-Jahrbuch*, n° 15, 1967-1968, p. 209-239.

BAHTI, Timothy Howe : « The appearance of "dialectic" », *Hölderlin's Brod und Wein, Dialectic and negativity : readings in the rhetoric of romanticism*, New Haven, Connecticut, Yale University, 1980, Ph. D., p. 184-263.

BAKER, John Jay : "The problem of poetic naming in Hölderlin's elegy *Brod und Wein", Modern language notes (MLN)* 101, 1986, p. 465-492.

BARNOUW, Dagmar, „Pathos und Präzision : zum dichterischen Selbstverständnis bei Friedrich Hölderlin und Stefan George", *Études Germaniques*, 1972, p. 27-44.

BEHRE, Maria, „Das Messen der Zeit", G. Kurz (Hg.), *Interpretationen : Gedichte von Friedrich Hölderlin*, Stuttgart, Ph. Reclam 1996, p. 109-123.

BEISSNER, Friedrich, „Rilkes Begegnung mit Hölderlin", *Dichtung und Volkstum*, 37, 1936, p. 36-50.

BEISSNER, Friedrich, „Deutung des elegischen Bruchstücks *Der Gang aufs Land*", *Hölderlin. Reden und Aufsätze*, Weimar, H. Böhlaus Nachf., 1961, p. 126-143.

BEISSNER, Friedrich, „Der Gang aufs Land", Ders. *Individualität in Hölderlins Dichtung*, Winterthur, W. Vogel, 1965, p. 30-38.

BERTAUX, Pierre, « L'Apport français à la recherche hölderlinienne », *Hommage à Maurice Marache 1916-1970*, Nice, Les Belles Lettres, publications de la faculté des Lettres et des Sciences humaines de Nice, 1972 p. 191-202.

BINDER, Wolfgang, „Hölderlins Namenssymbolik", *Hölderlin-Jahrbuch* 12 (1961/62), p. 95-204.

BINDER, Wolfgang, „Hölderlins Dichtung im Zeitalter des Idealismus", *Hölderlin-Jahrbuch* 1965-1966, p. 57-72.

BLANCHOT, Maurice, « La Parole sacrée de Hölderlin », *Critique* 7, décembre 1946, p. 579-596.

BLANCHOT, Maurice, « La folie par excellence », *Critique*, n° 45, février 1951, p. 99-118.

BLANCHOT, Maurice, « L'Itinéraire de Hölderlin », *L'Espace littéraire*, Paris, Folio, Gallimard, 1955, p. 363-374.

BÖCKMANN, Paul, „Hölderlins Naturglaube", A. Kelletat (Hg), *Hölderlin, Beiträge zu seinem Verständnis in unserem Jahrhundert*, Tübingen, J. C. B. Mohr (Paul Siebeck), 1961, p. 248-262.

BOEHM, Gottfried, „"Eins zu sein und Alles zu werden" Wilhelm Heinse und die bildende Kunst", *Hölderlin-Jahrbuch* 1988-1989, p. 20-37.

BÖSCHENSTEIN, Bernhard, „Winckelmann, Goethe und Hölderlin als Deuter antiker Plastik", *Hölderlin-Jahrbuch* 1967-1968, p. 158-179.

BÖSCHENSTEIN, Bernhard, „Hölderlin in der deutschen und französischen Dichtung des 20. Jahrhunderts", *Hölderlin-Jahrbuch*, 1969-1970, n° 16, p. 60-75.

BÖSCHENSTEIN, Bernhard, *Neue Zürcher Zeitung*, 22. 03 1970, Nr. 135.

BÖSCHENSTEIN, Bernhard, „Hölderlin und Celan", *Hölderlin-Jahrbuch*, 1982-1983, p. 147-155.

BÖSCHENSTEIN, Bernhard, „"Was nennst du Glück, was Unglück...mein Vater !" Heinse in Hölderlins Dichtung", *Hölderlin-Jahrbuch* 26 (1988-1989), p. 1-19.

BÖSCHENSTEIN, Bernhard, „Hölderlin in Frankreich", *Hölderlin-Jahrbuch*, 26, 1988-1989, p. 304-320.

BÖSCHENSTEIN, Bernhard, „*Brod und Wein* : von der "klassischen" Reinschrift zur späten Überarbeitung", *Turm-Vorschläge* 1989/90/91, *Hölderlin : Christentum und Antike*, V. Lawitschka (Hg.), Tübingen, M. Niemeyer, 1991, p. 173-200.

BÖSCHENSTEIN, Bernhard, „Dionysische Wanderung im Zeichen von Freundschaft, Dichterberuf, politischer Utopie", *Interpretationen : Gedichte von Friedrich Hölderlin*, K. Gerhard, (Hg.), Stuttgart, Ph. Reclam, 1996, p. 142-152.

BRANDSTETTER, Gabriele, „Hieroglyphik der Liebe. Überlegungen zu Brentanos *Fortsetzung von Hölderlins Nacht*", *Jahrbuch des Freien deutschen Hochstifts* (1983), p. 213-266.

BREMER, Dieter, „"Versöhnung ist mitten im Streit", Hölderlins Entdeckung Heraklits", *Hölderlin-Jahrbuch* 1996-1997, p. 173-199.

BREMER, Dieter, „Zum Text des sogenannten ältesten Systemprogramms des deutschen Idealismus", *Hölderlin-Jahrbuch*, 1996-1997, p. 432-438.

BURGER, Heinz Otto, „Die Entwicklung des Hölderlinbildes seit 1933, *Deutsche Vierteljahrsschrift für Literaturwissenschaft und Geistesgeschichte* 18, 1940, Referatenheft, p. 101-122.

BUFFET, Thomas, « Hypérion chez Hölderlin et Keats », G. Darras, C. Jenn, F. Teinturier (dir.), *La Forme et le fond*, Reims, Épure, 2017, p. 63-76.

BUFFET, Thomas, „Vergleich der französischen und englischen Übersetzungen von Hölderlins Elegien : Von der heideggerianischen Wörtlichkeit zur

Neuschöpfung", *Literary translation, reception, znd transfer*, ed. Norbert Bachleitner, Berlin, De Gruyter, 2020, p. 81-94.

BUFFET, Thomas, „Hölderlins Rezeption durch Marian Zwetajewa", *Literary translation, reception, and transfer*, ed. Norbert Bachleitner, Berlin, De Gruyter, 2020, p. 163-175.

CASSIRER, Ernst, „Hölderlin und der deutsche Idealismus", *Hölderlin, Beiträge zu seinem Verständnis in unserem Jahrhundert*, A. Kelletat (Hg), Tübingen, J. C. B. Mohr (Paul Siebeck), 1961, p. 79-118.

CHALLEMEL-LACOUR, Paul, « La Poésie païenne en Allemagne au XIXe siècle : Frédéric Hölderlin », *La Revue des Deux Mondes*, 18 juin 1867, p. 121-132.

CHASLES, Philarète, « Hoelderlin », *Revue de Paris*, vol. 36, 1836, p. 201-209.

CYRUS, Hamlin, "Hölderlin's elegy "Homecoming", Comments, *Friedrich Hölderlin, An early modern*, E. E. George (dir.), Ann Arbor, 1972, p. 232-245.

DEGUY, Michel, « Sur le Commentaire heideggerien de Hölderlin », *Tel Quel*, 1962, p. 57-65.

DEGUY, Michel, « Hölderlin s'approche », *La Nouvelle Revue Française*, 30, n° 178, octobre 1967, p. 672-679.

DE MAN, Paul, « Hölderlin et Heidegger », *Critique*, 1955, p. 100-101.

DE MAN, Paul, „Hölderlins Rousseaubild", *Hölderlin-Jahrbuch*, 1967-1968, p. 180-208.

ESPAGNE, Michel, « Antiquité, nature et nation chez Winckelmann », *Dix-huitième siècle*, n° 27, 1995, p. 143-158.

FRANK, Manfred, „Hölderlin über den Mythos", *Friedrich Hölderlin Neue Wege der Forschung*, T. Roberg (Hg.), Wissenschaftliche Buchgesellschaft, Darmstadt, 2003, p. 140-171.

GADAMER, Hans-Georg, „Hölderlin und George", *Hölderlin-Jahrbuch*, 15. Bd., 1967-1968, p. 75-91.

GRODDECK, Wolfram, „Die Nacht. Überlegungen zur Lektüre der späten Gestalt von *Brod und Wein*,"*Hölderlin-Jahrbuch* 21 (1978/1979), p. 206-224.

GRODDECK, Wolfram, „Die Revision der *Heimkunft* : Hölderlins späte Eingriffe in den Text der ersten Elegie im Homburger Folioheft, *Hölderlin-Jahrbuch* 28 (1992/93), p. 239-263.

GRODDECK, Wolfram, « "…und die Wolke,/Freudiges dichtend" : der poetologische Metatext in Hölderlins Elegie *Heimkunft/an/ die Verwandten, neue Wege zu Hölderlin* », U. Beyer (Hg.), Würzburg, Königshausen & Neumann, 1994, p. 153-183.

GROETHUYSEN, Bernard, « La Folie de Hölderlin » *Commerce*, Cahier V, 1925, p. 193-194.

GUERNE, Armel, « Hölderlin ou le mystique malgré lui », *L'Âme insurgée*, Paris, Phébus, 1977, p. 59-104.

GUNDOLF, Friedrich, „Hölderlins Archipelagus", *Beiträge zu seinem Verständnis in unserem Jahrhundert*, A. Kelletat (Hg), Tübingen, J.C.B. Mohr (Paul Siebeck), 1961, p. 4-17.

HAMLIN, Cyrus, „Zur Einführung", *Hölderlin : Stuttgart. Originaltreue Wiedergabe der Londoner Handschrift*, erläutert von C. Hamlin, unter Mitw. von A. Beck, Tübingen, 1970, p. 25-42.

HÄRTLING, Peter : *Heimkunft*, in *Hölderlin Jahrbuch* 25 (1986-1987), p. 1-11.

HAYDEN-ROY, Priscilla A., „Zwischen Himmel und Erde : der junge Friedrich Hölderlin und der württembergische Pietismus", *Hölderlin-Jahrbuch* 2006-2007, p. 30-66.

HEIDEGGER, Martin : *Heimkunft. An die Verwandten, Erläuterungen zu Hölderlins Dichtung*, Frankfurt am Main, V. Klostermann, 1944, p. 7-32.

HEIDEGGER, Martin, „Wozu Dichter ?", *Gesamtausgabe*, I. Abteilung : veröffentlichte Schriften 1914-1970, Bd. 5 *Holzwege*, Frankfurt am Main, Vittorio Klostermann, 1980 [1950], p. 265-316.

HEIDEGGER, Martin „Hölderlin und das Wesen der Dichtung", *Erläuterungen zu Hölderlins Dichtung* Frankfurt am Main, V. Klostermann, 1944, p. 33-48.

HENRICH, Dieter, „Hölderlin über Urteil und Sein. Eine Studie zur Entstehungsgeschichte des Idealismus", *Hölderlin-Jahrbuch* 1965-1966, p. 73-96.

HILDEBRANDT, Kurt, « L'Esprit et l'esprit européen *L'Archipelagus*, conférence faite à Paris le 20 novembre 1942, *Friedrich Hölderlin : En commémoration du centenaire de sa mort le 7 juin 1843* », J. Hoffmeister – H. Fegers (dir.), Paris, Sorlot, 1943, textes réunis et présentés sur l'initiative de l'Institut Allemand pour commémorer le centième anniversaire de la mort du poète, p. 83-108.

„Hölderlin und der Deutsche. Zum hundertsten Todestag des großen Dichters.", *Der Angriff*, Nr. 139, 9. 6. 1943 (auteur non-communiqué).

JACCOTTET, Philippe, « La Seconde naissance de Hölderlin », *Lettres d'Occident de l'Iliade à l'Espoir : Études offertes à André Bonnard*, Neuchâtel, À La Baconnière, 1958, p. 197-223.

JACCOTTET, Philippe, « Hölderlin », *Une Transaction secrète*, Paris, Gallimard, 1987, p. 42-92.

JÜNGEL, Eberhard, „Die Wahrheit des Mythos und die Notwendigkeit der Entmythologisierung", *Hölderlin-Jahrbuch* 1990-1991, p. 32-50.

KALINOWSKI, Isabelle, « Les Limites du champ littéraire national : l'exemple de la réception de Hölderlin en France sous l'Occupation (1939-1945) », *Le texte et son contexte. Analyse du champ littéraire français (XIX*e *siècle, XX*e *siècle)*, M. Einfalt – J. Jurt (dir.), Berlin, Berlin Verlag, Arno Spitz GMbH, éditions MSH, 2002, p. 275-300.

KALINOWSKI, Isabelle, « Maurice Blanchot, Hölderlin et Heidegger : la "parole sacrée" », *Poésie 2004*, n° 100, mars 2004, J.-Y. Masson (dir.), p. 12-19.

KASPERS, Katharina, „"Der arme Hölderlin" Die stilisierte Dichterfigur in der Rezeption der Romantik", *Hölderlin-Jahrbuch*, 1973, p. 159-181.

KERBER, Robert, „Hölderlins Verhältnis zu Homer", *Philologus* 80, 1924, p. 1-66.

KILLLY, Walther, „Hölderlins Interpretation des Pindarfragments 166", Über Hölderlin, J. Schmidt (Hg.), Frankfurt am Main, Insel Verlag, 1970, p. 294-319.

KREUTZER, Hans-Joachim, „Kolonie und Vaterland in Hölderlins später Lyrik", *Hölderlin-Jahrbuch*, 1980-1981, p. 18-46.

LACOUE-LABARTHE, Philippe, introduction de Hölderlin, *Hymnes, Élégies et autres poèmes*, trad. d'Armel Guerne, Paris, GF Flammarion, 1983, p. 8-20 et dossier, p. 181-185.

LAMPERSCHEF, Stephan, „Hölderlins "Hyperion" oder die neue Platonische Mythologie", *Hölderlin-Jahrbuch* 1992-1993, p. 128-151.

LEFEBVRE, Jean-Pierre, „Auch die Stege sind Holzwege", *Hölderlin vu de France*, J. Le Rider (dir.), Tübingen, Gunter Narr Verlag, 1987, p. 53-76.

LERCH, Karl, „Friedrich Hölderlin zu seinem 100. Todestag am 7. Juni", *Völkischer Beobachter*, Nr. 157 (6.6.1943).

LOMBEZ, Christine, « Entre Lecture et écriture : Philippe Jaccottet "passeur de Hölderlin" », J.-Y. Masson (dir.), *Poésie 2004*, n° 100, mars 2004, p. 20-24.

LOW, Peter, "Jaccottet and German literature : The influence of Rilke, Musil and Hölderlin", *Swiss-French Studies ; Études romanes*, 4, 1983, p. 52-65.

MARTENS, Gunter, „Hölderlin-Rezeption in der Nachfolge Nietzsches-Stationen der Aneignung eines Dichters", *Hölderlin-Jahrbuch* 23, 1982-1983, p. 54-78.

MARTINI, Fritz, „Hölderlin und Stuttgart", C.Jamme, O. Pöggeler (Hg.), *„O Fürstin der Heimath ! Glückliches Stuttgard !"Politik, Kultur und Gesellschaft im deutschen Südwesten um 1800*, Stuttgart, Klett-Cotta, 1988, p. 204-226.

MASON, Eudo C., „Hölderlin und Novalis. Einige Überlegungen", *Hölderlin Jahrbuch*, Bd. 11, 1958-1960, p. 72-119.

MASSON, Jean-Yves, « La Fête de la vie », *Poésie 2004*, n° 100, mars 2004, J. Y. Masson (dir.), « Hölderlin actuel/inactuel », Études, poèmes, hommage, p. 49-57.

MAYER, Franz W. « René Char et Hölderlin », *René Char*, D. Fourcade (dir.), Paris, L'Herne, 1971, p. 81-88.

MICHAEL, Franz, „Tuskische Ordnungen", *Le pauvre Holterling* Nr. 2, *Blätter zur Frankfurter Hölderlin-Ausgabe*, Frankfurt am Main, 1977, p. 21-24.

MICHAEL, Franz, „Hölderlins Platonlektüre von Tübingen bis Jena", *Hölderlin-Jahrbuch*, 1992-1993, p. 111-127.

MICHAEL, Franz, „Hölderlins Platonismus. Das Weltbild der exzentrischen Bahn in den *Hyperion*-Vorreden", *Allgemeine Zeitschrift für Philosophie* 22, 1997, p. 166-187.

MICHEL, Wilhelm, „Hölderlin und Diotima", *Hölderlin, Beiträge zu seinem Verständnis in unserem Jahrhundert*, A. Kelletat (Hg.), Tübingen, J. C. B. Mohr (Paul Siebeck), 1961, p. 144-160.

MIETH, Günther, „Einige Thesen zu Hölderlins Spinozarezeption", *Weimarer Beiträge*, 24, p. 175-180.

MOMMSEN, Momme, „Traditionsbezüge als Geheimschicht in Hölderlins Lyrik, Zu den Gedichten : "Die Weisheit des Traurers", "Der Wanderer", "Friedensfeier", "Brod und Wein" ", *Neophilologus* 51, 1967, p. 32-42 et p. 156-168.

MÜLLER, Andreas, „Die beiden Fassungen von Hölderlins Elegie "Der Wanderer"", *Hölderlin-Jahrbuch* 1948-1949, p. 103-131.

MÜLLER, Joachim, „Hölderlins Liebeselegie. Eine Interpretation", *Wirklichkeit und Klassik. Beiträge zur deutschen Literaturgeschichte von Lessing bis Heine*, Berlin, Verlag der Nation, 1955, p. 366-397.

PFOTENHAUER, Helmut, „Dionysos : Heinse-Hölderlin. Nietzsche", *Hölderlin-Jahrbuch*, 1989, p. 41-58.

PYRITZ, Hans, „Zum Fortgang der Stuttgarter Hölderlin-Ausgabe", *Hölderlin-Jahrbuch* 1953, p. 80-105.

REHM, Walther, „Brentano und Hölderlin", inölderlinH *Hölderlin-Jahrbuch*, 1947, p. 127-178.

SCHADEWALDT, Wolfgang, „Hölderlins Übersetzung des Sophokles", Über Hölderlin, J. Schmidt (Hg.), Frankfurt am Main, Insel Verlag, 1970, p. 237-293.

SCHMIDT, Jochen, „Griechenland als Ideal und Utopie bei Winckelmann, Goethe und Hölderlin.", *Hölderlin-Jahrbuch* 1992-1993, p. 94-110.

SCHMITZ, Angelika, „"Singen wollt ich leichten Gesang". Überlegungen zum Scheitern der Fragment gebliebenen Elegie *Der Gang aufs Land, Neue Wege zu Hölderlin*, U. Beyer (Hg.) Würzburg, Königshausen & Neumann, 1994, p. 269-322.

SCHOLZ, Felix, „Hölderlin und die klassisch-romantische Antithese", *Zeitschrift für deutsche Philologie*, 1928, p. 364-382.

SÖRING, Jürgen, „"Sie haben mein Auge mir genommen". Vom Beweggrund des Dichtens in Hölderlins lyrischem Schaffen : Beda Allemann zum 65. Geburtstag", *Bad Homburger Hölderlin-Vorträge : 1990*, Bad Homburg v. d. H., 1991, p. 33-50.

SOUTET, Olivier, « Hölderlin et la France », *Les Lettres romanes* (Louvain), t. XXX, 1976, p. 134-176.

SPOERRI, Theophil, „Rimbaud und Hölderlin in ihrer Zuwendung zur Gegenwart", *Zeitschrift für Wissenschaft, Kunst und Literatur*, 10. Jahrgang, 1955, p. 493-499.

SUIED, Alain, « Héraclite, Hölderlin, Celan : la poésie est le réel », *Hölderlin ou la question de la poésie*, P. Hutchinson (Hg.), Paris, Sillages-Noël Blandin, 1987, p. 28-30.

SUSSKIND, Alexander J., „Hölderlin et Camus", *Revue de Littérature Comparée*, n° 43, 1969, p. 489-504.

SZONDI, Peter, „Überwindung des Klassizismus in Hölderlins Brief an Böhlendorff vom 4. Dezember 1801", Über Hölderlin, J. Schmidt (Hg.), Frankfurt am Main, Insel Verlag, 1970, p. 320-338.

TRAWNY, Peter, „Das Gedicht auf dem Weg in die Fremde : eine Notiz zu der Elegie *Der Wanderer* bei Friedrich Matthison", *Hölderlin-Jahrbuch* 29 (1994-1995) p. 276-282.

UFFHAUSEN, Dietrich, „"Der Wanderer". Anmerkungen zum Erstling der Frankfurter Hölderlin-Ausgabe", *Hölderlin-Jahrbuch* 19-20 (1975-1977), p. 519-554.

VALENTIN, Jean-Marie, « "Le Dieu de Delphes est muet" : retrouver la parole poétique en un "temps de manque" », *La Voix Hommage à Pierre Brunel*, D. Chauvin (dir.), Paris, Presses de l'université Paris-Sorbonne, 2009, p. 83-96.

VIËTOR, Karl, „Hölderlins Liebeselegie", *Internationale Forschungen zur deutschen Literaturgeschichte, Julius Petersen zum 60. Geburtstag*, H. Cysarz (dir.), Leipzig, Verlag von Quelle, 1938, p. 127-158.

WAIBEL, Violetta, „Hölderlins Rezeption von Fichtes "Grundlage des Naturrechts"", *Hölderlin-Jahrbuch* 1996-1997, p. 146-172.

WAIS, Kurt, « Rousseau et Hölderlin », *Annales de la société Jean-Jacques Rousseau* 1959-1962, p. 287-315.

WANDELÈRE, Frédéric, « Philippe Jaccottet, Hölderlin et le milieu doré », *Philippe Jaccottet*, J.-P. Vidal (dir.), Paris, Payot, Lausanne, 1989, p. 206-216.

WILDEBRANDT, Adolf, „Hölderlin, der Dichter des Pantheismus", *Historisches Taschenbuch*, D. H. Riehl (dir.), Leipzig, Brockhaus, 1871, p. 373-413.

WINDFUHR, Manfred, „Allegorie und Mythos in Hölderlins Lyrik", *Hölderlin-Jahrbuch*, 1957, p. 160-181.

WOCKE, Helmut, „Hölderlins Lyrik in französischer und italienischer Übertragung", *Neuphilologische Zeitschrift I*, 1949, p. 32-41.

WUTHENOW, Ralph-Rainer, *Homburg vor der Höhe in der deutschen Geistesgeschichte Studien zum Freundeskreis um Hegel und Hölderlin*, C. Jamme – O. Pöggeler (Hg.), Stuttgart, Klett-Cotta, 1981, p. 318-330.

ZUBERBÜHLER, Rolf, „Hölderlins *Heimkunft*", *Hölderlin-Jahrbuch* 19/20, 1975/77, p. 56-75.

ZUBERBÜHLER, Rolf, „*Stutgard*", Ders. *Die Sprache des Herzens, Hölderlins Widmungsdichtung* Göttingen, Vandenhoeck und Ruprecht, 1982, p. 75-90.

Ouvrages

ADT, Wilhelm, *Das Verhältnis Stefan Georges und seines Geistes zu Hölderlin*, Inauguraldissertation zur Erlangung der Doktorwürde eingereicht bei der philsophischen Fakultät der Uni Frankfurt am Main, 1934.

ALLEMANN, Beda, *Hölderlin und Heidegger*, Zürich und Freiburg im Breisgau, Atlantis Verlag, 1954.

BARTSCH, Kurt, *Die Hölderlin-Rezeption im deutschen Expressionismus*, Frankfurt am Main, Akademische Verlagsgesellschaft, 1974.

BEAUFRET, Jean, *Hölderlin, Remarques sur Œdipe et sur Antigone*, Paris, Union générale d'éditions, 1965.

BEISSNER, Friedrich, *Hölderlins Götter*, Stuttgart, W. Kohlhammer Verlag, 1969.

BEVILACQUA, Giuseppe, *Una questione hölderliniana : follia e poesia nel tardo Hölderlin*, Firenze, L. S. Olschki, 2007.

BERTAUX, Pierre, *Le Lyrisme mythologique de Hölderlin : contribution à l'étude des rapports de son hellénisme avec sa poésie*, Paris, Hachette, 1936.

BERTAUX, Pierre, *Hölderlin und die französische Revolution*, Frankfurt am Main, Suhrkamp Verlag, 1974.

BEYER, Uwe, *Mythologie und Vernunft : vier philosophische Studien zu Friedrich Hölderlin*, Tübingen, Niemeyer, 1993.

BINDER, Wolfgang, *Dichtung und Zeit in Hölderlins Werk*, Habilitationsschrift, Tübingen, 1955.

BÖCKMANN, Paul, *Hölderlin und seine Götter*, München, Beck'sche Buchhandlung, 1935.

BÖSCHENSTEIN, Bernhard – LE RIDER, Jacques, *Hölderlin vu de France*, Tübingen, Gunter Narr, 1987.

BÖSCHENSTEIN, Bernhard, *Von Morgen nach Abend Filiationen der Dichtung von Hölderlin zu Celan,* München, Wilhelm Fink Verlag, 2006.

BOTHE, Henning, *Ein Zeichen sind wir, deutungslos Die Rezeption Hölderlins von ihren Anfängen bis zu Stefan George*, Stuttgart, J. B. Metzlersche Verlagsbuchhandlung, 1992.

BUFFET, Thomas, *Le Renouvellement de m'écriture élégiaque chez Friedrich Hölderlin et André Chénier*, Paris, Classiques Garnier, 2019.

COURTINE, Jean-François *L'Herne Hölderlin*, Paris, l'Herne, 1989.

DELILLE, Maria Manuela Gouveia, *Runa, Revista, Portuguesa de Estudos Germanísticos* 22, 1994.

DELORME, Maurice, *Hölderlin et la Révolution française*, Monaco, éditions du Rocher, 1959.

DE MAN, Paul, *Blindness and Insight*. New York, Oxford University Press, 1971.

DOERING, Sabine & NEUMEISTER, Sebastian, *Hölderlin und Leopardi*, Tübingen, Isele, 2011.

EUROPE, *Hölderlin*, 2000.

FÄH, Oskar, *Klopstock und Hölderlin*, Schaffhausen, Meier & Cie, 1952.

GAÈDE, Édouard, *Nietzsche, Hölderlin et la Grèce*, publications de la Faculté des Lettres de Nice, Paris, Les Belles Lettres, 1987.

GAIER, Ulrich, *Das gesetzliche Kalkül Hölderlins Dichtungslehre*, Tübingen, Max Niemeyer Verlag, 1962.

GAIER, Ulrich, *Hölderlin. Eine Einführung*, Tübingen, Basel, 1993.

HARRISSON, Robin B., *Hölderlin and Greek Literature*, Oxford, Clarendon Press, 1975.

HEIDEGGER, Martin, *Erläuterungen zu Hölderlins Dichtung*, Frankfurt am Main, Vittorio Klostermann, 1971 [1944].

HEIDEGGER, Martin, *Gesamtausgabe*, II. Abteilung : Vorlesungen 1923-1944, Bd. 53, Frankfurt am Main, Vittorio Klostermann, 1993 [1984].

HEIDEGGER, Martin, Gesamtausgabe, Bd. 75 *Zu Hölderlin, Griechenlandreisen*, III. Abteilung : unveröffentlichte Abhandlungen, Frankfurt am Main, Vittorio Klostermann, 2000.

HEIDEGGER, Martin, *Qu'est-ce que la métaphysique ? : suivi d'extraits sur « L'Être et le temps » et d'une conférence sur Hölderlin*, trad. Henry Corbin, Paris, Gallimard, 1938.

HELLINGRATH, Norbert, *Hölderlins Pindarübertragungen*, Leipzig, Breitkopf & Härtel, 1910.

HELLINGRATH, Norbert, *Pindarüberlegungen von Hölderlin*, Jena, Eugen Diederichs, 1911.

HOF, Walter, *Hölderlins Stil als Ausdruck seiner geistigen Welt*, Meisenheim am Glan, Glau, 1954.

HOFFMEISTER, Johannes, et Fiegers, Hans, *Fr. Hölderlin. En commémoration du centenaire de sa mort, le 7 juin 1843*, publié sur l'initiative de l'Institut Allemand, Paris, Sorlot, 1943.

JACKSON, John Edwin, *Mémoire et subjectivité romantiques, Rousseau, Hölderlin, Chateaubriand, Nerval, Coleridge, Baudelaire, Wagner*, Paris, J. Corti, 1998.

KALINOWSKI, Isabelle, *Une Histoire de la réception de Hölderlin en France, 1925-1967*, thèse soutenue sous la direction du professeur Gérard Raulet, Paris XII, 1999.

KALLENBERG, Elisabeth, *Das Bild des Menschen im Werk Hölderlins*, Inaugural-Dissertation zur Erlangung des Doktorgrades der Philosophischen und Naturwisenschaftlichen Fakultät der Westfälischen Wilhelms-Universität zu Münster, Berlin, Rudolph Pfau, 1939.

KELLETAT, Alfred (Hg.) *Hölderlin, Beiträge zu seinem Verständnis in unserem Jahrhundert*, Tübingen, J. C. B. Mohr (Paul Siebeck), 1961.

KREUZER, Johann, *Hölderlin-Handbuch*, Stuttgart, J. B. Metzler, 2002.

KURZ, Gerhard und Lawitschka, Valérie und Wertheimer, Jürgen (Hg.) *Hölderlin und die Moderne. Eine Bestandsaufnahme*, Tübingen, Attempto Verlag, 1995.

KURZ, Gerhard, *Interpretationen Gedichte von Friedrich Hölderlin*, Stuttgart, Reclam, 1996.

LAWITSCHKA, Valérie, *Hölderlin und die Griechen*, Tübingen, Eggingen : Isele, 2003.

LERNONT, Geert, *The poet as Thinker Hölderlin in France.*Columbia, Lamden House, 1994.

LINK, Jürgen, *Hölderlin-Rousseau : inventive Rückkehr*, Wiesbaden, Westdeutscher Verlag, 1999.

LOMBEZ, Christine, *Transactions secrètes Philippe Jaccottet traducteur de Rilke et de Hölderlin*, Arras, Artois Presse université, 2003.

LORENZ, Otto, *Schweigen in der Dichtung Hölderlin-Rilke-Celan Studien zur Poetik deiktisch-elliptischer Schreibweisen*, Göttingen, Vandenhoeck und Ruprecht, 1989.

MERLIO, Gilbert – PELLETIER, Nicole, *Bordeaux au temps de Hölderlin*, Bern, Peter Lang, 1997.

MINDER, Robert, *Hölderlin unter den Deutschen*, Frankfurt am Main, Suhrkamp Verlag, 1968.

NÄGELE, Rainer, *Text, Geschichte und Subjektivität in Hölderlins Dichtung : "Uneßbarer Schrift gleich"*, Stuttgart, J. B. Metzler, 1985.

PACKALÉN, Sture, *Zum Hölderlinbild in der Bundesrepublik und der DDR*, Acta Universitatis Upsaliensis 28, Upsala, distributed by ALMQVIST & Wiksell International, 1986.

PARFAIT, Nicole, *Hölderlin et la France*, Paris, L'Harmattan, 1999.

PETZOLD, Emil, *Hölderlins Brot Und Wein*, Darmstadt, Wissenschaftliche Buchgesellschaft, 1967.

RAYNAL-MONY, Gérard, *Hölderlin et Rousseau*, thèse soutenue le 6 décembre 1975, en Sorbonne, Paris IV.

RIEDEL, Ingrid (Hg.), *Hölderlin ohne Mythos*, Göttingen, Vandenhoeck & Ruprecht, 1973.

ROBERG, Thomas (Hg.) *Friedrich Hölderlin Neue Wege der Forschung*, Darmstadt, Wissenschaftliche Buchgesellschaft, 2003.

RYAN, Lawrence, *Hölderlins Lehre vom Wechsel der Töne*, Stuttgart, W. Kohlhammer, 1960.

SALIN, Edgar, *Hölderlin im George-Kreis*, Tübingen, Verlag Helmut Küpper Vormals Georg Bondi,1950.

SCHMIDT, Jochen, *Hölderlins Elegie Brot und Wein*, Berlin, Walter de Gruyter & Co, 1968.

SEIFERT, Albrecht, *Untersuchungen zu Hölderlins Pindar-Rezeption*, München, W. Fink, 1982.

SIMON, Martin F. A. : *Friedrich Hölderlin. The theory and practice of religious poetry. Studies in the elegies*, Stuttgart, H. D. Heinz, Akademischer Verlag, 1988.

SINGER, Herbert, *Rilke und Hölderlin*, Köln, Graz, Böhlau Verlag, Literatur und Leben, 1957.

SOHNLE, Werner Paul / SCHÜTZE, Marianne, *Internationale Hölderlin-Bibliographie (IHB)*, Stuttgart, Frommann-Holzboog, 1991.

STRACK, Friedrich, Ästhetik und Freiheit, Hölderlins Idee von Schönheit, Sittlichkeit und Geschichte der Frühzeit, Tübingen, Niemeyer, 1976.

STUCKY, Willy, *Friedrich Hölderlin und Albert Camus*, Zürich, Dissertation, 1980.

SUGLIA, Joseph, *Hölderlin and Blanchot on self-sacrifice Current in Comparative Romance Languages and Literatures*, New York, Peter Lang, 2004.

SZONDI, Peter, *Hölderlin-Studien. Mit einem Traktat über philologische Erkenntnis*, Frankfurt am Main, Suhrkamp Verlag, 1970 [1967].

TONNELAT, Ernest, *L'Œuvre poétique et la pensée religieuse de Hölderlin*, Paris, Didier, 1950.

WACKWITZ, Stephan, *Trauer und Utopie um 1800. Studien zu Hölderlins Elegienwerk*, Stuttgart, Verlag, Hans-Dieter Heinz, 1982.

WAHL, Jean, *La Pensée de Heidegger et la poésie de Hölderlin*, Paris, Centre de documentation Universitaire, Tournier et Constans, les cours de Sorbonne, 1952.

WAIBEL, Violetta, *Hölderlin und Fichte*, Paderborn, F. Schöning, 2000.

WEGENAST, Margarete, *Hölderlins Spinoza-Rezeption und ihre Bedeutung für die Konzeption des "Hyperion"*, Tübingen, Niemeyer, 1990.

ÉTUDES CONSACRÉES À ANDRÉ CHÉNIER

BIOGRAPHIES

DIMOFF, Paul, *La Vie et l'œuvre d'André Chénier jusqu'à la Révolution*, Paris, E. Droz, 1936.

FABRE, Jean, *Chénier, connaissance des Lettres*, Paris, Hatier, 1965.

FAGUET, Émile, *André Chénier*, Paris, Hachette, 1902.

LOGGINS, Vernon, *André Chénier, his Life, Death and Glory*, Athens, Ohio, Ohio University Press, 1965.

SCARFE, Francis, *André Chénier, his life and work*, Oxford, At the Clarendon Press, 1965.

WALTER, Gérard, *André Chénier, son milieu et son temps*, Paris, Laffont, 1947.

L'ŒUVRE

Articles

BORN, Stephan, *André Chénier, ein Dichterleben aus der Zeit der französischen Revolution*, Vortrag gehalten im Bernonllianum zu Basel am 11. März 1877, Basel, Schweighauserische Verlagsbuchhandlung, 1978, p. 1-36.

BUFFET, Thomas, « Les Tombeaux élégiaques d'André Chénier : entre tradition et modernité », *Cahiers Roucher-André Chénier*, n° 25, 2006, p. 141-165.

BUFFET, Thomas, « Réception d'André Chénier en Allemagne », *Cahiers Roucher-André Chénier*, n° 29, 2010, p. 227-253.

BUISSON, Georges, « À propos d'André Chénier : Camille et D'z.n. » *Revue d'Histoire Littéraire de la France*, mai-août1968, p. 512-532.

BUISSON, Georges, « La Mystérieuse d'Azan, inspiratrice d'André Chénier », *Revue d'Histoire Littéraire de la France*, 1975, p. 20-47.

BUISSON, Georges, « Pour rééditer André Chénier : apports et ambiguïtés des études biographiques et textologiques », *Cahiers Roucher-André Chénier*, n° 3, 1983, p. 117-137.

BUISSON, Georges, « Mrs Cosway, inspiratrice d'André Chénier », *Cahiers Roucher-André Chénier*, n° 20, 2001, p. 11-24.

BUISSON, Georges, « Lebrun-Pindare, mentor d'André Chénier », *L'Éveil des Muses, Mélanges offerts à É. Guitton*, Rennes, Presses Universitaires de Rennes, 2002, p. 104-114.

CAROCCI, Renata, « Lectures de Chénier en Italie », *Œuvres critiques, Lectures de la poésie du XVIII*ᵉ *siècle*, VII, 1, p. 109-116.

CAROCCI, Renata, « Autour de Marie Cosway et d'André Chénier », *Cahiers Roucher-André Chénier*, n° 20, 2001, p. 25-34.

CHOUVILLE, Léon « André Chénier chez Victor Hugo », *The French Quarterly*, 5, 1993, p. 144-149.

CITOLEUX, Marc, « Vigny et André Chénier », *Revue Universitaire*, 1921, p. 126-139.

COURTEN DE, Clementina, « André Chénier et Ugo Foscolo », *Annales de la Faculté des Lettres de Bordeaux*, 1918, p. 37-43.

DIMOFF, Paul, « Une Source anglaise de l'"Invention" d'André Chénier », *Revue de littérature comparée*, 1921, p. 504-526.

DIMOFF, Paul, « Winckelmann et André Chénier », *Revue de littérature comparée*, 21, 1947, p. 321-333.

ENGLER, Winfried, „Das Prinzip der Aufhebung in André Chéniers Traumwelt", *Neophilologus*, 47, 1963, p. 256-268.

FABRE, Jean, « La Poésie et le poète selon André Chénier », *L'Information littéraire*, mai-juin 1966, p. 577-591.

FAVRE, Yves-Alain, « Le Vers de Chénier : la musique et la danse », *Cahiers de l'Association Internationale des Études Françaises*, Paris, mai, 1990, n° 42, p. 283-297.

GALLERON MARASESCU, Ioana, « André Chénier et les poètes roumains d'avant Eminescu », *Cahiers Roucher-André Chénier. Études sur la poésie du XVIIIe siècle*, n° 20, 2001, p. 143-156.

GRETCHANAIA, Elena « "Étoile filante" : André Chénier vu par les poètes russes », *Cahier Roucher-André Chénier*, n° 15, 1995, p. 237-247.

GRETCHANAIA, Elena « La Présence d'André Chénier dans le premier recueil poétique de Pouchkine », *Cahiers Roucher-André Chénier*, n° 20, 2001, p. 135-142.

GUITTON, Édouard, « Discussion sur "Style ou styles épistolaires ?" », *Revue d'Histoire Littéraire de la France*, novembre-décembre, 1978, p. 939-949.

GUITTON, Édouard, « Lire/éditer Chénier, hypothèses et apories », *Œuvres et critiques*, V, 1 (automne 1980), p. 69-81.

GUITTON, Édouard, « Éléments pour une édition d'André Chénier », *Cahiers de l'Association Internationale des Études Françaises*, n° 42 (mai 1990), p. 195-204.

GUITTON, Édouard, « L'Impublié à la croisée des âges : de l'inédit à l'inécrit ou comment ceci a tué cela », *Travaux de littérature XI* (1998), p. 259-278.

JARRY, André, « Alfred de Vigny et André Chénier : une filiation bien tempérée », *Cahiers Roucher-André Chénier*, n° 15, 1995, p. 194-200.

JOUGLARD, Madeleine, « L'Imitation inventrice de Chénier », *Revue de littérature comparée*, VIII, 1928, p. 640-653.

KRAMER, Cornelius, « Alfred de Vigny a-t-il connu les manuscrits d'André Chénier ? » *Revue d'Histoire Littéraire de la France*, 1925, p. 103-112.

KRAMER, Cornélius, « Anatole France et André Chénier », *Néophilologus*, 16, 1931, p. 81-95 et 161-175.

KRAMER, Cornelius, « Les Élégies antiques de Millevoye », *Néophilologus*, 1946, 30, p. 145-150.

KRAMER, Cornelius, « André Chénier et le "voyage du jeune Anacharsis" », *Neophilologus*, 31, 1947, p. 167-172.

KRAMER, Cornelius, « De Ronsard à André Chénier L'Endymion d'A. Rémy », *Néophilologus*, XXXVI, 1952, p. 206-214.

LAFORGUE, Pierre, « Hugo et Chénier : un dialogue d'outre-tombe », *Cahiers Roucher-André Chénier*, n° 15, 1995.

MASSON, Pierre-Maurice, « L'Influence d'André Chénier sur Alfred de Vigny », *Rèvue d'Histoire Littéraire de la France*, n° 16, 1909, p. 1-48.

MILLET-GÉRARD, Dominique, « Résonances virgiliennes chez André Chénier », *Cahiers de l'Association internationale des Études françaises* 53, 2001, p. 213-234.

MONTERA DE, Pierre « André Chénier et Vittorio Alfieri », *Études italiennes*, 1922, n° 1, p. 32-113.

NIDERST, Alain, « Le Matérialisme de Chénier » dans *Être matérialiste à l'âge des Lumières. Hommage offert à Roland Desné*, B. Fink, et G. Stenger (dir.), Paris, Presses Universitaires de France, 1999, p. 219-231.

NOYER-WEIDNER, Alfred, „Literarisches Wollen und lyrische Begabung bei André Chénier", in *Europäische Aufklärung, Herbert Dieckmann zum 60. Geburtstag*, F. Hugo – F. Schalk (Hg.), München, Wilhelm Fink Verlag, 1967, p. 189-221.

SCHEEL, Hans Ludwig, „André Chénier nach 1789", in *Romanistisches Jahrbuch*, IX. Bd., 1958, p. 199-213.

STAROBINSKI, Jean, « André Chénier et la personnification de la poésie », *Revue de l'université de Bruxelles*, n° 4,1979, p. 277-297.

TAISNE, Anne-Marie, « Chénier et l'Antiquité. Influences poétiques et artistiques », dans *La Littérature et les autres arts*, Les Belles Lettres, 1979, p. 5-24.

VIVIER, Robert, « André Chénier, Rousseau et Foscolo », *Mélanges offerts à Henri Hauvette*, Paris, Les Presses Françaises, 1934, p. 519-524.

Ouvrages

BOURGEOIS, André, *L'Opinion contemporaine sur les deux Chénier*, Paris, Bibliothèque de « La Critique », 1908.

BRASILLACH, Robert, *Chénier*, Paris, Les Sept couleurs, 1947.

BRASILLACH, Robert, *Écrits à Fresnes*, éd. M. Bardèche, Paris, Plon, 1967.

BUFFET, Thomas, *Le Renouvellement de l'écriture élégiaque chez Friedrich Hölderlin et André Chénier*, Paris, Classiques Garnier, 2019.

GERBAULT, Jean-Marie, *André Chénier*, Paris, Pierre Seghers, 1958.

GLACHANT, Paul, *André Chénier critique et critiqué*, Paris, Lemerre, 1902.

GOULEMOT, Jean-Marie – TATIN-GOURIER, Jean-Jacques, *André Chénier Poésie et politique*, Paris, Minerve, 2005.

GUITTON, Édouard, *Physionomies d'André Chénier*, Orléans, Paradigme, 2005.

HARTMANN, K. A. Martin, *Chénier-Studien*, Leipzig, Edelmann, 1894.

HÜLSEN, Richard, *André Chénier Die Überlieferung seiner „Œuvres Poétiques"*, Berlin, R. Gaertners Verlagsbuchhandlung, 1885.

JACKSON, Élizabeth R., « Secrets observateurs » : la poésie d'André Chénier, Paris, Nizet, 1993.

JACKSON, John Edwin, *Le Corps amoureux : essai sur la représentation poétique de l'eros de Chénier à Mallarmé*, Neuchâtel, À la Baconnière, 1986.

KOPPETSCH, Ewald, *Die Metapher bei André Chénier*, Dissertation, Königsberg, Hartungsche Buchdruckerei, 1908.

KRAMER, Cornelius, *André Chénier et la poésie parnassienne Leconte de Lisle*, Paris, H. Champion, 1925.

LEWY, Fritz, *Zur Verbalmetapher bei André Chénier und den französischen Romantikern*, Dissertation, Straßburg, Druck von M. DuMont Schauberg, 1913.

MULLEN, Christine Elizabeth, *Chénier and the Latin Love Elegy. A Study in Neo-classicism*, Bedford College, University of London, 1982.

PASCAL, Jean-Noël (dir.), *Lectures d'André Chénier, Imitations et préludes poétiques, Art d'aimer, Élégies*, Rennes, Presses Universitaires de Rennes, 2005.

QUILLEN, Élisabeth, *L'Angleterre et l'Amérique dans la vie et la poésie d'André Chénier*, Bern, Frankfurt am Main, Las Vegas, Peter Lang, 1982.

SETH, Catriona, *André Chénier. Le mirage du siècle*, Paris, Presses de l'Université Paris-Sorbonne, 2005.

SETH, Catriona, Steuckardt, Agnès, *André Chénier, Imitations et préludes poétiques, Art d'aimer et Élégies*, Neuilly, Atlande, 2005.

TÖNS, Ulrich, *Studien zur Dichtung André Chéniers*, H. Lansberg (Hg.), Münster Westfalen, Aschendorffsche Verlagsbuchhandlung, Forschungen zur romanischen Philologie, Heft 20, 1970.

Ouvrages généraux

BIBEL, nach der Übersetzung Luthers, Stuttgart, Deutsche Bibelgesellschaft, 1985.

Bible : *La Nouvelle Bible Segond*, Paris, Alliance Biblique Universelle, 2002.

BONNEFOY, Yves, *L'Improbable*, Paris, Mercure de France, 1959.

BONNEFOY, Yves, *Entretiens sur la poésie*, Neuchâtel, À la Baconnière, 1981.

BRUNEL, Pierre, *Mythocritique. Théorie et parcours*, Paris, Presses Universitaires de France, 1992.

BRUNEL, Pierre, *Mythes et littératures*, Paris, Presses de l'Université de Paris-Sorbonne, 1994.

BRUNEL, Pierre, *Apollinaire entre deux mondes (Mythocritique II)*, Paris, Presses Universitaires de France, 1997.

CHEVREL, Yves, *La Recherche en littérature*, Paris, Presses Universitaires de France, 1994.

DEGUY, Michel, *La Poésie n'est pas seule*, Paris, le Seuil, 1988.

DEGUY, Michel, *La Raison poétique*, Paris, Galilée, 2000.

DEGUY, Michel, *Donnant, donnant Poèmes 1960-1980*, Paris, Gallimard, 2006.

EFIM, Etkind, *Un Art en crise : essai de poétique de la traduction poétique*, trad. de Wladimir Troubetzkoy, avec la collaboration de l'auteur, Lausanne, L'Âge d'homme, 1982.

FERRIES, David, *Silent urns : Romanticism, Hellenism, Modernity*, Stanford, Stanford University Press, 2000.

FRIEDRICH, Hugo, *Die Struktur der modernen Lyrik*, Reinbeck bei Hamburg, Rowohlt, 1973 [1956].

GADAMER, Hans-Georg, *Wahrheit und Methode*, Tübingen, Niemeyer, 1965 [1960].

GENETTE, Gérard, *Palimpsestes. La littérature au second degré*, Paris, Seuil, coll. « Essais », 1982.

GENETTE, Gérard – TODOROV, Tzvetan, *Théorie des genres*, Paris, Seuil, 1986.

GNÜG, Hiltrud, *Entstehung und Krise lyrischer Subjektivität*, Stuttgart, J. B. Metzler, 1983.

HAMBURGER, Käte, *Die Logik der Dichtung*, Stuttgart, Klett-Cotta, 1977.

ISER, Wolfgang, *Der Akt des Lesens*, München, Wilhelm Fink Verlag, 1976.

JAKOBSON, Roman, *Essais de linguistique générale*, trad. de Nicolas Rumet, Paris, Minuit, 1963.

JAKOBSON, Roman, *Questions de poétique*, Paris, Le Seuil, 1973.

JAUSS, Hans Robert, *Pour une esthétique de la réception*, trad. de l'allemand par Claude Maillard, Paris, Gallimard, 1978.

JAUSS, Hans Robert, Ästhetische Erfahrung und literarische Hermeneutik, München, W. Fink, 1977.

KRISTEVA, Julia, *Σημειωτικη Recherches sur une sémanalyse*, Paris, Seuil, coll. « Tel Quel », 1969.

LACOUE-LABARTHE, Philippe, *La Poésie comme expérience*, Paris, Christian Bourgeois, 1986.

MAULPOIX, Jean-Michel, *La Poésie malgré tout*, Paris, Mercure de France, 1996.

MAULPOIX, Jean-Michel, *Du Lyrisme*, Paris, Corti, 2000.

MESCHONNIC, Henri, *Le Signe et le poème*, Paris, Gallimard, 1975.

MESCHONNIC, Henri, *La Rime et la vie*, Paris, Folio, 1989.

MORIER, Henri, *Dictionnaire de poétique et de rhétorique*, Paris, Presses Universitaires de France, 1961.

MORFAUX, Louis-Marie, *Vocabulaire de la philosophie et des sciences humaines*, Paris, Armand-Colin, 13e tirage, 1980.

SOURIAU, Étienne, *Vocabulaire d'esthétique*, Paris, Presse Universitaire de France, 1990.

UEDING, Gert, *Historisches Wörterbuch der Rhetorik*, Tübingen, Niemeyer Verlag, 1992.

DOMAINE ALLEMAND

DICTIONNAIRES DE LANGUE ALLEMANDE

BIRLINGER, Anton (Hg.), *Schwäbisch-augsburgisches Wörterbuch*, München, G. Franz, 1864.

FREY-EBERHARD, *Stuttgarter Schwäbisch : Laut- und Formenlehre eines Stuttgarter Idiolekts*, Marburg, N. G. Elwert, 1975.

Deutsches Provinzial-Wörterbuch, Frankfurt am Main und Leipzig, 1792.

DUDEN, *Deutsches Universalwörterbuch*, Mannheim, Leipzig, Wien, Zürich, Dudenverlag, 2006 [1880].

Etymologisches Wörterbuch Des Deutschen, W. Pfeifer (Hg.), Berlin, Akademie Verlag, 1989.

GRIMM, Jakob – Wilhelm, *Deutsches Wörterbuch*, München, dtv, 1991 [1854].

WAHRIG, *Deutsches Wörterbuch*, Gütersloh, Bertelsmann Lexikon Verlag, 1994 [1966].

ÉTUDES DE RÉFÉRENCE POUR LA LITTÉRATURE ET LA PENSÉE ALLEMANDES

Articles

ABBT, Thomas, „Von Nachahmung der lateinischen Elegien", *Herders Werke, Fragmente über die Neuere Deutsche Literatur*, H. Dünker (Hg.) Berlin, Ferd. Dümmlers Verlagsbuchhandlung, date non-communiquée, p. 279-290.

ADORNO, Theodor W., „Parataxis" *Noten zur Literatur III*, Frankfurt am Main, Suhrkamp Verlag, 1971 [1965], p. 156-209.

ADORNO, Theodor W., *Parataxis"*, Über Hölderlin, J. Schmidt (Hg.), Frankfurt am Main, Insel Verlag, 1969, p. 339-378.

ADORNO, Theodor W., „Kulturkritik und Gesellschaft I", *Gesammelte Schriften*, Bd. 10. 1, Frankfurt am Main, Suhrkamp Verlag, 1977, p. 11-30.

ALBERTSEN, Leif Ludwig, „Weshalb schrieben die Klassizisten tonbeugende Hexameter ?", *Germanisch-Römische Monatsschrift*, F. R. Schröder (Hg.), Bd. XIV, Heft 4, Heidelberg, Carl Winter Universitätsverlag, Oktober 1964, p. 360-370.

BALDENSPERGER, Fernand, « Gessner en France », *Revue d'Histoire Littéraire*, 1903, p. 454-456.

BOUCHER, Maurice, « Le Verbe et la pensée », *Choix de poèmes*, Stefan George, Paris, Aubier, 1941, p. 7-33.

COLOMBAT, Rémy, « *Fünf Gesänge* ou les désarrois expressionnistes de Rilke », *Écritures franco-allemandes de la Grande Guerre*, J.-J. Pollet – A.-M. Saint-Gilles (dir.), Arras, Artois Presses Université, 1996, p. 173-190.

ESPAGNE, Michel, « Quelques aspects actuels de la recherche sur les transferts culturels », *in Questions de réception*, Paris, Société française de littérature générale et comparée, L. Arnoux-Farnoux – A.-R. Hermetet (dir.), collection *Poétiques comparatistes*, 2009, p. 163-190.

GAIER, Ulrich, „Die historischen Balladen der schwäbischen Schule", *Ballade und Historismus. Die Geschichtsballade des 19. Jahrhunderts*, W. Woesler (Hg.), Heidelberg, Universitätsverlag C. Winter, 2000, p. 35-62.

HAHN, Karl-Heinz, „Der Augenblick ist Ewigkeit Goethes "Römische Elegien"", *Goethe-Jahrbuch*, 105, 1988, p. 165-180.

HOPPE, Manfred, „Hofmannstahls Ruinen von Athen Das Festspiel als "konservative Revolution"", *Jahrbuch der deutschen Schillergesellschaft*, 26. Jahrgang, 1982, p. 325-356.

JAMME, Christoph, „Dem Dichten Vordenken", *Zeitschrift für philosophische Forschung*, 39, 1984, p. 191-218.

JAQUIER, Claire, « Gustave Roud traducteur : écriture et signature du texte étranger », *Approches de l'œuvre de Roud, Cahiers Gustave Roud*, Lausanne, association des amis de Gustave Roud, n° 5, 1987, p. 43-54.

JESSLING, Benedikt, „Sinnlichkeit und klassische Ästhetik. Zur Konstituierung eines poetischen Programms im Gedicht", *Gedichte von Johann Wolfgang Goethe, Interpretationen*, B. Witte (Hg.), Stuttgart, Reclam, 1998, p. 129-148.

JEZIORKOWSKI, Klaus, „Der Spaziergang", *Interpretationen, Gedichte von Friedrich Schiller*, N. Oellers (Hg.), Stuttgart, Reclam, 1996, p. 157-178.

KALINOWSKI, Isabelle, « Les Limites du champ littéraire national. Poètes français de la résistance et littérature allemande », *Le Texte et son contexte. Analyse du champ littéraire français (XIXe siècle, XXe siècle)*, M. Einfalt – J. Jurt (dir.), Berlin, Arno Spitz GMbH, éditions MSH, 2002, p. 275-300.

KREBS, Roland, « Gottsched, traducteur et commentateur de Fontenelle », *Aufklärung als Mission. La mission des Lumières, Akzeptanzprobleme und Kommunikationsdefizite. Accueil réciproque et difficultés de communication*, W. Schneiders (dir.), colloque donné à Luxembourg, 1993, p. 207-219.

LAUDIN, Gérard, « Les Grands hommes de l'Antiquité et la réflexion sur le génie en Allemagne de 1760 à 1790 », *Dix-huitième siècle*, n° 27, 1995, p. 213-222.

LEHMANN, Hartmut, „Der Pietismus", *Deutsche Erinnerungsorte*, É. François – H. Schulze (Hg.), München, Verlag C. H. Beck, 2001, p. 571-584.

NEUMANN, Friedrich, „Grundsätzliches zum epischen Hexameter Goethes", *Deutsche Vierteljahrsschrift für Literaturwissenschaft und Geistesgeschichte*, 40. Jahrgang, XL Bd., 1966, p. 328-359.

RIEDL, Gerda, „"klassische" Literaturproduktion als Entwurf und Provokation", *Goethe-Jahrbuch*, 109, 1992, p. 45-55.

HORST, Rüdiger „Goethes "Römische Elegien" und die antike Tradition", *Goethe-Jahrbuch*, 1978, p. 174-197.

SCHMIDT, Jochen, „Pindar als Genie-Paradigma im 18. Jahrhundert", *Goethe-Jahrbuch*, 1984, Nr. 101, p. 63-73.

STRAUSS, Ludwig, „Zur Struktur des deutschen Distichons", *Schriften zur Dichtung, Gesammelte Werke*, T. Rübner (Hg.), Göttingen, Wallstein Verlag, 1988, p. 67-68.

VAN TIEGHELM, Paul, « Les Idylles de Gessner et le rêve pastoral dans le préromantisme européen », *Revue de littérature comparée*, 1924, p. 41-269.

Ouvrages de référence pour l'étude de la littérature allemande

ALBERT, Claudia, *Deutsche Klassiker im Nationalsozialismus*, Stuttgart Weimar, Verlag J. B. Metzler, 1994.

ALPÁR, Gyula, *Streit der Alten und Modernen in der deutschen Literatur bis um 1750*, Pécs, éditeur non-communiqué, 1939.

BAUM, Richard – DUMICHE, Béatrice – HAQUETTE, Jean-Louis, *Lectures françaises et allemandes du XVIIIe siècle : Deutsch-französische Interpretationen des 18. Jahrhunderts : actes du colloque interdisciplinaire tenu à l'université de Reims Champagne-Ardenne, Reims, octobre 1997*, Bonn, Romanistischer Verlag, 2000.

BAYERTHAL, Ernst, *Georg Trakls Lyrik Analytische Untersuchung*, Inaugural-Dissertation zur Erlangung der Doktorwürde der philosophischen Fakultät der Universität Frankfurt am Main, Mainz, Druckerei Lehrlingshaus, 1926.

BÉGUIN, Albert, *L'Âme romantique et le rêve. Essai sur le romantisme allemand et la poésie française*, Paris, José Corti, 2006 [1937].

BEISSNER, Friedrich, *Geschichte der deutschen Elegie*, Berlin, Walter de Gruyter, 1961.

BÖCKMANN, Paul, *Formensprache, Studien zur Literarästhetik und Dichtungsinterpretationen*, Hamburg, Hoffmann und Campe Verlag, 1966.

BORCHMEYER, Dieter, *Weimarer Klassik. Portrait einer Epoche*, Weinheim, Beltz Athenäum, 1994.

BOYER, Philippe, *Le Romantisme allemand*, Paris, M.A., 1985.

BRION, Marcel, *L'Allemagne romantique*, Paris, Albin Michel, 1962.

BUBNER, Rüdiger, *Das älteste Systemprogramm Studien zur Frühgeschichte des deutschen Idealismus*, Hegel-Studien Beiheft 9, Bonn, Bouvier Verlag Herbert Grundmann, 1973.

BUCK, August, *Die „Querelle des Anciens et des Modernes" im italienischen Selbstverständnis der Renaissance und des Barocks der wissenschaftlichen Gesellschaft an der Johann Wolfgang Goethe Universität Frankfurt am Main*, Wiesbaden, F. Steiner, 1973.

BUMM, Peter H., *August Graf von Platen*, Paderborn, F. Schöningh, 1990.

DAVID, Claude, *L'Œuvre poétique de Stefan George*, Abbeville, F. Paillart, 1952.

DAVID, Claude, *Stefan George. Sein dichterisches Werk*, München, C. Hanser, 1967.

DÉCULTOT, Élisabeth – ESPAGNE, Michel – LE RIDER, Jacques, *Dictionnaire du monde germanique*, Paris, Bayard, 2007.

AGAZZI, Héléna, DÉCULTOT, Élisabeth et HESS, Gilbert, *Graecomania. Der europäische Philhellenismus*, Berlin, De Gruyter, 2009.

ENGEL, Manfred, *Rilke-Handbuch, Leben, Werk, Wirkung*, Stuttgart, Metzler, 2004.

ESPAGNE, Michel, *Les Transferts culturels franco-allemands*, Paris, Presses Universitaires de France, 1999.

ESPAGNE, Michel – WERNER, Michael (dir.), *Qu'est-ce qu'une littérature nationale ? Approches pour une théorie interculturelle du champ littéraire*, Paris, édition de la Maison des sciences de l'homme, 1994.

ÉTIENNE, François – SCHULZE, Hagen (Hg.), *Deutsche Erinnerungsorte*, Bd. I, II, III, München, Verlag C. H. Beck, 2001.

FIGAL, Günther, *Heidegger zur Einführung*, Hamburg, Junius, 1992.

FREY, Daniel, *Bissige Tränen : Eine Untersuchung über Elegie und Epigramm seit den Anfängen bis Bertolt Brecht und Peter Huchel*, Würzburg, Königshausen und Neumann, 1995.

FRÜHWALD, Wolfgang, *Das Spätwerk Clemens Brentanos (1815-1842) Romantik im Zeitalter der Metternich'schen Restauration*, Tübingen, Niemeyer, 1977.

GETHMANN-SIEFERT, Anne-Marie – PÖGGELER, Otto (Hg.) *Heidegger und die praktische Philosophie*, Frankfurt am Main, Suhrkamp Verlag, 1988.

HEFTRICH, Eckhard – VALENTIN, Jean-Marie, *Gallo-Germanica : Wechselwirkungen und Parallelen deutscher und französischer Literatur : (18. – 20. Jahrhundert)*, Nancy, Presses Universitaires de Nancy, 1986.

HEUSLER, Andreas, *Deutsche Versgeschichte*, Berlin, W. de Gruyter, 1956.

HILDEBRANDT, Kurt, *Das Werk Stefan Georges* Hamburg, Dr. Ernst Hauswedell & Co, 1960.

JACCOTTET, Philippe, *Rilke par lui-même*, Paris, Seuil, 1970.

JAUMANN, Herbert, *Rousseau in Deutschland : neue Beiträge zur Erforschung seiner Rezeption*, Berlin, Walter de Gruyter, 1995.

KAISER, Gerhard, *Geschichte der deutschen Lyrik von Goethe bis zur Gegenwart : ein Grundriss in Interpretationen*, Frankfurt am Main, Insel Verlag, 1996.

KASTINGER, Riley – Helene M., *Das Bild der Antike in der deutschen Romantik*, Amsterdam, John Benjamins, 1981.

KIRCHMEIER, Karl-Wilhelm, *Romantische Lyrik und neoklassische Elegie : Studien zur Theorie der Lyrik im 18. Jahrhundert und in der Romantik*, München, W. Fink, 1976.

KLEIN, Johannes, *Geschichte der deutschen Lyrik von Luther bis zum Ausgang des zweiten Weltkrieges*, Wiesbaden, Frank Steiner Verlag, 1957.

KORCH, Katrin, *Der zweite Petrarkismus, Francesco Petrarca in der deutschen Dichtung des 18. und 19. Jahrhunderts*, Aachen, Verlag Mainz, Wissenschaftsverlag, 2000.

KORFF, Heinrich August, *Geist der Goethezeit*, Leipzig, Koehler & Amelang, 1957.

LAURENCE, Blanc, *Wilhelm Hausenstein (1882-1957) Un médiateur culturel et politique entre l'Allemagne et la France*, Paris, Annales littéraires de l'université de Franche-Comté, Paris, Diffusion, Les Belles Lettres, 1997.

LOMBEZ, Christine – Kulessa, Rotraud von, *De la Traduction et des transferts culturels*, actes du 4e congrès de l'Association des franco-romanistes allemands, organisé à l'Université Albert-Ludwig de Fribourg-en-Brigau du 28 septembre au 1er octobre 2004, Paris, L'Harmattan, 2007.

LOMBEZ, Christine, *La Traduction de la poésie allemande en français dans la première moitié du XIXe siècle : réception et interaction poétique*, Tübingen, M. Niemeyer, 2009.

MICHAEL, Franz, *Schellings Tübinger Platon-Studien*, Göttingen, Vandenhoeck und Ruprecht, 1996.

MORWITZ, Ernst, *Kommentar zu dem Werk Stefan Georges*, München und Düsseldorf, H. Küpper, 1960.

MOSSÉ, Fernand (dir.), *Histoire de la littérature allemande*, Paris, Aubier, 1995 [1959].

PAGO, Thomas, *Johann Christoph Gottsched und die Rezeption der „Querelle des Anciens et des Modernes" in Deutschland*, München, Meidenbauer, 2003.

PALMIER, Jean-Michel, *Situation de Georg Trakl*, Paris, éditions Pierre Belfond, 1972.

PESTALOZZI, Karl, *Die Entstehung des lyrischen Ich, Studien zum Motiv der Erhebung in der Lyrik*, Berlin, Walter de Gruyter, 1970.

POTT, Sandra, *Poetologische Lyrik, Poetik und Ästhetik von Novalis bis Rilke*, Berlin, Walter de Gruyter, 2004.

REHM, Walter, *Griechentum und Goethezeit*, Leipzig, Dieterische Buchhandlung, 1936.

REHM, Walther, *Orpheus, der Dichter und die Toten*, Düsseldorf, Verlag L. Schwann, 1950.

SCHANZE, Helmut, *Romantik-Handbuch*, Tübingen, Alfred Kröner Verlag, 2003.

SCHUSTER, Jörg, *Poetologie der Distanz, die „klassische" deutsche Elegie 1750-1800*, Freiburg im Breisgau, Rombach, 2002.

SZONDI, Peter, *Poetik und Geschichtsphilosophie I. Antike und Moderne in der Ästhetik der Goethezeit. Hegels Lehre von der Dichtung*, S. Metz und H.-H. Hildebrandt (Hg.), Frankfurt am Main, 1974.

TAMINIAUX, Jacques, *La Nostalgie de la Grèce à l'aube de l'idéalisme allemand, Kant et les Grecs de l'itinéraire de Schiller, de Hölderlin et de Hegel*, La Haye, M. Nijhoff, 1967.

VIEILLARD-BARON, Jean-Louis, *Platon et l'idéalisme allemand (1770-1830)*, Paris, Beauchesne, 1979.

WEISS, Walter und WEICHSELBAUM, Hans (Hg.), *Salzburger Trakl-Symposion*, Salzburg, Ottomüller, 1978.

WEISSENBERGER, Klaus, *Formen der Elegie*, München, Francke Verlag, 1969.

ZIOLKOWSKI, Theodore, *The Classical German elegy 1795-1950*, Princeton, Princeton University Press, 1980.

ZU STOLBERG-WERNIGERODE, Otto, *Neue Deutsche Biographie*, Bd. 16, Berlin, 1990.

ŒUVRES DE RÉFÉRENCE POUR L'ÉTUDE DE LA LITTÉRATURE ET DE LA PENSÉE ALLEMANDES

ALEXANDRE, Maxime, *Romantiques allemands*, Paris, Gallimard, 1963.

ALXINGER, Johann Baptist von, *Briefe*, Wien, Akademie der Wissenschaften, CXL. Bd., Jahrgang 1899, in Commission bei Carl Gerold's Sohn, 2. Abhandlung, hrsg. von Dr Gustav Wilhelm.

ARNIM, Achim von, *Sämltliche Erzählungen*, R. Moering (Hg.), Frankfurt am Main, Deutscher Klassiker Verlag, 1992.

ARNIM, Bettina von, *Die Günderode*, Leipzig, Insel Verlag, 1925.

BENJAMIN, Walter, „Die Aufgabe des Übersetzers", *Illuminationen, Ausgewählte Schriften I*, Frankfurt am Main, Suhrkamp Verlag, 1977 [1955], p. 50-62.

BERGER, Uwe – DEICKE, Günther, *Lyrik der DDR*, Berlin und Weimar, Aufbau, 1970.

BIRKEN, Sigmund von, *Teutsche Redebind- und Dicht-Kunst*, Nachdr. D. Ausg. Nürnberg 1679, Hildesheim ; New York ; Olms, 1973.

BOBROWSKI, Johannes, *Gesammelte Werke*, 2. Bd., *Gedichte aus dem Nachlaß*, E. Haufe (Hg.), Stuttgart, Deutsche Verlags-Anstalt, 1998.

BRENTANO, Clemens, *Sämtliche Werke und Briefe.* Historisch-kritische Ausgabe, veranstaltet vom Freien Deutschen Hochstift, hg. von J. Behrens, Stuttgart, 1975.

BRENTANO, Clemens, *Sämtliche Werke und Briefe*, Bd. 3, Stuttgart, Verlag W. Kohlhammer, 1999.

BRENTANO, Clemens, *Sämtliche Werke und Briefe*, Bd. 32, Briefe IV 1808-1812, Stuttgart, Verlag W. Kohlhammer, 1996.

BRENTANO, Clemens, *Romanzen vom Rosenkranz*, A. M. von Steinle (Hg.), Milton Keynes, Dodopress, 2009.

BRENTANO, Clemens, *Gockel, Hinkel und Gackeleia*, München, Deutscher Taschenbuch Verlag, 1998 (1838, date de la 1re publication).

BRENTANO, Clemens, *Sämtliche Werke und Briefe*, Bd. 33, Briefe V, 1813-1818, Stuttgart, Verlag W. Kohlhammer, 2000.

BRENTANO, Clemens, *Die Rheinmärchen*, Düsseldorf, Patmos Verlag, 2009.

BUCHNER, August, *Anleitung zur Deutschen Poeterey*, O. Prätorius (Hg.), Wittenberg, 1665.

CZECHOWSKI, Heinz, *Was mich betrifft, Gedichte*, Halle und Leipzig, Mitteldeutscher Verlag, 1981.

DILTHEY, Wilhelm, *Das Erlebnis und die Dichtung*, Göttingen, Kleine Vandenhoeck-Reihe, 16. Auflage, 1985 [1905].

DILTHEY, Wilhelm, *Gesammelte Schriften*, Bd. XV, *Zur Geistesgeschichte des 19. Jahrhunderts*, Göttingen, Vandenhoeck & Ruprecht, 1991.

ECKERMANN, Johann Peter, *Gespräche mit Goethe in den letzten Jahren seines Lebens*, H. Schlaffer (Hg.), München, Carl Hanser Verlag, 1986.

FICHTE, Johann Gottlieb *Über die Bestimmung des Gelehrten : Fünf Vorlesungen 1794*, Stuttgart, Verl. Freies Geistesleben, 1959.

FICHTE, Johann Gottlieb, *Conférences sur la destination du savant (1794)*, trad. de Jean-Louis Vieillard-Baron, Paris, Librairie philosophique J. Vrin, 1969.

FICHTE, Johann Gottlieb, *Gesamtausgabe* II 4, Stuttgart-Bad Cannstatt, Friedrich Frommann Verlag (Günther Holzboog), 1976.

GEORGE, Stefan und Wolfskehl, Karl, *Deutsche Dichtung*, Bd. 3, *Das Jahrhundert Goethes*, Stuttgart, Klett-Cotta, 1995 [1902].

GEORGE, Stefan, *Tage und Taten*, Stuttgart, Klett-Cotta, 1998 [1925].

GEORGE, Stefan, *Poésies complètes*, traduites de l'allemand, présentées et annotées par Ludwig Lehnen, éd. bilingue, Paris, éditions de la Différence, 2009.

GESSNER, Salomon, *Idyllen*, Stuttgart, Reclam, 1973.

GOETHE, Johann Wolfgang, *Dichtung und Wahrheit*, K. D. Müller (Hg.), Frankfurt am Main, Deutscher Klassiker Verlag, 1986.

GOETHE, Johann Wolfgang, *Gedichte (1756-1799)*, K. Eibl (Hg.), Frankfurt am Main, Deutscher Klassiker Verlag, 1987.

GOETHE, Johann Wolfgang, *Sämtliche Werke, Gedichte 1800-1832*, K. Eibl (Hg.), Frankfurt am Main, Deutscher Klassiker Verlag, 1998.

GOETHE, Johann Wolfgang von, *Antik und Modern*, in *Werke Kommentare und Register*, Hamburger Ausgabe in 14 Bänden, Bd. 12, München, Verlag C. H. Beck, 1989.

GOETHE, Johann Wolfgang, *Sämtliche Werke*, Bd. 17, *Maximen und Reflexionen*, G. L. Fink, G. Baumann und J. John (Hg.), München, Carl Hanser Verlag, 1991.

GOETHE, Johann Wolfgang, *Élégies romaines*, trad. de Raymond Voyat, Paris, Mille et une nuits, 2000.

GOETHE, Johann Wolfgang, *Faust, Der Tragödie erster Teil*, Stuttgart, Reclam, 1997.

GOETHE, Johann Wolfgang, *Faust*, trad. de Gérard de Nerval, Paris, Garnier-Flammarion, 1964 (1828).

GOETHE, Johann Wolfgang, *Hermann und Dorothea*, Emmendingen, Dehio Verlag, 1949.

GOTTSCHED, Johann Christoph, *Ausgewählte Werke*, J. Birke (Hg.), Bd. 1, Gedichte und Gedichtübertragungen, Berlin, Walter de Gruyter & Co, 1968.

GOTTSCHED, Johann Christoph, *Versuch einer critischen Dichtkunst*, Darmstadt, Wissenschaftliche Buchhandlung, 1982.

GUERNE, Armel, *Les Romantiques allemands*, Paris, Phébus, 2004.

HAHN, Philipp Matthäus, *Erbauungs-Stunden über den Brief an die Epheser*, Basel, Verlag von Ferd. Riehm, 1878.

HAUSENSTEIN, Wilhelm, *Ausgewählte Briefe 1904-1957*, H. H. Rennert, Oldenburg, Igel Verlag, 1999.

HAUSENSTEIN, Wilhelm, *Licht unter dem Horizont, Tagebücher von 1942 bis 1946*, München, Bruckmann, 1967.

HEGEL, *Vorlesungen über Ästhetik*, Frankfurt am Main, Peter Lang, 1995.

HEINSE, Wilhelm, *Ardinghello*, Stuttgart, Reclam, 1975 [1787].

HERDER, Johann Gottfried, *Werke*, Bd. I, *Herder und der Sturm und Drang*, W. Pross (Hg.), München, Wien, Carl Hanser Verlag, 1984.

HERDER, Johann Gottfried, *Herder und die Anthropologie der Aufklärung*, W. Pross (Hg.), München, Wien, Carl Hanser Verlag, 1987.

HERDER, Johann Gottfried, *Ideen zur Philosophie der Geschichte der Menschheit*, M. Bollacher (Hg.), Frankfurt am Main, Deutscher Klassiker Verlag, 1989.

HERDER, Johann Gottfried, *Auch eine Philosophie der Geschichte zur Bildung der Menschheit*, Stuttgart, Reclam, 1990.

HESSE, Hermann, *Sämtliche Werke*, Bd. 11, *Die Nürnberger Reise*, Berlin, Suhrkamp, 1920.

HESSE, Hermann, *Le Voyage à Nuremberg*, trad. d'Alexandra Cade, Paris, Calmann-Lévy, 1994.

HEYNE, Christian Gottlob, *Akademische Vorlesungen über die Archäologie der Kunst des Alterthums, insbesondere der Griechen und Römer*, Braunschweig, bei Friedrich Vieweg, 1822.

HOFFMEISTER, Johann (Hg.) *Briefe von und an Hegel*, Bd. I, 1785-1812, Hamburg, Felix Meiner Verlag, 1952.

HOFMANNSTHAL, Hugo von, *Gesammelte Werke in Einzelausgaben, Prosa IV*, Frankfurt am Main, Fischer Verlag, 1955.

HOFMANNSTHAL, Hugo von, *Sämtliche Werke*, Bd. XXIV, Frankfurt am Main, Fischer Verlag, 1985.

HOFMANNSTHAL-Archiv der Württembergischen Landesbibliothek, Stuttgart (hrsg. von), *Internationale Hölderlin-Bibliographie*, bearbeitet von Maria Kohler, Stuttgart, fromann-holzboog, 1985.

JACOBI, Johann Georg „Über die Elegie", *Iris*, des ersten Bandes zweites Stück, Berlin, bey Haude und Spener, 1776, p. 53-76.

JACOBI, Friedrich Heinrich, *Über die Lehre des Spinoza in Briefen an den Herrn Moses Mendelssohn*, Auf der Grundlage der Ausg. von Klaus Hammacher und Imgard-Maria Piske, bearbeitet von Marion Lauschke, Hamburg, Felix Meiner Verlag, 2000.

KANT, Immanuel, *Kritik der reinen Vernunft*, Hamburg, Felix Meiner Verlag, 2003.

KANT, Immanuel, *Critique de la raison pure*, Paris, Garnier-Flammarion, 1987, trad. de Jules Barni, Jules, revue par P. Archambault.

KANT, Immanuel, *Kritik der Urteilskraft*, Stuttgart, Reclam, 1963.

KANT, Immanuel, *Schriften zur Geschichtsphilosophie* (Hg. Manfed Riedel), Stuttgart, Reclam, 1985.

KANT, Emmanuel, *La Philosophie de l'histoire (Opuscules)*, trad. de Stéphane Piobetta, Paris, Aubier, 1947.

KASACK, Hermann, *Der Mensch : Verse*, München, Roland-Verlag Dr. Albert Mundt, 1918.

KASACK, Hermann, *Die Schwester : Eine Tragödie in acht Stationen*, Berlin, Ernst Rowohlt Verlag, 1920.

KLOPSTOCK, Friedrich Gottlieb, *Oden, geistliche Lieder, Epigramme*, *Werke*, Bd. 7, Leipzig, bey Georg Joachim Göschen, 1804.

KLOPSTOCK, Friedrich Gottlieb, *Sämtliche Werke*, Bd. 16, Leipzig, G. J. Göschen, 1830.

KLOPSTOCK, Friedrich Gottlieb, *Werke und Briefe. Historisch-kritische Ausgabe*, H. Gronemeyer (Hg.), u. a. *Werke*, Bd. II, *Epigramme*, K. Hurlebusch (Hg.), Berlin, New York, 1982.

KLOPSTOCK, Friedrich Gottlieb, *Ausgewählte Werke*, K. A. Schleiden (Hg.), München, Hanser, 1962.

KLOPSTOCK, Friedrich Gottlieb, „Von der Nachahmung des griechischen Sylbenmaßes im Deutschen", *Der Messias, Studienausgabe*, Stuttgart, Reclam, 1986, p. 127-138.

LASNE, René – RABUSE, Georg, *Anthologie de la poésie allemande des origines à nos jours*, éd. bilingue, t. 1, Paris, Stock, 1943.

LEFEBVRE, Jean-Pierrre, *Anthologie bilingue de la poésie allemande*, Paris, Gallimard, La Pléiade, 1993.

MACHÉ, Ulrich – Meid, Volker, *Gedichte des Barock*, Stuttgart, Reclam, 1995.

MATTHISON, Friedrich, *Lyrische Anthologie*, 1. Teil, Zürich, bey Orett Füßli und Compagnie, 1803.

MATTHISON, Friedrich, *Lyrische Anthologie*, siebzehnter Teil, Zürich, bey Orell Füßli und Compagnie, 1806.

MENDELSSOHN, Moses, Ästhetische Schriften in Auswahl, O. F. Best (Hg.), Darmstadt, Wissenschaftliche Buchgesellschaft, 1994 [1775].

MENSCHING, Steffen, „Hölderlin", *Neue Deutsche Literatur*, 29. Nr. 3.

MORITZ, Karl Philipp, *Über die bildende Nachahmung des Schönen*, Braunschweig, Schul-Buchh., 1788.

NIETZSCHE, Friedrich, *Sämtliche Werke, Unzeitgemäße Betrachtungen I*, München, Deutscher Taschenbuch Verlag, Neuausgabe 1999.

NOVALIS, Friedrich, *Werke, Fragmente und Studien 1797-1798*, G. Schulz (Hg.), München, Verlag C. Beck, 2001.

OPITZ, Martin, *Buch von der Deutschen Poeterey*, *Gesammelte Werke*, kritische Ausgabe, G. Schulz-Behrend (Hg.), Bd. II : die Werke von 1621 bis 1626, 1. Teil, Stuttgart, Anton Hiersemann, 1978.

RILKE, *Werke*, Frankfurt am Main, Insel Verlag, 1996.

ROUD, Gustave, *Rainer Maria Rilke, Lettres à un jeune poète, précédées d'Orphée et suivies de deux essais sur la poésie*, Lausanne, Mermod, 1947 [1945].

SCHELLING, Friedrich Wilhelm Joseph von, *Zur Philosophie der Kunst 1803-1817*, M. Schröter (Hg.), München, C. H. Beck, 1984.

SCHILLER, Friedrich, *Poésie naïve et poésie sentimentale*, trad. de Robert Leroux, Paris, Aubier, 1947.

SCHILLER, Friedrich, *Briefe*, Weimar, Hermann Böhlaus Nachfolger, 1985.

SCHILLER, Friedrich, *Briefe* I, G. Kurscheidt (Hg.), Frankfurt am Main, Deutscher Klassiker Verlag, 2002.

SCHILLER, Friedrich, *Werke*, Nationalausgabe, Weimar, Verlag Hermann Böhlaus Nachfolger, 1992.

SCHILLER, Friedrich, *Gedichte*, Bd. I, G. Kurscheidt (Hg.), Frankfurt am Main, Deutscher Klassiker Verlag, 1992.

SCHILLER, Friedrich, *Sämtliche Werke*, Bd. IV, München, Carl Hanser Verlag, 1993.

SCHILLER, Friedrich, *Poésies de Schiller*, trad. de Xavier Marmier, Paris, Charpentier, 1862.

SCHILLER, Friedrich, *Sämtliche Werke*, Bd. V, München, Carl Hanser Verlag, 1993.

SCHILLER, Friedrich, *De la Poésie naïve et sentimentale*, trad. de Sylvain Fort, Paris, L'Arche, 2002.

SCHILLER, Friedrich, *Über die ästhetische Erziehung des Menschen*, Stuttgart, Reclam, 2000.

SCHILLER, Friedrich, *Briefe*, Bd. 11, G. Kurscheidt (Hg.), Frankfurt am Main, Deutscher Klassiker Verlag, 2002.

SCHILLER, Friedrich, *Briefe II 1795-1805*, Bd. 12, N. Oellers (Hg.), Frankfurt am Main, Deutscher Klassiker Verlag, 2002.

SCHLEGEL, Friedrich, *Kritische Friedrich-Schlegel-Ausgabe*, E. Behler (Hg.), Bd. II, Paderborn, Ferdinand Schöningh Verlag 1958.

SCHLEGEL, Friedrich, *Lucinde*, Stuttgart, Reclam, 2005 [1799].

SPINOZA, *L'Éthique*, trad. de Roland Caillois, Paris, Gallimard, 1954.

SPINOZA, *L'Éthique*, trad. de Bernard Pautrat, Paris, Seuil, 1999.

SULZER, Johann Georg, *Allgemeine Theorie der schönen Künste*, zweyter Theil, Leipzig, in der Weidmannschen Buchhandlung, 1792 [1771].

SULZER, Johann Georg, *Allgemeine Theorie der schönen Künste*, Bd. II, Hildersheim, Georg Olms Verlag, 1994.

TEBOUL, Jacques, *Cours, Hölderlin !*, Paris, Seuil, 1979.

TRAKL, Georg, *Das dichterische Werk*, München, Deutscher Taschenbuch Verlag, 2008.

TRAKL, Georg, *Nachlaß und Biographie*, Salzburg, Ottomüller Verlag, 1949.

VOSS, Johann Heinrich, *Oden und Elegien*, Königsberg, Bei Friedrich Nicolovius, 1802.

VOSS, Johann Heinrich, *Briefe an Goeckingk 1775-1786*, G. Hay (Hg.), München, Verlag C. H. Beck, 1976.

VOSS, Johann Heinrich, *Ausgewählte Werke*, A. Hummel (Hg.), Göttingen, Wallstein Verlag, 1996.

WINCKELMANN, Johann Joachim, *Geschichte der Kunst des Altertums*, Darmstadt, Wissenschaftliche Buchgesellschaft, 1972 [1764].

WINCKELMANN, Johann Joachim *Versuch einer Allegorie, besonders für die Kunst*, Dresden, Walther, 1766.

ZACHARIÄ, Friedrich Wilhelm, *Poetische Schriften*, zweyter Theil, Carlsruhe, bey Christian Gottlieb Schmieder, 1777 [1763].

ZWEIG, Stefan, *Der Kampf mit dem Dämon*, Frankfurt am Main, Fischer Verlag, 2004 [1925].

ZWEIG, Stefan, *Combat avec le démon*, trad. d'Alzir Hella et Olivier Bournac, Paris, Stock, 1928-1930.

DOMAINE FRANÇAIS

DICTIONNAIRES

BRUNOT, Ferdinand, *Histoire de la langue française*, Paris, Armand Colin, 1933.

Dictionnaire de l'Académie française, Paris, Fayard, 2001.

Dictionnaire historique de la langue française, Paris, Le Robert, 1992.

Dictionnaire universel, contenant généralement tous les mots français tant vieux que modernes & les termes des sciences et des Arts, La Haye, chez Pierre Masson, MDCCXXVII.

FÉRAUD, Jean-François, *Dictionnaire critique de la langue française*, Marseille, J. Mossy, 1787-1788.

FURETIÈRE, Antoine, *Dictionnaire universel*, La Haye/Rotterdam, Arnout et Reinier Leers, 1690.

PICOCHE, Jacqueline et Marchello-Nizia, Christiane, *Histoire de la langue française*, Paris, Nathan, 1989.

RESTAUT, Pierre, *Principes généraux et raisonnés de la Grammaire françoise*, Paris, chez Desaint & Saillant, 1730.

RICHELET, Pierre, *Dictionnaire portatif de la langue française*, éd. revue par P. Wailly, Bruiset-Ponthus, Lyon, 1789.

SÉGUIN, Jean-Pierre, *La Langue française du XVIIIe siècle*, Paris, Bordas, 1972.

Trésor de la langue française, Paris, Klincksieck, puis Gallimard, 1971-1994.

ÉTUDES DE RÉFÉRENCE POUR LA LITTÉRATURE ET LA PENSÉE FRANÇAISES

Articles

COLARD, Jean-Max, « Marot : une parole de proximité », *Clément Marot « Prince des poëtes françois » (1496-1996), actes du colloque international de Cahors en Quercy*, G. Defaux et M. Simonin (dir.), Paris, Honoré Champion Éditeur, 1997, p. 545-557.

DEBREUVILLE, Jean-Yves, « Un romantisme contrarié », *L'Herne, Jean Tardieu*, C. Tacou et F. Dax-Boyer (dir.), Paris, éditions de l'Herne, 1991, p. 255-264.

DEBREUVILLE, Jean-Yves, « "Le Surromantisme" de Jean Tardieu », M.-L. Lentengre, *Jean Tardieu un poète parmi nous*, Paris, Jean-Michel Place, 2003, p. 129-146.

DEGUY, Michel, « Un Exemple de la difficulté de traduire », *Nouvelle Revue Française*, n° 126, Paris, Gallimard, juin 1963, p. 1135-1139.

DELON, Michel, préface de l'*Anthologie de la poésie française du XVIIIe siècle*, Paris, Gallimard, 1997, p. 7-31.

DE SOUZA, Robert, « Un Préparateur de la Poésie romantique. Delille (1738-1813) », *Mercure de France*, juillet 1938, p. 298-327.

DETALLE, Anne, « Notes », *in* Heredia, José Maria de, *Les Trophées*, Paris, Gallimard, 1981, p. 227-363.

DIDEROT, Denis « Génie », *Encyclopédie ou dictionnaire raisonné des Sciences, des Arts et des Métiers 1751-1772*, Paris, J'ai Lu, 1963, p. 334-339.

GOTHOT-MERSCH, Claudine, « Préface », *in* Leconte De Lisle, Charles, *Poèmes antiques*, éd. présentée, établie et annotée par Claudine Gothot-Mersch, Paris, Gallimard, 1994, p. 7-34.

GUYARD, Marius-François : Lamartine, Alphonse de, *Méditations poétiques*, éd. établie et annotée par Marius François Guyard, Paris, Gallimard, 1981, « Dossier » p. 429-472.

MATHIEU, Jean-Claude, « Le Poète tardif : sujet lyrique et sujet éthique chez Jaccottet », *Le Sujet lyrique en question*, D. Rabaté, J. de Serment – Y. Vadé (dir.), Modernités 8, Bordeaux, Presses universitaires de Bordeaux, 1996, p. 203-219.

MÉLANCON, Robert, « *La Personne* de Marot », *Clément Marot « Prince des poëtes françois » (1496-1996), Actes du colloque international de Cahors en Quercy*, G. Defaux, et M. Simonin (dir.), Paris, Honoré Champion Éditeur, 1997, p. 515-529.

MILLEVOYE, Charles Hubert, *Discours sur l'élégie, Œuvres*, Paris, Furne, 1833, p. 1-41.

SAINTE-BEUVE, Charles-Augustin, « Alfred de Vigny », *Nouveaux Lundis*, t. VI, Paris, Michel Lévy frères, 1863-1870, p. 398-467.

SETH, Catriona, « Entre Autobiographie et roman en vers : les *Poésies érotiques* », *Autobiographies et fiction romanesque autour des « Confessions »*, Actes du Colloque de Nice, réunis par Domenech, Jacques, Nice, Presses universitaires, 1997, p. 171-179.

SOUCHAY, Jean-Baptiste, « Discours sur l'élégie », *Histoire de l'Académie Royale des Inscriptions et Belles Lettres Avec les Mémoires de littérature tirez des Registres de cette Académie*, t. Septième, à Paris, de l'Imprimerie royale, M D CC XXXIII, p. 335-397.

STAROBINSKI, Jean, « Parler avec la voix du jour », *in* Jaccottet, Philippe, *Poésie 1946-1967*, Paris, Gallimard, 1977, préface datée de 1971, p. 7-22.

STAROBINSKI, Jean, « Philippe Jaccottet traducteur », allocution prononcée le 29 octobre 1988, à l'occasion du prix Lémanique à Philippe Jaccottet publiée dans la brochure des travaux du Centre de Traduction Littérale en 1990.

STEINMETZ, Jean-Luc, « La Réduction à l'admirable », *Philippe Jaccottet poète et traducteur*, Université de Pau et des pays de l'Adour, Cahiers de l'université, centre de recherches sur la poésie contemporaine, n° 3, p. 17-27.

Ouvrages de référence pour l'étude de la littérature et de la pensée françaises

AQUIEN, Michèle, *La Versification appliquée aux textes*, Paris, Nathan Université, 1993.

BECQ, Annie, *Genèse de l'esthétique française moderne 1680-1814*, Paris, Albin Michel, 1994 [1984].

BERGÉ, Aline, *Philippe Jaccottet, trajectoires et constellations, lieux, livres, paysages*, Lausanne, Éditions Payot, 2004.

BERTRAND, Louis, *La Fin du classicisme et le retour à l'Antiquité dans la seconde moitié du XVIIIe siècle*, Paris, Hachette, 1897.

CANAT, René, *L'Hellénisme des Romantiques. La Grèce retrouvée*, Paris, Didier, 1951.

CAWS, Mary Ann, *The Presence of René Char*, Princeton, Princeton University Press, 1976.

CHAMARD, Henri, *Joachim du Bellay 1522-1560*, Genève, Slatkine Reprints, 1978.

CHEVREL, Yves, COINTRE, Annie, TRAN-GERVAT, Yen-Maï, *Histoire des traductions en langue française XVIIe et XVIIIe siècles*, Paris, Verdier, 2014.

DASSONVILLE, Michel, *Ronsard, Étude historique et littéraire*, t. V, Genève, librairie Droz, 1990.

DELAS, Daniel et FILLLIOLET, Jacques, *Linguistique et poétique*, Paris, Larousse Université, 1973.

DELOFFRE, Frédéric, *Le Vers français*, Paris, SEDES, 1969.

EL GHARBI, Jalel, *Le Poète que je cherche à lire essai sur l'œuvre de Michel Deguy*, Paris, Faculté des Lettres de la Manouba, Sud éditions Maisonneuve & Larose, institut français de coopération, 2003.

FAVRE, Robert, *La Mort, le temps, la poésie*, Lyon, Presses Universitaires de Lyon, 1999.

FROMM, Hans, *Bibliographie deutscher Übersetzungen aus dem Französischen 1700-1948*, Bd. 2, Baden-Baden, Verlag für Kunst und *Wissenschaft*, 1950.

FUMAROLI, Marc, *La Querelle des Anciens et des Modernes*, Paris, Gallimard, 2001.

GASTINEL, Pierre, *Le Romantisme d'Alfred de Musset*, Osnabrück, Otto Zeller, 1978.

GAUDON, Jean, *Victor Hugo, le temps de la contemplation*, Paris, Flammarion, 1969.

GEIBEL, Emanuel – LEUTHOLD, Heinrich, *Fünf Bücher französischer Lyrik vom Zeitalter der Revolution bis auf unsere Tage in Übersetzungen*, Stuttgart, Cotta'scher Verlag, 1862.

GÉLY, Claude, *La Contemplation et le rêve Victor Hugo poète de l'intimité*, Paris, A.G. Nizet, 1993.

GERVAIS-ZANINGER, Marie-Annick et THONNERIEUX, Stéphanie, *Jaccottet Poésie 1946-1967 À la lumière d'hiver, Pensées sous les nuages*, Neuilly, Atlande, 2003.

GREILSAMER, Laurent, *L'Éclair au front La vie de René Char*, Montrouge, Fayard, 2004.

GSTEIGER, Manfred (Hg.), *Französische Gedichte aus neun Jahrhunderten*, München, Winkler Verlag, 1977.

HALLOWELL, Robert E., *Ronsard and the Conventional Roman Elegy*, Urbana, the University of Illinois Press, 1954.

HAQUETTE, Jean-Louis, Écrire la nature au *XVIII*[e] *siècle : autour de l'abbé Pluche*, Paris, Presses de l'université Paris-Sorbonne, 2006.

HEISS, Hanns, *Studien über einige Beziehungen zwischen der deutschen und der französischen Literatur im 18. Jahrhundert*, Erlangen, Druck von Junge und Sohn, 1907.

HEMPFER, Klaus W., *Tendenz und Ästhetik*, München, Wilhelm Fink Verlag, 1972.

HEUSCHELE, Otto (ausgewählt und eingeleitet von), *Französische Dichter des 19. und 20. Jahrhunderts*, Bühl/Baden, Roland-Verlag, 1948.

HEYVAERT, Alain, *La Transparence et l'indicible dans l'œuvre d'Alfred de Musset*, Paris, Klincksieck, 1994.

IBROVAC, Miodray, *José-Maria de Heredia, les sources des Trophées*, Paris, Les Presses Françaises, 1923.

JACCOTTET, Philippe, *Gustave Roud, présentation et anthologie*, Paris, Seghers, 1968.

JAQUIER, Claire, *Gustave Roud ou la tentation du romantisme*, Lausanne, Payot Lausanne, 1987.

JARRY, André, *Étapes et sens du geste littéraire Lecture psychanalytique*, t. 1, Genève, Droz, 1998.

JAUSS-MEYER, H. (Hg.), *Interpretationen zur Geschichte der französischen Lyrik*, Peter Schlunk, Heidelberg, 1961.

JOHANN, Ernst, (Auswahl von), *Französische Gedichte in den ersten deutschen Übetragungen*, Speyer, Oswald Dobbeck Verlag, 1946.

JUNGMANN, Kirsten, *Studien zur französischen Elegie des 18. Jahrhunderts mit besonderer Berücksichtigung der Tibull-Rezeption*, Hamburg, romanisches Seminar der Universität Hamburg, 1976, Dissertation.

KERLOUÉGAN, François, *Ce fatal excès du désir. Poétique du corps romantique*, Paris, Honoré Champion, 2006.

KLEMPERER, Victor, *Geschichte der französischen Literatur im 18. Jahrhundert*, Bd. II, Halle, Veb Max Niemeyer Verlag, 1966.

KOBILJAK, Ursula, *Echoes of Germanic Poetry in the Work of Gustave Roud*, New York, Peter Lang, 1993.

LANCASTER, Rosemary, *La Poésie éclatée de René Char*, Amsterdam, Atlanta, Rodopi, 1994.

LE GENTIL, Pierre, *Villon*, Paris, Hatier, 1967.

LENTENGRE, Marie-Louise, *Jean Tardieu un poète parmi nous*, Paris, Jean-Michel Place, 2003.

LESTRINGANT, Frank, *Musset*, Paris, Flammarion, 1999.

LOISELEUR, Aurélie, *L'Harmonie selon Lamartine Utopie d'un lieu commun*, Paris, Honoré Champion, 2005.

LOTE, Georges, *Histoire du vers français*, Publications de l'université de Provence, Aix en Provence, Presses universitaires de Provence, 1992.

MASSEAU, Didier et TATIN-GOURIER, Jean-Jacques, *Vocabulaire de la littérature du XVIIIe siècle*, Paris, Minerve, 1996.

MASSON, Nicole, *Histoire de la littérature française du* XVIIIe *siècle*, Paris, H. Champion, 2003.

MAZALEYRAT, Jean, *Éléments de métrique française*, Paris, Armand Colin, 1990.

MENANT, Sylvain, *La Crise de la poésie française dans la première moitié du XVIIIe siècle*, thèse d'État, Paris IV, 1979.

MOLINO, Jean et GARDES-TAMINE, Joëlle *Introduction à l'analyse de la poésie*, Paris, Presses Universitaires de France, 1982.

MONGLOND, André, *Le Préromantisme français*, Genève, Slatkine Reprints, 2000.

MORNET, Daniel, *L'Alexandrin français dans la deuxième moitié du XVIIIe siècle*, Toulouse, E. Privat, 1907.

MUSSET, Paul de, *Biographie d'Alfred de Musset*, Paris, Charpentier, 1879.

NÉE, Patrick, *Philippe Jaccottet À la lumière d'ici*, Paris, Hermann éditeurs, 2008.

OTTO, Gertrud, *Ode, Ekloge und Elegie im 18. Jahrhundert. Zur Theorie und Praxis französischer Lyrik nach Boileau*, Frankfurt am Main, Peter Lang, 1973.

PASCAL, Jean-Noël, *Cahiers Roucher-André Chénier. Études sur la poésie du XVIIIe siècle. L'Élégie et la poésie élégiaque autour d'André Chénier*, n° 25, 2006, revue annuelle publiée par la SAPRAC avec le soutien du Centre National du Livre et de l'Université de Toulouse-Le Mirail.

POLI, Jean-Dominique, *Pour René Char La place de l'origine*, La Rochelle, rumeur des âges, 1997.

POTEZ, Henri, *L'Élégie en France avant le Romantisme*, Genève, Slatkine Reprints, 1970 [1898].

RAUHUT, Franz, *Anthologie der französischen Lyrik, 3. Teil von Chénier bis Baudelaire*, München, Max Hueber Verlag, 1952.

RAUHUT, Franz, *Die klassizistische und romantische Lyrik der Franzosen im kulturellen Zusammenhang der Epoche 1780-1850 mit kommentierter Anthologie*, Heidelberg, Carl Winter-Universitätsverlag, 1977.

REXROTH, Franz von (Hg.), *Französische Lyrik aus acht Jahrhunderten*, Saarbrücken, Saar-Verlag, 1946.

RIEPLE, Max, *Das französische Gedicht von André Chénier bis zur Gegenwart, eine zweisprachige Anthologie mit Nachdichtungen*, Konstanz, Südverlag, 1947.

ROUDAUT, Jean, *Poètes et grammairiens au XVIIIe siècle*, Paris, Gallimard, 1971.

SABATIER, Robert, *Histoire de la poésie française du XVIIIe siècle*, Paris, Albin Michel, 1975.

SCOLLEN, Christine M. *The Birth of the Elegy in France 1500-1550*, Genève, Librairie Droz, 1967.

SETH, Catriona, *Bibliographie des écrivains français Les Poètes créoles du XVIIIe siècle Parny Bertin Léonard*, Paris, Memini, 1998.

SETH, Catriona, *Anthologie de la poésie française, XVIIIe siècle, XIXe siècle, XXe siècle*, Paris, Gallimard, Pléiade, 2000.

SOURDILLON, Jean-Marc, *Un Lieu radieux, essai sur Philippe Jaccottet et les poètes qu'il a traduits*, Paris, L'Harmattan, 2004.

SUMMERS, Vera A., *L'Orientalisme d'Alfred de Vigny*, Genève, Slatkine Reprints, 1976.

TOBLER, Adolphe *Le Vers français ancien et moderne*, Genève, Slatkine Reprints, 1972.

VIANEY, Joseph, *Les Sources de Leconte de Lisle*, Genève, Slatkine Reprints, 1973.

VISCHER, Mathilde, *Philippe Jaccottet traducteur et poète. Une esthétique de l'effacement*, Lausanne, Centre de traduction littéraire de Lausanne, 2003.

WOLFER, G., „Philippe Jaccottet, ein Dichter als Kritiker", *Neue Zürcher Zeitung*, Zürich, 08-09-1968.

ŒUVRES DE RÉFÉRENCE POUR L'ÉTUDE DE LA LITTÉRATURE ET DE LA PENSÉE FRANÇAISES

BAATSCH, Henri-Alexis et BAILLY, Jean-Christophe *Wozu*, Paris, Le Soleil noir, 1978.

BATTEUX, Charles, *Principes de littérature*, Genève, Slatkine Reprints, 1967 [1775].

BOILEAU, Nicolas, *Art poétique*, Paris, Garnier-Flammarion, 1969.

BONNARD, Bernard de, *Poésies*, Paris, A. Quantin, 1884.

BOUCHER, Gwenaëlle, *Poètes créoles du XVIIIe siècle : Parny, Bertin, Léonard*, Paris, L'Harmattan, 2009, vol. 1 et 2.

CHARPENTIER, François, *Deffense de la langue Française pour l'inscription de l'Arc de Triomphe*, Paris, Cl. Barbin, 1976.

CHAR, René, *Œuvres complètes*, Paris, Gallimard, 1983.

CONDILLA, Étienne Bonnot de, *Essai sur l'origine des connaissances humaines*, Auvers-sur-Oise, Galilée, 1973 [1746].

DEGUY, Michel *Actes*, Paris, Gallimard, 1966.

DIDEROT, Denis *Encyclopédie ou dictionnaire raisonné des Sciences, des Arts et des Métiers 1751-1780*, Stuttgart ; Bad Cannstatt, F. Fromann, 1967.
DU BELLAY, Joachim, *La Deffence et illustration de la langue françoyse*, éd. critique par Henri Chamard, Genève, Slatkine Reprints, 1969.
DUBOS, Jean-Baptiste, *Réflexions critiques sur la poésie et la peinture*, Paris, J. Mariette, 1719.
DUCIS, Jean-François, *Hamlet, tragédie imitée de l'anglais*, Paris, chez P. Fr. Gueffier, 1770 [1769].
EMMANUEL, Pierre, *Orphiques*, Paris, Gallimard, 1942.
EMMANUEL, Pierre, *Le Poète fou*, Genève, Albert Kundig, 1948.
FAYE, Jean-Pierre, *Le Piège*, Paris, Éditions Balland, 1994.
FRANCE, Anatole, *Poésies*, Paris, Lemerre, 1926.
FRANCE, Anatole, *L'Étui de nacre*, Paris, Calmann-Lévy, 1955.
GUERNE, Armel, *Hölderlin, Hymnes, Élégies et autres poèmes*, Paris, Mercure de France, 1950.
GUERNE, Armel, *Fragments*, Lyon, les éditions Fédérop, 1985.
HEREDIA, José Maria de, *Les Trophées*, Paris, Gallimard, 1981.
HUGO, Victor, *Les Feuilles d'automne*, Paris, Gallimard, 1964.
HUGO, Victor, *Œuvres complètes*, correspondance I, Paris, A. Michel, MDCCCCXLVII.
HUGO, Victor, *Œuvres complètes*, t. II, éd. chronologique par Jean Massin, Paris, le club français du livre, 1967.
JACCOTTET, Philippe *Paysages avec figures absentes*, Paris, Gallimard, 1997 [1970].
JACCOTTET, Philippe, *Poésie 1946-1967*, Paris, Gallimard, 1977.
JACCOTTET, Philippe, *Beauregard*, Paris, Gallimard, 1984.
JACCOTTET, Philippe, *Une Transaction secrète*, Paris, Gallimard, 1987.
JACCOTTET, Philippe, *La seconde Semaison*, Paris, Gallimard, 1996.
JAUCOURT, Louis, chevalier de « Élégie », in *Encyclopédie ou Dictionnaire raisonné des sciences, des arts et des métiers*, tome cinquième, Paris, chez Briasson, 1755, p. 484-491.
LABÉ, Louise, *Œuvres Complètes*, Paris, Garnier-Flammarion, 1986.
LA BRUYÈRE, Jean de, *Les Caractères*, Paris, Garnier-Flammarion, 1965.
LA FONTAINE, *Fables*, Paris, éditions Jean-Claude Lattès, 1987.
LAMARTINE, Alphonse de, *Méditations poétiques*, Paris, Gallimard, 1981.
LA MOTTE, Antoine Houdar de, *Discours sur la tragédie*, (document électronique extrait de la base de données textuelles Frantext réalisée par l'Institut National de la Langue Française et consultable sur le site du catalogue général de la Bibliothèque Nationale de France).
LEBLANC, Jean-Bernard, *Élégies. Avec un discours sur ce genre de poésie et quelques pièces du même auteur*, Paris, 1731.

LEBRUN, Ponce Denis (Écouchard), *Œuvres*, Paris, chez Gabriel Warée, 1811.

LECONTE DE LISLE, Charles, *Articles – Préfaces – Discours*, textes recueillis, présentés et annotés par Édgard Pich, Paris, société d'édition « Les Belles Lettres », Paris, 1971.

LECONTE DE LISLE, Charles, *Poèmes antiques*, Paris, Gallimard, 1994.

LECONTE DE LISLE, Charles, *Poèmes tragiques*, Paris, Lemerre, 1946.

LECONTE DE LISLE, Charles, *Œuvres*, t. III, *Poèmes tragiques, derniers poèmes*, Paris, Belles Lettres, 1977.

MANCINI-NIVERNOIS, *Œuvres*, t. IV, Paris, de l'Imprimerie de Didot jeune, MDCCXCVI, « Dissertation sur l'Elégie », p. 259-290.

MARMONTEL, Jean-François, *Éléments de littérature, éd.* S. Le Ménahèze, Paris, Desjonquères, 2005 (1787).

MAROT, Clément, *L'Adolescence clémentine*, Paris, Gallimard, 1987.

MAROT, Clément, *Œuvres poétiques*, t. 1, Paris, Classiques Garnier, Bordas, 1990.

Mercure de France, juillet 1771, I, Genève, Slatkine Reprints, 1971, t. CI.

MICHAULT, Jean Bernard, *Réflexions critiques sur l'élégie*, Dijon, chez A. J. B. Auge, 1734.

MONTAIGNE, Michel, *Essais*, Paris, Gallimard, 1965.

MONTESQUIEU, Charles-Louis de Secondat, *Lettres persanes*, Paris, Librairie générale française, 2005.

MONTESQUIEU, Charles-Louis de Secondat, *De l'Esprit des lois*, Paris, éditions Gallimard, coll. « Folio essais », vol. 1 et 2, 1995.

MOURGUES, Michel, *Traité de la poésie française*, Slatkine Reprints, 1968 [1724].

MUSSET, Alfred de, *Premières Poésies*, Paris, Garnier, 1967.

PRÉVOST D'EXILES, Antoine François, *Histoire du chevalier Des Grieux et de Manon Lescaut*, Paris, Gallimard, 1977.

RACINE, Louis, *Réflexions sur la poësie*, tome quatrième, Paris, chez Desaint & Saillant, 1747.

RAPIN, René, *Les Réflexions sur la poétique de ce temps et sur les ouvrages des poètes anciens et modernes*, Genève, Librairie Droz, 1970 [1675].

RONSARD, Pierre de, *Œuvres complètes*, Pléiade, Gallimard, 1994.

ROUSSEAU, Jean-Jacques, *Essai sur l'origine des langues*, Paris, L'Harmattan, 2009.

ROUSSEAU, Jean-Jacques, *Julie ou La Nouvelle Héloïse*, Paris, Garnier-Flammarion, 1967.

ROUSSEAU, Jean-Jacques, *Les Rêveries du promeneur solitaire*, Paris, Librairie générale, 1983.

RUTEBEUF, *Œuvres complètes*, publiées par Edmond Faral, et Julia Bastin, Paris, A. et J. Picard et Cie, 1985.

SAINTE-BEUVE, Charles-Augustin, *Vie, poésies et pensée de Joseph Delorme*, Paris, Bartillat, 2004.

SAINT-MARD, Rémond de, *Réflexions sur la poésie en général*, Genève, Slatkine Reprints, 1970 [1734].
SÉCHÉ, Léon, *Le Cénacle de la Muse française 1823-1827*, Paris, Mercure de France, 1908.
SÉBILLET, Thomas, *Art Poétique françoys*, Paris, F. Gaiffe, société des textes français modernes, 1932.
SEGRAIS, Jean Regnault de, *Œuvres diverses*, Amsterdam, F. Changuion, 1723.
SEGRAIS, Jean Regnault de, *Poésies*, Caen, Chalopin fils, 1823.
TAPPY, José-Flore, *Jaccottet Gustave Roud Correspondance 1942-1976*, Paris, Les Cahiers de la NRF, Gallimard, 2002.
TARDIEU, Jean, *Un Mot pour un autre*, Paris, Gallimard, 1951.
TARDIEU, Jean, *On vient chercher monsieur Jean*, Paris, Gallimard, 1990.
TARDIEU, Jean, *Le fleuve caché Poésies 1938-1961*, Paris, Gallimard, 1992.
VIGNY, Alfred de, *Poèmes antiques et modernes Les Destinées*, Paris, Gallimard, 1973.
VILLON, *Œuvres*, éd. de Mary, A., Paris, Garnier, 1970.

ANTIQUITÉ

DICTIONNAIRES

BAILLY, Anatole, *Dictionnaire grec-français*, Paris, Hachette, 2000 [1895].
GAFFIOT, Félix *Dictionnaire latin-français*, Paris, Hachette, 1999 [1934].
GRIMAL, Pierre, *Dictionnaire de la mythologie grecque et romaine*, Paris, Presses Universitaires de France, 1952.

ÉTUDES DE RÉFÉRENCE POUR LES LANGUES ET LES LITTÉRATURES ANTIQUES

(Sir) BOWRA, Cecil Maurice, *Early Greek Elegists*, Cambridge Massachussetts, Harvard University Press, Martin Classical Lectures, 1938.
DEFRADAS, Jean, *Les Élégiaques grecs*, Paris, Presses Universitaires de France, 1962.
DIHLE, Albrecht, *A History of Greek literature*, London and New York, Rontledge, 1994.
FRÄNKEL, Hermann, *Dichtung und Philosophie des früheren Griechentums*, München, C. H. Beck, 1962.
GRIMAL, Pierre, *Le Lyrisme à Rome*, Paris, Presses Universitaires de France, 1978.
HARTUNG, J. A., *Die griechischen Elegiker*, Leipzig, Verlag von W. Engelmann, 1859.

KNEBEL, Karl Ludwig von, *Elegien von Properz*, Leipzig, bey Georg Joachim Göschen, 1798.

MAYR, T. X. (aus dem Lateinischen übersetzt), *Tibulle, Catulle, Properce*, Leipzig, bei Möde, 1786.

PFOHL, Gerhardt, *Die griechische Elegie*, Darmstadt, wissenschaftliche Buchgesellschaft, 1972.

RÖMISCH, Egon, *Studien zur älteren griechischen Elegie*, Frankfurt am Main, Vittorio Klostermann, 1933.

SCHWYZER, Eduard, *Griechische Grammatik*, Bd. 1, München, C. H. Beck' sche Verlagsbuchhandlung, 1990.

SICKING, Christiaan Marie Jan, *Griechische Verslehre*, München, C. H. Beck' sche Verlagsbuchhandlung, 1993.

THILL, Andrée, *L'Élégie romaine. Enracinement – thèmes, diffusion.* Paris, Éditions Ophrys, 1980.

VEYNE, Paul, *L'Élégie érotique romaine*, Paris, Seuil, 2003.

ŒUVRES ANTIQUES DE RÉFÉRENCE

Anthologie grecque, texte établi et traduit par Pierre Waltz en collaboration avec Jean Guillon, Paris, Les Belles Lettres, 1990.

Anthologie palatine, trad. d'Yvan Quintin, Aurillac, Publications orientalistes de France, 2004.

ARCHILOUE, *Fragments*, trad. d'André Bonnard, Paris, Fragments 4-5, Paris, Les Belles Lettres, 1968.

ARISTOPHANE, *Les Oiseaux*, Paris, Les Belles Lettres, 1989.

ARISTOTE, *Poétique*, trad. de Michel Magnien, Paris, Livre de poche classique, 1990.

ARISTOTE, *Περι Ποιητικης*, *Poetik*, Stuttgart, Reclam, 1994.

CALLIMAQUE, *Épigrammes, hymnes*, Paris, Les Belles Lettres, 1972.

CATULLE, *Poésies*, Paris, Les Belles Lettres, 2002.

CICERO, *De Natura deorum*, Stuttgart, Reclam, 1995.

CICÉRON, *La Nature des dieux*, trad. de Clara Auvray-Assayas, Paris, Les Belles Lettres, 2002.

DENYS D'HALICARNASSE, *Démosthène, Opuscules rhétoriques*, t. II, trad. de Germaine Aujac, Paris, Les Belles Lettres, 1988.

DENYS D'HALICARNASSE, *La Composition stylistique, Opuscules rhétoriques*, t. *III, trad.* de Germaine Aujac, Paris, Les Belles Lettres, 1981.

EURIPIDE, *Iphigénie en Tauride*, Paris, Les Belles Lettres, 1982.

EURIPIDE, *Hélène*, Les Belles Lettres, 1985.

EURIPIDE, *Les Bacchantes*, Paris, Les Belles Lettres, 1993.

Greek Elegiac Poetry, (edited and translated by Douglas E. Gerber), Cambridge, Massachusetts, Harvard University Press, 1999.

Greek Elegy and Iambus, (edited and translated by J. M. Edmonds) Cambridge, Massachussetts, Harvard University Press, 1968.

HÉRACLITE, *Fragments*, trad. d'Abel Jeannière, Paris, édition Aubier-Montaigne, 1977.

HÉRACLITE, *Fragments*, trad. de Marcel Conche, Paris, Presses Universitaire s de France, 1986.

HÉSIODE, *Théogonie*, trad. de Jean-Louis Backès, Paris, Gallimard, 2001.

HÉSIODE, *Théogonie*, trad. de Paul Mazon, Paris, Les Belles Lettres, 1992.

HOMÈRE, *L'Odyssée*, trad. de Victor Bérard, Paris, les Belles Lettres, 2002.

HORACE, *Satires*, trad. de François Villeneuve, Paris, Les Belles Lettres, 1989.

HORACE, *Odes*, trad. de François Villeneuve, Paris, Les Belles Lettres, 2002.

LONGIN, *Du Sublime*, trad. de Jackie Pigeaud, Paris, Rivages, 1991.

LYGDAMUS, *Corpus Tibullianum.* Trad. de J. J.Zoltowski, Leiden, E. J. Brill, 1996.

MIMNERME, J. M. Edmonds (dir.), *Elegy and iambus*, Cambridge, Massachussetts, Harvard University Press, 1968.

OVIDE, *Les Amours*, trad. de Henry Bornecque, Paris, Les Belles Lettres, 1989.

PINDARI Carmina accedit versio latina Heyne, Chr. Gottl., Londini, Sumtibus G. et W. B. Whittaker, 1823.

PINDARE, *Œuvres complètes*, trad. de Jean-Paul Savignac, Paris, La Différence, 2004.

PLATON, *Phédon*, trad. d'Émile Chambry, Paris, GF-Flammarion, 1965.

PLATON, *Le Banquet*, trad. de Paul Vicaire, Paris, Les Belles Lettres, 2002.

PLATON, *Le Politique*, trad. de Luc Brisson – Jean-François Pradeau, Paris, Garnier-Flammarion, 2005.

PLATON, *Ménon*, trad. d'Émile Chambry, Paris, Garnier-Flammarion, 1967.

PLATO in twelve vol. II, *Laches. Protagoras. Meno. Euthydemus*, with an English translation by W. R. M. Lamb, Cambridge Massachusetts, Harvard University Press, 1990.

PLATON, *Timée*, trad. de Luc Brisson, Paris, Garnier-Flammarion, 2001.

PORTE, Danielle, *Tombeaux romains*, Paris, Gallimard, 1993.

PROPERCE, *Élégies*, trad. de Don Sauveur Paganelli, Paris, Les Belles Lettres, 1995.

SÉNÈQUE, *De la Brièveté de la vie*, trad. de Xavier Bordes, Paris, éditions *Mille et une* nuits, 1993.

TIBULLE, *Élégies*, trad. de Max Ponchont, Paris, Hatier, Les Belles Lettres, 2007.

VIRGILE, *Géorgiques*, trad. de Jackie Pigeaud, Paris, Les Belles Lettres, 2002.

DOMAINE EUROPÉEN

ÉTUDES CONSACRÉES À DES QUESTIONS EUROPÉENNES

BACKÈS, Jean-Louis, *La Littérature européenne*, Paris, Belin, 1996.

CHEVREL, Yves, *La Littérature comparée*, Paris, Presses Universitaires de France, 2016 [1989].

FABRE, Jean, *Lumière et romantisme. Énergie et nostalgie, de Rousseau à Mickiewicz*, Paris, Klincksieck, 1963.

HAQUETTE, Jean-Louis, *Lectures européennes : introduction à la pratique de la littérature comparée*, Rosny-sous-Bois, éditions Bréal, 2005.

HAQUETTE, Jean-Louis, Échos d'Arcadie : les transformations de la tradition littéraire pastorale des Lumières au romantisme, Paris, éditions Classiques Garnier, 2009.

HOFFMEISTER, Gerhard, *European Romanticism*, Wayne State University Press, Detroit, 1990.

MINSKI, Alexandre, *Le Préromantisme*, Paris, Armand Colin, 1998.

ORCEL, Michel, « Langue mortelle » *Études sur la poétique du premier romantisme italien (Alfieri, Foscolo, Leopardi)*, Paris, L'Alphée, 1987.

PRAZ, Mario, *La Chair, la mort et le diable dans la littérature du* XIXe *siècle, Le romantisme noir*, Paris, Denoël, 1977.

SOUILLER, Didier – TROUBETZKOY, Wladimir, *Littérature comparée*, Paris, Presses Universitaires de France, 1997.

VAN TIEGHEM, Paul, *La Poésie de la nuit et des tombeaux en Europe au* XVIIIe *siècle*, Genève, Slatkine Reprints, 1970.

ŒUVRES EUROPÉENNES DE RÉFÉRENCE, AUTRES QU'ALLEMANDES ET FRANÇAISES

ALFIERI, Vittorio, *Du Prince et des Lettres*, Paris, éditions Allia, 1989 [1818].

BURKE, Edmund, *A Philosophical Enquiry into the Origin of our Ideas of the Sublime and Beautiful*, London, Printed for R. and J. Dodsley, MDCCLXI.

CHANDLER, Richard, *Travels in Asia Minor and Greece ; or An Account of a Tour, Made at the expense of the Society of Dilettanti*, Oxford, Clarendon Press, 1776.

CHOISEUL-GOUFFIER, Marie-Gabriel-Florent-Auguste, *Voyage pittoresque de la Grèce*, Paris, 1782-1822.

GRAY, Thomas, *The Complete poems*, edited by H. W. Starr – O. R. Hendrickson, Oxford, At the Clarendon Press, 1966.

GRAY, Thomas, *L'Élégie sur un cimetière de campagne*, trad. de Pierre-Prime Félicien

Le Tourneur et mise en vers de Marie-Joseph Chénier, *in* Young, Edward, *Les Nuits*, t. 2, Paris, H. Langlois, et Le Bailly, 1828 [1805], p. 298-307.

GUYS, Pierre-Augustin, *Voyage littéraire de la Grèce, ou lettres sur les Grecs anciens et modernes avec un parallèle de leurs mœurs*, Paris, veuve Duchesne, 1771.

MARTIN, Roger, *Essai sur Thomas Gray*, Paris, Presses Universitaires de France, 1934.

MILTON, John, *Paradise Lost*, ed. by Alastair Fowler, London and New York, Longman, 1998.

MILTON, John, *Le Paradis perdu*, trad. de François-René de Chateaubriand, Paris, Gallimard, 1995.

PÉTRARQUE, Francesco, *Lettres Familières*, IV-VII : Rerum familiarum IV-VII, Paris, Les Belles Lettres, 2002.

SHAKESPEARE, William, *Hamlet*, trad. de Pierre-Prime-Félicien Le Tourneur, Paris, Librairie de la Bibliothèque Nationale, 1925.

SHAKESPEARE, William, *Hamlet*, trad. d'Yves Bonnefoy, Paris, Gallimard, 1978.

SHAKESPEARE, William, *Hamlet*, domaine anglais bilingue, texte original et version française par André Lorant, Paris, Aubier, 1988.

YOUNG, Edward, *Les Nuits*, t. 1 et 2, trad. de Pierre-Prime-Félicien Le Tourneur, Paris, H. Langlois, et Le Bailly, 1828 [1769].

INDEX DES ÉCRIVAINS CITÉS

TABLE DES MATIÈRES

DEUXIÈME PARTIE

INSPIRATION ÉLÉGIAQUE DES ROMANTIQUES ET DES PARNASSIENS

INTERTEXTUALITÉ ÉROTIQUE ET THRÉNÉTIQUE ET HELLÉNISME DES DEUX ŒUVRES ÉLÉGIAQUES

TROISIÈME PARTIE

L'ÉLÉGIAQUE HÖLDERLIN PERÇU COMME UN UTOPISTE, PROPHÈTE D'UN RENOUVEAU

IMPRIM'VERT®

Achevé d'imprimer par Corlet,
Condé-en-Normandie (Calvados),
en Août 2022
N° d'impression : 177359 - dépôt légal : Août 2022
Imprimé en France